KB260540

금융 아마겟돈

최악의 상황에 대비하는 개인재무관리 전략

금융 아마겟돈

최악의 상황에 대비하는 개인재무관리 전략

마이클 팬츠너 지음 | 이주명 옮김

Protect Your Future from Economic Collapse

FINANCIAL ARMAGEDDON

차 례

3부 파급영향

4부 대비

일러두기

이 책이 처음에 하드커버로 출간될 즈음인 2007년 초에 주류 언론매체들도 '금융 아마겟돈(Financial Armageddon)'이라는 말을 자주 하기 시작했다. 그때 나는 위기가 다가오고 있다고 경고했다. 그러나 정치인은 물론이고 은행의 간부를 비롯해 금융권의 내부사정을 잘 안다는 사람들은 다르게 말했다. 그동안 노출되지 않았던 금융권의 한 구석에서 문제가 발생하고 있지만 그 문제는 제한된 범위에 한정된 것이라는 얘기였다. 주택거품이 꺼지면서 서브프라임 모기지(비우량 주택담보대출) 부문이 와해되는 위협적인 양상이 나타나고 있다고 하지만 그러한 양상이 다른 부문들로는 번지지 않을 것이며, 경제 전체를 놓고 볼 때 그로 인해 실물경제가 심각한 타격을 받지는 않을 것이라고 그들은 말했다.

바꿔 말하면, 누구도 걱정해야 할 이유가 없다는 것이었다. 경제의 기초여건은 튼튼하고, 모든 것이 잘 관리되고 있다는 것이었다. 그들은 특유의 태연자약한 태도로 "우리가 가장 잘 안다"면서 "그러니 우리를 믿어라"라는 말을 종주먹 들이대듯 했다.

그러나 그 뒤로 전 세계의 신용시장이 크게 흔들리더니 혼란에 빠졌고, 대공황 이래 최악의 주택시장 붕괴가 일어났으며, 미국을 비롯해 세계의 여기저기에서 수십억 달러 또는 그 이상의 손실이 발생했다는 뉴스가 이어졌다. 그 모든 사태를 겪고 난 뒤인 지금 돌이켜보면, 전문가라고 하는 그들이 완전히 틀린 말을 했음을 알 수 있다. 그들은 근거도 없이 사람들을 안심시키는 말을 해댔다. 그들이 무능해서 그랬던 것인지, 무식해서 그랬던 것인지, 사람들을 속이려고 그랬던 것인지, 사악한 의도를 갖고 그랬던 것인지는 확실하게 알 수 없다. 어쩌면 이런 이유들 가운데 두 가지 이상이 동시에 작용했던 것일 수도 있다.

유감스럽게도 우리는 그들이 왜 그랬는지에 관한 진실을 결코 알 수 없을지도 모른다. 게다가 중앙은행, 정치인, 규제당국, 신용평가회사, 채권보증회사, 경제학자, 투자전략가, 트레이더, 금융공학 전문가, 주식시장, 일차산품시장, 통화금융정책, 재정정책, 테크놀로지, 학문적 이론, 공적 안전망 등이 부추겨온 환상, 즉 미국은 모든 것이 잘 굴러가는 나라라는 환상은 사실과 다를 뿐만 아니라 위험한데다가 흔히 누군가의 이익에 봉사하기도 하는 것인데 왜 그렇게 많은 사람이 그토록 철석같이 그러한 환상을 믿었던 것인지도 우리는 결코 정확하게 이해하지 못할 것 같기도 하다.

우리가 알거나 이해하기 어려운 것은 또 있다. 예를 들어 미국의 대규모 은행들은 구조화투자회사(SIV; Structured Investment Vehicle), 즉 그 자체의 부채비율이 대단히 높지만 모회사의 회계장부에는 반영되지 않기 때문에 모회사가 위험에 노출된 정도가 실제보다 낮게 보이게 해주는 '껍데기 자회사'를 설립할 수 있게 됐다. 그런데 대규모 은행들이 엔론 식으로 그러한 구조화투자회사를 설립해 운영할 수 있게 해준 책임이 누구에게 있는가를 우리는 아마도 알아내지 못할 것이다. 또한 금융회사들로 하여금 위태로워진 자사의 금융자산 가운데 거의 절반가량에 대해 부적절한 모델과 주먹구구식 추측에 근거를 두고 가치평가를 할 수 있도록 허용한 책임은 누구에게 있을까? 신용평가라는 업무는 여러 모로 이익의 충돌을 일으킬 수 있는데도 신용평가회사들에게 막강한 영향력을 발휘할 수 있게 해준 이유는 어디에 있을까?

사실 앞으로도 오랫동안 많은 질문이 답변되지 못한 상태로 남아있을 것이다. 또한 많은 사람이 가능하다고 생각했던 속도보다 훨씬 더 빠른 속도로 경제적, 금융적 재앙이 만들어지고 확대되는 과정에 기여했거나 그러한 재앙이 닥칠 가능성을 아예 부정했던 자들이 앞으로 그에 합당한 죗값을 치르게 될 것 같도 않다. 게다가 누구 때문에 재앙이 닥치게 됐느냐는 문제가 중요하게 취급될 가능성도 높지 않다.

현실적으로 우리에게 필요한 것은 앞으로 어려운 시기를 헤쳐 나갈 수 있게 해줄 길안내 지도다. 나는 이 책에서 지금의 위기가 일어나게 된 이유가 무엇인지, 앞으로 닥칠 상황에 어떻게 대비해야 하는지, 경제여건이 빠르게 변할 뿐 아니라 예측하기도 점점 더 어려워지는 상황에서 돈벌이와 투자를 어떻게 해야 하는지에 대해 이야기하고자 한다. 겪어본 사람이 거의 없는 종류의 경제여건에 올바르게 대처하는 방법은 그러한 경제여건에 신속하게 적응하는 동시에 필요한 행동은 과감하게 하는 것이다.

나는 이 책 《금융 아마겟돈》의 하드커버 판에서 지금의 위기를 예고했다. 그 다음에 어떤 일이 벌어질지를 알고 싶은 독자는 내용을 업데이트해 페이퍼커버로 내는 이 책을 읽어보기 바란다. 우리가 좋든 싫든 앞으로 몇 년간 전개될 상황은 통제될 수 있는 것이 결코 아니다.

머리말

지금 우리는 과거의 세상보다 더 위험한 세상을 살아가고 있다. 중동에서 갈등이 고조되고 있고, 불량배 국가들이 핵무기를 내두르고 있고, 무고한 시민들이 무차별 공격의 대상이 되고 있고, 파괴적인 자연재해가 자꾸 일어나고 있고, 세계적인 유행병이 발생해 긴급대응을 하게 되는 상황이 거듭되고 있고, 에너지 가격이 불안정하게 변동하면서 문제를 일으키고 있다. 우리는 이런 위협요소들에 점점 더 취약해지고 있다. 대부분의 미국인은 비록 겉핥기식으로나마 이런 위협요소들에 대해 알고 있는 것 같다. 우리는 전쟁, 질병, 지진에 대해 잘 안다. 우리는 특정한 집단들이 자기와 다른 집단을 군사적, 경제적으로 굴복시키려고 한다는 것도 잘 안다. 우리는 세계의 많은 사람들이 미국을 경멸하고 있으며, 미국을 대변하거나 상징하는 것이면 무엇이든 다 파괴하고 싶어 하는 세력도 많다는 사실을 잘 안다.

그러므로 우리는 그러한 위협요소들이 초래할 수 있는 위험에 대해 염려하고, 그것이 어떤 것이든 현실화될 조짐이 나타나지는 않는지를 예의주시한다. 또한 우리는 언젠가는 우리 자신과 우리가 사랑하는 사람들을 보호하기 위한 행동에 나서야 하는 날이 올 수도 있다고 생각한다. 그러나 우리는 앞으로 전개될 파괴적인 경제적 재앙에 대해서는 그런 태도를 취하고 있지 않다.

옛날에 광부들은 탄갱에 작업하러 들어갈 때 유독가스 발생을 일찌감치 알려주는 카나리아라는 새를 갖고 들어갔다. 비록 원시적인 방법이기는 했으나 카나리아를 조기경보기로 활용했던 것이다. 그러나 지금 우리는 부채, 파생상품, 정부보증, 재원이 부족한 퇴직후급여 약속 등이 중첩된 유독성 금융구조가 폭넓게 초래할 수 있는 위험에 대해 일찌감치 알려줄 조기경보기를 갖고 있지 않다.

그러한 위험을 경고하는 목소리가 그동안 드물게나마 있었던 것은 사실이다. 하지만 그와 같은 목소리의 대부분은 정신을 차릴 수 없게 할 정도로 거대한 미궁 가운데서 어떤 특정한 일부 측면에만 초점을 맞추었을 뿐이다. 최근까지도 대다수의 미국인은 태평스러웠다. 역사적으로 보아 미국은 어려운 시기를 극복해낸 경험이 많으니 앞으로도 관련되는 법규와 규칙을 잘 정비하고 완충자본을 적절하게 갖추기만 하면 걱정할 일이 없다고 생각하는 미국인이 여전히 많다. 그러나 모든 일이 꼬이기 시작하고 비현실적인 상상으로만 여겨지던 일이 현실화되고 나면 그때는 대응에 나서기에 너무 늦은 시점일 것이다. 그때에는 아래에서 이야기할 네 가지 변화가 혼합되면서 폭발성을 띠는 상황이 이미 만들어졌을 것이고, 그 상황은 다루기 어려울 정도로 광범하고 복잡하며 이익충돌의 요소도 많이 내포하고 있을 것이다. 어느 한 개인이나 하나의 조직이 그러한 상황에 대응하기란 불가능할 것이 뻔하다. 그때에는 마치 지하 깊은 곳의 탄갱 속에서 알아차리지도 못하는 사이에 순식간에 퍼지는 치명적인 일산화탄소에 광부들이 희생당하듯 많은 사람이 자기에게 닥친 것이 무엇인지를 알아차리기도 전에 재무적으로 파멸당할 것이다.

이 책《금융 아마겟돈》은 다음과 같은 네 가지 위협요소와 그것들이 우리의 생활과 경제, 사회에 폭넓게 미칠 파급영향에 대해 전문가가 아닌 독자들도 쉽게 이해할 수 있도록 설명해주는 일종의 안내서다. 첫 번째 위협요소는 탐욕, 방만, 사기라는 허술한 받침대 위에 위태롭게 세워진 공적, 사적 부채의 탑이다. 두 번째 위협요소는 규모가 몇 조 달러에 이르는 금융상품의 사상누각이다. 이 사상누각은 모든 미국인에게 영향을 미칠 수 있지만, 이런 사실을 인식하고 있는 미국인은 거의 없다. 세 번째 위협요소는 대체로 우리 눈에 띄지 않게 가려져 있는 온갖 지급약속들이다. 궁극에는 그런 약속들은 지켜지지 않을 것이다. 네 번째 위협요소는 퇴직과 관련된 신기루다. 이 신기루는 수많은 사람으로 하여금 죽을 때까지 끊임없이 표류하면서 돈의 노예로 살아가지 않을 수 없게 만들 것이다. 이 네 가지 위협요소는 그 각각이 언젠가는 폭발할 시한폭탄이다.

이런 위협요소들을 다룬 책은 그동안 출간된 적이 없다. 이에는 몇 가지 이유가 있다. 그런 책을 쓸 만한 사람들 가운데 다수는 오늘날의 금융상품, 인적관계, 시장과 관련된 위험의 전모를 충분히 이해하지 못하고 있다. 게다가 소수이긴 하지만 문제가 무엇인지를 아는 사람들을 보면 대부분 은행의 직원이나 간부, 금융권에서 일하는 실무자, 산업계의 내부자 등이다. 그들은 자기에게 이익이라는 황금알을 낳아주는 거위를 죽이기를 원하지 않거나, 개인적으로는 불안감을 갖게 되더라도 직업인으로서는 시스템 전체와 관련된 위험을 못 본 체하는, 마치 타조와 같은 태도를 취하기로 작정한 사람들이다.

대비할 시간이 점점 더 줄어드는 가운데 비극은 점점 더 가까이 다가오고 있다. 미국인들은 누구나 비극이 다가오고 있음을 인정하고, 그 비극에 대해 이해하고 대비해야 한다. 너무 늦기 전에.

들어가기

재앙은 홀로 오는 법이 없다. - 중국의 속담

와해의 현상이 돌이킬 수 없을 정도로 진행되면 언론은 사람들을 놀라게 하는 뉴스를 연일 쏟아낼 것이다. 증언, 소송, 체포, 재판에 관한 뉴스가 봇물을 이루는 가운데 격렬한 파업이나 시위에 관한 뉴스와 시장의 폭락이나 기업의 파산에 관한 뉴스도 섞여들 것이다. 방송에서는 매일같이 살던 집을 압류 당했거나 그 밖의 방식으로 삶이 파탄난 사람들에 관한 이야기가 흘러나올 것이다. 많은 금융회사가 문을 닫을 것이고, 그 가운데는 예고도 없이 갑자기 그러는 경우도 적지 않을 것이다. 이런저런 소문에 휩쓸린 사람들이 더 늦기 전에 예금을 인출하기 위해 은행으로 몰려가 줄을 서는 뱅크 런이 일상화될 것이다. 정치인, 규제당국자, 기업인들이 점점 더 자신들을 적대시하는 여론의 화살을 피하려고 서로 책임전가를 하는 일이 비일비재하게 일어날 것이다.

그러는 동안에 미국인들은 왜 모든 것이 그렇게 순식간에 꼬여버린 것인지, 왜 그런 위험을 미리 알아차리지 못한 것인지 의아해하면서 머리카락을 쥐

어뜯을 것이다. 사실 그런 위험의 도래는 얼마든지 미리 알아차릴 수 있는 것이었다. 광범위한 와해가 시작되기 전에 몇 년 동안 그러한 와해가 임박했음을 알려주는 징후가 도처에서 나타났고, 따라서 모든 사람이 그러한 징후를 볼 수 있었다. 그리고 상황의 심각성을 눈치 챈 사람들도 있었다. 하지만 그러한 징후에 충분한 정도로 신경을 쓴 사람은 거의 없었다.

공화당이 장악한 의회와 조지 부시 대통령이 2006년 봄에 짐짓 진지한 우려의 몸짓을 해보이면서 연방정부의 차입한도를 9조 달러로 늘리기로 합의했을 때에 미국인들이 보여준 태도가 바로 그러했다. 그 합의는 연방정부의 차입한도를 5년 전에 비해 무려 50퍼센트 이상 늘리기 위한 것이었다. 그리고 그것은 실제보다 줄여 잡아가며 집계한 수치로도 매달 몇 십 억 달러에 이르는 재정적자가 계속되자 이에 대응하기 위한 또 한 번의 유감스러운, 그러나 불가피한 조치였다.

미국에서 가계저축률이 대공황 이래 처음으로 마이너스로 떨어지고 가계부채가 가처분소득의 150퍼센트를 넘어섰을 때에도 그런 상황에 대해 무관심한 태도가 지배적이었다. 미국의 소비자들은 소득보다 더 많은 돈을 지출했다. 피닉스 매니지먼트(Phoenix Management, 미국의 경영전략 컨설팅 회사—옮긴이)는 2006년 4월에 대출영업을 하는 미국의 금융회사들을 대상으로 설문조사를 실시한 결과를 발표했다. 조사대상 금융회사들 가운데 3분의 2는 당시에 미국의 부동산거품이 한창인 상황이라고 답했고, 이렇게 답한 금융회사들 가운데 절반은 부동산거품이 곧 꺼지려고 하거나 이미 꺼지기 시작한 상황이라고 답했다는 것이었다. 그러나 피닉스 매니지먼트의 이런 발표에 주목하는 미국인은 거의 없었다.

미국의 최고위 감사관이라고 할 수 있는 데이비드 워커(David Walker) 의회 회계감사원장이 지금의 미국을 몰락 직전의 로마에 비유할 수 있다는 취지의 발언을 했을 때에도 대부분의 미국인은 걱정하지 않았다. 그가 "결코 가라앉지 않을 인구통계학적 지진해일"이 미국을 덮쳐오고 있다고 말했을 때에도 마찬가지였다. 더욱 놀라운 것은, 세인트루이스 연방준비은행의 기관지인 〈리뷰〉의 2006년 7/8월호에 실린 로런스 코틀리코프(Lawrence J. Kotlikoff) 보스턴대학 경제학 교수의 글에 대해서도 미국인들이 별다른 반응을 보이지 않았다는 점이다. 코틀리코프 교수는 다소 과장을 하는 수사적 표현이었겠지만 "미국은 파산하는가?"라고 물었다.

워런 버핏이 파생상품을 "금융시장의 대량살상무기"라고 부르며 그 위험성을 경고했을 때에도 사람들은 잠시 동요했을 뿐 이내 그의 경고를 무시했다. 버크셔 해서웨이의 2002년도 연례보고서에 게재된 글에서도 버핏은 "이와 같은 금융수단은 어떤 사건을 계기로 해서든 그 유독성이 확실하게 드러나기 전에는 그 종류와 수가 급증할 것이 거의 분명하다"는 견해를 밝혔다. 돌이켜보면 파생상품의 위험성에 대한 이런 경고는 그의 선경지명을 보여준 것이었음에 틀림없다.

자산규모가 155억 달러에 이르는 스위스 국영 연금펀드의 에릭 브레발(Eric Breval) 대표의 경고에 주목하는 사람도 거의 없었다. 2005년 11월에 〈블룸버그〉가 보도한 바에 따르면, 브레발은 연금자산의 투자처를 미국에서 다른 나라들로 바꾸려는 자신의 계획에 대해 이야기하던 도중에 미국 최대의 주택담보대출 관련 회사인 패니메이(Fannie Mae)와 프레디맥(Freddie Mac)이 금융 시한폭탄을 깔고 앉아 있다고 말했다. 2006년 4월에도 마찬가지였다. 그때 시티그룹의 윌리엄 로즈 부회장은 〈월스트리트 저널〉의 기자에게 이렇게 말했다. "지금의 상황은 시장의 안정을 위협하는 요소들이 존재하지만 많은 사람이 그것을 보고 싶어 하지 않던 1997년 봄과 비슷하다.”

그랬을 것이다. 미국인들은 그런 것은 알고 싶어 하지 않았다. 아니, 미국인들은 무언가가 잘못되고 있거나 정상적인 상태에서 벗어나고 있다는 생각을 하지 않았을 것이다. 어디를 바라보아도 정부관리, 정치인, 학자들이 금융시스템과 이른바 ‘골딜록스 경제’(지나치지도 모자라지도 않은 적정한 수준의 성장세를 계속 유지하는 경제. 골딜록스는 영국의 전래동화 〈골딜록스와 세 마리의 곰〉에 나오는 금발머리 소녀의 이름—옮긴이)는 건강하게 잘 굴러가고 있으며, 그렇지 않다고 생각해야 할 이유가 전혀 없다고 주장하고 있었다.

아마도 그랬기에 좋은 시절이 앞으로도 영구히 계속될 것이라는 동화 같은 이야기를 사람들이 또 다시 너무나 쉽게 믿어버렸을 것이다.

2006년 초에는 물가상승률로 조정한 실질임금의 수준이 이미 여러 해째 정체돼온 가운데 소비자들의 차입이 점점 더 부담스러운 수준에 이르고 있었음에도 보통의 미국인들이 소비지출을 억제하고 있음을 보여주는 증거를 거의 찾아볼 수 없었다. “지금 소비지출을 중단해야 할 이유가 어디에 있느냐?”는 게 당시 소비자들의 태도였다. 그리고 실제로 그때 미국인들은 많은 관찰자의 예상보다 훨씬 더 오랫동안 씀씀이가 크고 헤픈 생활을 계속하고 있었다. 이렇게 된 데에는 소비자로 사는 것이 그 자체로 목적이 돼버렸다는 점이 부분적인 원인으로 작용했다. 소비자로 사는 것은 일종의 새로운 종교이자 새로운 아메리칸 드림이었고, 광고주들의 후원을 받는 대중매체의 끝없는 부추김이 그것을 뒷받침했다.

거의 모든 사람이 ‘원하는 것을 당장 손에 넣고, 오늘을 위해 살자’는 사고방식에 젖어들었다. 그것은 ‘금융 쾌락주의’라고 할 만한 사고방식이었다. 금융서비스 부문은 공격적인 경쟁을 펼치고 빠른 속도로 혁신을 하지만 궁극적으로는 이익을 올리기 위해 사람들로 하여금 그런 사고방식을 갖도록 만들었고, 반복적으로 그런 사고방식을 부추겼다. 또한 대출영업을 하는 금융회사들과 차입자들이 짝짜꿍이 되어 부동산시장과 주택담보대출시장에 거대한 거품을 일으켰고, 소비자들은 그 거품을 이용해 주택에서 돈을 뽑아내어 쓸 수 있었다. 미국의 소비자들이 빚을 끼고 사놓은 주택에 대한 소유지분에서 이런 식으로 뽑아낸(시장에서 사용되는 에두르는 표현으로는 '추출'한) 돈은 2001년부터 2005년까지 5년 동안 모두 2조 5천억 달러에 이르렀다.

미국인들 사이에 일은 하지 않으면서 살기는 부자로 살고 싶다는 욕망이 폭넓게 확산됐고, 특히 1946년과 1965년 사이에 태어난 베이비붐 세대 미국인 7800만 명의 경우에는 스스로 풍요로운 삶을 누릴 자격이 있다고 생각하는 분위기가 점점 더 강화됐다.

이리하여 많은 사람이 자기에게 필요할 뿐 아니라 스스로 누릴 자격도 있다고 생각되는 생활양식을 유지하기 위해 지나칠 정도로 많은 돈을 빌리면서 자기 자신을 속이고 삶의 우선순위를 뒤바꾸었고, 그러면서 산다는 것은 그런 것이라고 생각했다. 역사를 조금만 들여다보면, 이런 생각은 기울어져가는 제국의 시민들이 흔히 갖게 되는 망상임을 알 수 있다.

미국인들이 이런 생각을 갖게 된 것이 그렇게 이상한 일은 아닐지도 모른다. 왜냐하면 거의 모든 미국인이 그와 같은 처방을 받아들였기 때문이다. 여러 해에 걸쳐 계속되면서 위험할 정도로 누적된 방만한 삶이 초래한 결과와 오래 지속되기 어려운 금융적 불균형에 대해 다시 생각해보고자 하는 사람은 거의 없다.

물론 다양한 측면을 가진 재앙을 초래하는 요인들은 너무나 복잡다단해서 대부분의 사람이 그것들을 제대로 다 파악하기가 어려웠던 것이 사실이다. 금융에 대한 정교한 지혜를 갖추지 못한 대부분의 사람이 갖가지 현상들을 서로 연관된 것으로 보지 못했다. 게다가 세계화, 기업결합, 혁신, 신기술 등이 금융의 양상을 어느 정도나 어떻게 변화시켰는지를 이해한 미국인은 별로 없었다. 안정이 오래 지속되는 것은 당연히 좋은 것이라고 사람들은 생각했지만, 그렇게 되는 것이 사실은 불안정의 원인이 된다는 역설을 제대로 파악하기란 누구에게나 어려운 일이었다. 경제학자인 하이먼 민스키(Hyman Minsky)가 지적한 바와 같이 좋은 시절은 자만심과 무모한 행동을 조장하는 경향이 있고, 자만심과 무모한 행동은 혼란스러운 격동을 불러일으키는 토대가 된다.

종말이 가까이 다가왔음을 일찌감치 눈치 챈 사람이라 하더라도 실제로 일어난 특정한 변화의 의미를 간파하지 못했을 수 있다. 그런 특정한 변화의 예로 퇴직 이후의 의료보장을 비롯한 퇴직 후 비연금 급여에 대한 각급 정부의 회계규정 변경을 들 수 있다. 2006년에 정부회계기준위원회(GASB)에 의해 시작된 이런 회계규정 변경은 각급 정부의 재정을 과거보다 더 투명하게 만들어줄 조치로 여겨졌다. 새로운 회계규정은 정치인들로 하여금 적어도 자기들이 내건 '공짜점심' 공약에 대해 부분적으로나마 책임을 지게 하기 위한 것이었다.

그것은 좋은 생각인 것 같았다. 그러나 주식시장 거품이 붕괴하기 전후에 도입된 몇몇 다른 규정이나 개혁조치들과 마찬가지로 그 새로운 규정도 결국에는 의도하지 않은, 그리고 바람직하지 못한 결과를 낳을 것이다. 특히 지금의 노동자들은 물론이고 과거의 노동자들에 대해서도 각급 정부가 지급을 약속해놓은 퇴직후급여 가운데 그동안 가려져 보이지 않던 금액이 무려 1조 달러에 이른다는 사실이 겉으로 드러나게 될 것이라고 〈뉴욕 타임스〉는 지적했다. 그렇게 되면 각급 정부에 대한 신용등급 인하조치가 줄을 잇게 될 것이고, 자금조달의 길이 막히는 자치단체가 속출할 것이며, 큰 폭의 지출예산 삭감이 불가피하게 될 것이다. 이에 따라 감당할 수 없는 세금인상 압력이 생겨날 것이고, 그 압력은 신용거품의 급격한 위축, 시스템 전체를 위협하는 금융위기, 경제의 붕괴, 파생상품시장의 파괴가 일으키는 파국적 영향을 더욱 증폭시킬 것이다.

그때가 되면 그동안 과소평가되거나 잘못 이해되거나 무시됐던, 그러나 극소수의 관찰자는 간파했던 위험들이 점점 더 많은 미국인의 머릿속을 가득 채울 것이고, 이에 따라 다른 생각은 할 여유도 없게 될 것이다.

1부
위협요소

01 │ 빚

여기에 십억, 저기에 십억 하는 식으로 돈을 뿌려대는 것을 그냥 놔두면 얼마 지나지 않아 정말로 큰돈을 쓰겠다고 할 것이다. - *에버릿 덕슨*

2008년 중 언젠가는 미국의 국가부채가 모두 얼마인지를 표시해주는 국가부채 시계의 자릿수가 모자라게 될 것이 분명하다. 미국 연방정부의 부채가 10조 달러를 돌파한 시점부터는 국가부채 시계의 전광판이 국가부채 총액을 표시해줄 수 없게 되는 것이다. 이는 물론 뉴욕의 타임스퀘어에 설치된 그 전광판을 소유하고 있는 더스트(Durst) 가문이 자릿수를 늘리기 위해 그것을 뜯어고치기로 결정하지 않는 경우에, 또는 미국정부가 돌연히 재정에 대해 책임성 있는 태도를 취하게 되지 않는 경우에 그렇다는 말이다.(미국의 국가부채는 2008년 9월 30일에 10조 달러를 돌파했다. 더스트 가문은 국가부채 시계를 뜯어고치기로 했고, 새로운 국가부채 시계는 2009년 중에 가동될 예정이다. 그때까지는 부채총액 앞에 달러($) 표시를 하기 위해 사용했던 칸을 10조 단위의 자릿수로 이용하는 임시방편을 동원하기로 더스트 가문은 결정했다—옮긴이)

그런데 유감스럽게도 미국 정부가 돌연 재정에 대해 책임성 있는 태도를 취하게 될 가능성은 거의 없어 보인다. 이보다는 지금세대가 오늘을 위해 살자는 식으로 과다하게 돈을 빌려서 방만한 삶을 누린 결과로 인해 미국 전체가 어려움을 겪게 될 가능성이 더 높다. 지금세대가 누리는 삶은 이미 감당하기 어려운 경제적, 재정적 부담을 미래세대에 떠넘겨왔다. 또한 미국인들은 앞으로 알베르트 아인슈타인이 "역사상 가장 탁월한 수학적 발견"이라고 부른 것, 즉 복리이자가 초래할 엄청난 충격을 피할 수 없을 것이다.

이라크전쟁에 돈이 많이 들어갔을 뿐만 아니라 그 밖에도 공공부문에서 갖가지 낭비가 저질러지고 있는 상황에서 금리상승까지 가세한다면, 미국정부가 지출을 삭감하고 세금을 인상하는 조치를 취하지 않는 한 미국의 국가부채는 2010년까지 3조 달러만큼 더 늘어날 수 있다는 게 전문가들의 의견이라고 〈유에스에이 투데이〉가 2005년 11월에 보도했다. 게다가 이는 사회보장이나 메디케어(고령자와 장애인 대상의 의료보험—옮긴이)와 같은 제도와 관련된 공적비용은 고려하지도 않은 추정이다.

개인, 가계, 기업과 마찬가지로 각급 정부도 수입이 모자라면 빚을 내어 적자를 메워야 한다. 절제하는 태도가 남아있었던 시절에는 돈을 빌리는 것도 생산적인 자산을 취득하기 위한 여러 가지 타당한 금융전략 가운데 하나였다. 그렇게 취득한 생산적인 자산을 이용해 생산을 하고 수익을 올려서 빌린 돈의 원금과 이자를 갚아나가면 되기 때문이었다. 시정부가 하수처리시설을 건설하거나 기업이 창고를 짓거나 가계가 주택을 장만하는 경우와 같이 돈이 많이 들지만 꼭 필요한 일을 보다 쉽게 하는 데도 돈을 빌리는 것이 도움이 됐다. 일을 시작하는 단계에 기존의 재원만으로는 감당할 수 없는 큰돈이 들어가는 경우에는 특히 그러했다. 그래도 그런 시절에는 개인이나 조직체가 짊어지게 되는 빚의 규모에 제약이 가해졌다. 옛날식의 절제와 성숙한 책임감이 전통적인 제약요인으로 작용했기 때문이다. 그러나 지난 몇십 년 사이의 변화로 인해 그와 같은 제약이 이제는 더 이상 작용하지 않게 됐다.

연방준비제도(연준)는 언제나 물가안정을 자신의 사명으로 내세워왔다. 그러면서도 연준은 앨런 그린스펀이 의장으로 재직한 18년 동안에 사고방식을 바꾼 것으로 보인다. 연준이 새로 갖게 된 사고방식의 바탕에는 물가불안의 조짐만 생기면 곧바로 금리를 인하하고, 통화금융정책을 통해 정상적인 경기순환의 일부인 하강국면을 아예 제거해버린다는 생각이 기본적으로 깔려 있다. 그린스펀이 의장으로 재직하던 시기의 연준은 마치 푸아그라(거위간 또는 오리간 요리―옮긴이)를 만들기 위해 거위나 오리에게 강제로 먹이를 먹이듯이 미국경제에 빌린 돈을 가득 채워 넣으려고 작정한 것 같았다. 그렇게 하다 보면 어떤 가치든 간에 가치가 창출되지 않겠느냐는 태도였다. 그것은 푸아그라를 만들려면 거위나 오리가 죽게 되더라도 그 뱃속에 먹이를 계속 더 많이 억지로라도 집어넣어야 한다고 고집하는 태도와 같았다.

게다가 1980년대의 낙관적인 분위기와 1990년대의 호황이 많은 미국인으로 하여금 경제상황이 이따금 딸꾹질을 하듯 잠깐잠깐 악화될 수는 있겠지만 대체로는 계속 더 좋아질 것이라는 확신을 갖도록 했다. 미국에 소비위축이 주도하는 격심한 불황이 닥치지 않은 지가 15년을 넘다 보니 그러한 낙관주의가 쉽게 정당화되며 확산됐다. 간혹 하강기류를 만나게 될 수도 있지만 그것이 오래 지속될 가능성이 없다면 경제상황의 악화에 대비해 저축을 더 많이 하고 돈을 빌리기를 자제해야 할 이유가 무엇인가? 투자수익의 계속적인 증가, 주택 붐의 끝없는 지속, 그리고 위에서 설명한 바와 같은 연준의 태도가 미국인들로 하여금 낙관적인 생각을 갖게 했다. 그럴 리가 없겠지만 만의 하나 구제의 손길을 필요로 하는 처지가 된다고 해도 그런 손길이 저절로 뻗쳐오는 행운이 반드시 따를 것이니 걱정할 게 없다는 식이었다.

금융시스템도 신용과 관련된 금융회사들의 태도와 돈을 빌리거나 빌려주는 절차의 측면에서 크게 변했다. 기술혁신은 금융회사들이 전에는 제공할 수 없었던 갖가지 금융상품과 금융서비스를 제공할 수 있게 했고, 그러한 금융상품과 금융서비스의 제공을 갈수록 더 효율화하고 촉진했다. 통신기술의 발달, 컴퓨터 사용능력의 비약적인 진전, 인터넷의 위력과 그 폭넓은 보급 덕분에 이제는 누구나 어떤 목적으로든 돈을 빌리는 일이 간편해졌다. 같은 이유에서 이제는 돈을 빌려줄 사람이나 금융회사를 찾아내는 일도 어느 때보다 쉬워졌다.

현대적 금융공학은 과거에 은행들의 특징이었던 신중한 대출관행에도 변화를 가져왔다. 은행들은 고객에 대해 직접 알아보려고 하지도 않게 됐고, 돈을 빌리러 온 사람이 대출금을 상환할 의지와 능력을 갖고 있는지를 평가할 때 경험으로 단련된 육감적 본능을 발동하려고 하지도 않게 됐다. 은행들은 그 대신 첨단기술과 신용평점(가장 흔하게 이용되는 것은 '피코(PICO) 평점'이다)을 이용한다. 신용평점에는 과거의 부채상환 실적을 비롯해 미래의 신용도를 가늠할 수 있게 해주는 요소들에 대한 평가가 반영돼있다. 그러나 채무자의 부채상환 능력에는 아랑곳하지 않고 그저 담보물만 챙겨두려고 하는 은행도 많다.

고정수익증권에 투자하는 사람들의 태도도 바뀌었다. 무디스와 같은 신용평가회사가 그런대로 괜찮은 신용등급을 매겼거나, MBIA와 같은 채권보증회사나 패니메이가 보증했거나, 그 밖의 다른 방식으로 보증이 이루어진 고정수익증권이라면 과거에는 적신호로 여겨졌을 만한 문제가 있더라도 사서 보유할 가치가 있다고 사람들은 생각한다.

미국정부에 대한 사람들의 태도에도 변화가 일어났다. 과거에는 미국정부가 채무이행을 할 수 없는 상태에 빠질 가능성을 염두에 두면서 장단기 재무부채권을 사는 사람이 거의 없었다. 대부분의 사람은 미국 재무부채권에 투자한 돈은 오래된 표현으로 말하면 "우리 집처럼 안전하다"고 생각했다. 부동산 거품의 붕괴가 정부재정에 타격을 주었음을 감안하면, 사람들이 그렇게 생각했다는 것은 아이러니가 아닐 수 없다. 수십 년 전부터 얼마 전까지만 해도 경상수지 적자, 즉 소비와 생산의 격차가 국내총생산(GDP)의 7퍼센트에 가까운데다가 갖가지 공적 지급의무액의 규모도 기하급수적으로 늘어나는 지금의 미국과 같은 나라가 채권을 발행했다면 그 채권을 주저하지도 않고 사는 투자자는 거의 없었을 것이다. 그런데 미국인들보다 미국경제의 실태를 더 잘 파악했어야 할 해외의 투자자들마저 미국경제의 악화된 상황에 대해 눈을 감았다. 이로 인해 미국 재무부채권의 발행잔액 가운데 해외에서 소유하고 있는 비중이 2006년에 42퍼센트를 넘어, 불과 6년 전의 30퍼센트에 비해 12퍼센트포인트나 확대됐다.

고루한 구식 은행원들과 달리 투자자들은 원금을 회수할 수 있을지 여부에 대해 그다지 염려하지 않는 것 같았다. 그러한 태도의 배경에는 증권화(securitization)라는 것의 작용이 있었다. 증권화란 기본적으로 대출채권을 비롯한 각종의 자산들을 한 덩어리로 합친 뒤 그것을 다시 다수의 조각으로 쪼개어 파는 과정을 지칭하는 말이다. 그것은 결국 관련 채무자들이 상환하는 돈의 흐름을 다수의 조각으로 나누는 것과 같으며, 그 각각의 조각은 최종투자자들의 다양한 수요에 부응하게끔 이자, 만기, 위험도가 서로 다르게 구성된다.

간단한 예를 들어보자. XYZ은행이 주택을 사고 싶어 하는 사람들에게 다가가 그들로 하여금 주택담보대출을 받아 주택을 사기로 결심하게 한다. XYZ은행은 그렇게 결심한 사람들과 주택담보대출 계약을 체결하고 대출금을 지급한다. XYZ은행은 이렇게 해서 새로 창출한 대출채권을 액면가치에 수수료를 얹은 가격으로 특별목적회사(SPV; Special-purpose Vehicle)에 판다. 그러면 투자은

행 또는 증권회사가 나서서 그 특별목적회사로 하여금 여느 일반 기업이 채권을
발행하는 것과 거의 같은 방식으로 채권을 발행하도록 주선한다. 이렇게 발행
된 채권은 연금펀드나 뮤추얼펀드와 같은 채권펀드를 운용하는 기관투자가에
게 판매되거나 개인투자자를 비롯한 최종투자자에게 직접 판매된다.

　이와 같은 주택저당채권담보부증권(MBS; Mortgage-backed Securities)은
흔히 등급을 달리하는 몇 개의 부분, 즉 트랑슈(tranche)로 나뉜다. 가장 등급이
높은 트랑슈에 해당하는 증권의 소유자는 주택담보대출의 원리금을 상환하는
주택소유자들로부터 특별목적회사로 흐르는 돈을 가장 먼저 배분받는다. 하지
만 그 돈 가운데 이자에 해당하는 부분에서 차지하는 비중을 보면, 위험도가 낮
아 안정적인 트랑슈에 배분되는 몫보다 위험도가 높아 불안정한 트랑슈에 배분
되는 몫이 더 크다. MBS는 그 담보자산에 포함된 주택담보대출의 채무자인 주
택소유자들 가운데 일부가 채무이행을 하지 못하게 될 경우에 등급이 낮은 트랑
슈가 등급이 높은 트랑슈보다 먼저 손실을 입게 되는 식으로 설계되는 게 보통
이다. 가장 위험도가 높은 트랑슈를 가리켜 흔히 '에쿼티 트랑슈(equity
tranche)'라고 부른다. 수익률은 트랑슈별로 다르며, MBS의 전체평균 수익률은
관련 주택담보대출의 채무자들이 상환하는 총금액에 견주면 다소 낮은 수준이
다. 그 차액은 MBS를 투자자들에게 판매하는 업무를 비롯한 증권화의 과정에
관여한 금융회사 등에 수수료로 지급되고, 대손상각에도 사용된다. 그러고도
남는 돈이 있으면 그것은 에쿼티 트랑슈의 소유자들에게 돌아간다.

　이런 과정이 다 끝나고 나면 은행은 애초의 주택담보대출에서 신속하게 이
익을 실현한 뒤에 원래의 상태로 돌아간 셈이 되어, 짧은 시간 안에 또 다시 주
택담보대출을 해서 신용공여 총액을 늘릴 수 있게 된다. 그러는 동안에 투자자
들은 특별목적회사가 발행한 MBS를 구매한 뒤 이자를 받기 시작할 것이다. 결

국은 MBS의 토대가 된 주택담보대출은 모두 상환될 것이고, MBS 소유자들은 그렇게 상환된 돈에서 투자원금을 돌려받게 된다.

이와 같은 일련의 과정에서 모든 당사자가 다 즐거워하는 게 당연한 것처럼 보인다. 국제결제은행(BIS)에 따르면 2006년 현재 미국의 전체 주택담보대출 가운데 절반 이상이 MBS에 편입됐다고 하는데, 그 이유는 바로 이런 측면에서 찾을 수 있을 것 같다.

물론 모든 당사자가 다 즐거워할 수 있으려면 충족돼야 할 가정이 있다. 그 가정은 MBS에 편입된 주택담보대출의 채무자인 주택소유자들 대부분이 제때제때 채무이행을 하고 대출원금도 결국은 다 갚는다는 것이다. 그런데 부동산 거품이 꺼지면서 2007년에 서브프라임 모기지 부문이 붕괴함에 따라 이와 같은 가정은 비현실적인 믿음에 지나지 않는다는 사실이 입증됐다. 경제가 완만한 성장에서 급격한 위축으로 돌아서게 되면 문제가 더욱 커진다. 아메리칸 드림을 믿었던 많은 사람이 어느 날 갑자기 자기가 실업자가 돼있거나, 자기가 소유하고 있는 주택을 팔아봐야 그 주택을 담보로 잡히고 빌린 돈을 다 갚지도 못하는 처지가 돼있거나, 또는 자기가 이 두 가지 경우에 다 해당되는 상황에 빠졌음을 알아차리게 될 것이다. 그때가 되면 주택소유자들은 빚을 갚으려고 하지 않거나, 갚으려고 해도 그럴 능력이 없을 것이다.

설상가상으로 미국인들은 신용거품의 시기에 주택담보대출 말고도 다른 빚을 많이 졌다. 물론 모든 것이 다 완전히 꼬이는 경우가 아니라면 그러한 채무가 감당할 수 없을 정도의 부담으로 느껴지지 않을 수도 있다. 그러나 주택담보대출의 원리금을 상환할 수 없는 처지가 된 상황에서 그러한 채무의 부담까지 가세하면 경제적 삶의 모든 측면이 빛 부담이 초래하는 충격을 크게 받을 것이다. 물론 사람들이 경제적 재앙의 도래를 반드시 그렇게 갑자기 알아차릴 수밖에 없는 것은 아닐 것이다.

　돈을 쉽게 빌릴 수 있는 상황과 완만한 인플레이션이 미국인들로 하여금 우선 돈부터 빌리고 걱정은 나중에 하자는 식의 태도를 갖도록 부추기리라는 점은 누구나 예상할 수 있었다. 사실 한 나라의 경제적 산출, 즉 국내총생산에 대한 부채 총액의 비율이 미국의 경우 2005년에 300퍼센트에 이르러 1929년에 주식시장이 붕괴하기 직전에 기록된 종전 최고치인 290퍼센트를 넘어서리라는 예상은 누구나 할 수 있었다. 세계의 다른 나라들에 대한 채무와 채권의 차액인 순외채도 미국의 경우 이미 3조 달러를 넘어섰다. 불과 몇 년 전까지만 해도 순채권국이었던 미국이 이제는 순채무국이 된 것이다.

　연준이 3년마다 한 번씩 발간하는 〈소비자금융조사〉라는 보고서에 따르면 2004년에 미국의 전체 가구 가운데 4분의 3 이상이 갚아야 할 빚이 있고, 그 빚의 규모가 3년 만에 33.9퍼센트나 늘어났다고 한다. 2005년에도 이런 빚내기 잔치가 계속되면서 가계부채 총액이 12퍼센트나 늘어나 20년 만에 가장 높은 증가율을 보였다. 증가속도가 빠르다는 것만이 문제인 것이 아니다. 빚의 절대액수도 엄청나게 늘어났다. 미국 전체로 보아 주택담보대출 빚은 8조 9천억 달러, 소비자신용 빚은 2조 달러, 주택지분담보대출(home equity loan)을 비롯한 2차 모기지 빚이 1조 달러에 이른다.

　툭하면 돈을 빌리는 나쁜 습관이 미국의 소비자들 사이에 빠른 속도로 퍼졌다. 수많은 소비자가 돈을 빌려주겠다는 은행의 제안을 쉽게 뿌리치지 못했고, 그동안 겪어보지 못한 수준으로 빚이 늘어나면 어떤 결과를 맞이하게 될지를 생각해보려고 하지 않았다. 이에 따라 미국의 가계부문이 세후소득 가운데 부채 원리금의 상환에 쓴 비중이 2005년 4분기에 13.75퍼센트라는 기록적인 수준에 이르렀다.

매달 정기적으로 상환해야 하는 원리금 부담에만 신경을 썼기 때문에 그렇게 무모하게 돈을 빌릴 수 있었던 것일 수도 있다. 돈을 빌릴 때는 흔히 ‘너트(nut)’라고 불리는 월 의무상환 금액이 다른 무엇보다 강조된다. 보통은 대출계약서에도 그 금액이 두꺼운 큰 글자로 표시된다. 반면에 이자를 포함해 상환해야 할 총금액이나 원리금을 제때제때 상환하지 않을 경우에 부과되는 추가부담과 같은 그 밖의 다른 중요한 사항들은 그렇게 강조되지 않는다.

자동차 제조업체들은 이미 오래전부터 자동차 판매를 촉진하기 위해 그와 같은 전략을 구사해왔다. 그런데 금리가 너무 높아지는 바람에 자동차 제조업체들이 소비자의 입맛을 끌어당길 만한 월별 상환조건을 제시하기가 어려워졌다. 그러자 포드자동차와 제너럴모터스 등이 할부기간을 50퍼센트 이상 늘리는 한편 자동차를 구매하지 말고 리스를 하도록 소비자들에게 권장했다. 그러나 자동차를 리스한 소비자는 이자와 채무원금의 일부를 갚기 위해 매달 돈을 지급하면서도 자동차에 대한 소유권은 전혀 갖지 못한다. 예를 들어 2005년 3월에 자동차정보 사이트인 에드먼즈닷컴(Edmunds.com)이 밝힌 바에 따르면, 미국에서 굴러다니는 차량 가운데 리스된 차량의 비중이 2001년 이래 가장 높은 19.8퍼센트에 이르렀다.

사실 온갖 종류의 금융회사들이 소득이 넉넉하지 않은 사람들도 돈을 빌려가도록 하기 위해 할 수 있는 일을 다 한다. 특히 부동산을 담보로 하는 대출에 대해서는 금융회사들이 더욱 적극적이다. 언론보도에 따르면 2005년 봄에 미국의 주택소유자들 가운데 10퍼센트 정도는 소유주택에 대한 지분이 전혀 없거나 마이너스인 상태였고, 새로 주택을 구매하는 사람들 가운데서는 거의 30퍼센트가 구매시점에 이미 지분이 전혀 없는 상태였다. 돈 없이도 부동산을 사기가 얼마나 쉬워졌는지를 생각해보면 이러한 수치가 전혀 놀랍지 않다.

　문제를 피해가는 데 사용된 또 하나의 방법은 대출승인의 기준을 낮추거나 대출계약의 내용을 완화하는 것이었다. 이 방법은 특히 신용기록에 결함이 있거나 서류상으로 소득증빙을 하기 어려운 사람들에 대한 대출에 적용됐다. 이에 따라 서브프라임 등급의 차입자들 가운데 다수가 '변동금리 주택담보대출(ARM; Adjustable-rate Mortgage)'을 통해 아메리칸 드림에 동참하고 자기 집을 소유할 수 있게 됐다. 고정금리에 30년 만기인 전통적인 주택담보대출과 달리 ARM은 초기의 이자부담을 아주 가볍게 만든 주택담보대출 상품이다. 그런데 서브프라임 등급의 차입자들 가운데는 ARM보다도 더 유리한 조건으로 더 많은 돈을 빌리고자 하는 사람이 많았다. 그러자 은행들은 ARM 외에 여러 가지 비전통적인 주택담보대출 상품을 개발해 내놓기 시작했다. 예를 들어 대출원금의 전액을 만기에 갚게 하고 그 전에는 대출기간 내내 이자만 상환하게 하는 '이자만 내는 대출(Interest-only Loan)'도 나왔고, 월별 의무상환액보다 적은 금액만 상환해도 문제가 되지 않는 달을 차입자가 지정할 수 있는 '지급방식 선택형 변동금리 주택담보대출(payment option ARM)'도 나왔다.

　그런데 이런 식의 조건완화는 역상환(negative amortization, 채무자가 채권자에게 상환하는 금액이 이자에도 못 미쳐 채무의 총액이 오히려 늘어나는 현상을 지칭하는 말로 네갬(NegAm)이라는 줄인 말로 불리기도 한다―옮긴이)이라는 문제를 낳을 수 있다. 주택담보대출을 받아 주택을 산 사람이 역상환 상태에 빠지면 그 주택을 담보로 한 채무가 애초에 그 주택을 샀을 때보다 더 커지게 된다. 이처럼 주택담보대출 시장의 은어로 '거꾸로 뒤집힌(upside down)' 처지가 된 주택소유자들이 실제로 많이 생겨났다. 그런가 하면 변동금리 주택담보대출은 이름 그대로 이자율이 상승하면서 월별 의무상환액이 늘어날 수도 있는 대출 상품이라는 사실을 제대로 인식하지 못한 사람도 많았다. 2006년에 미국정부가 발표한 보고서에 따르면 ARM 대출을 받은 주택소유자들 가운데 자기에게 부과될 수 있는 이자율의 최고치가 얼마인지를 모르는 사람이 41퍼센트나 되는 것으로 조사됐다.

사람들은 그러한 위험에 아랑곳하지 않는 것처럼 보였다. 주택담보대출업협회(MBA; Mortgage Bankers Association)에 따르면 미국의 주택담보대출 총잔액 가운데 서브프라임 대출로 분류되는 비중이 1999년에는 2.1퍼센트였으나 2005년에는 13.4퍼센트로 크게 높아졌다. 게다가 2005년과 2006년에 계약된 주택담보대출 가운데 절반가량이 ARM 방식이었고, 이에 따라 변동금리 주택담보대출이 1천만 건으로 늘어나 주택담보대출 총잔액의 4분의 1을 차지하기에 이르렀다. 게다가 2조 5천억 달러에 이르는 그러한 변동금리 주택담보대출이 2006년과 2008년 사이에 상환조건의 재조정이 예정돼있었다. 다시 말해 ARM 방식의 대출을 받은 사람들이 매달 내야 하는 이자가 대출 초기의 일정 기간에 대해서는 낮은 수준으로 설정됐지만 그 기간이 끝나면 늘어나게 돼있었다. 게다가 연준이 2년 이상에 걸쳐 금리를 거듭 인상한 조치도 그런 사람들의 이자상환 부담을 급격히 키웠을 것이다.

전미공인중개사협회에 따르면 주택담보대출을 받은 사람들이 모두 다 주택을 구입하기 위해 그렇게 한 것이 아니었다. 2005년에 미국인들의 부동산 구입 가운데 무려 39.9퍼센트가 휴가용 별장을 마련하기 위한 구입이거나 투자 목적의 구입이었다. 이런 의도로 대출을 받아 부동산을 산 사람들은 임대시장의 호황과 부동산 가격의 상승이 계속될 것이라고 믿었다. 하버드대학의 연구에 따르면 실제로 주택의 가격은 그 전 5년간에 걸쳐 소득증가율의 6배에 이르는 속도로 상승했고, 부동산시장에 지속불가능하다고 할 정도의 엄청난 거품이 형성됐다.

부동산 관련 대출이 사람들의 경제적 삶에 끼친 영향은 또 있다. 주택지분 (home equity), 즉 주택의 시가에서 그 주택을 담보로 한 채무의 잔액을 뺀 나머지 금액을 담보로 활용하는 대환대출(refinancing)이 크게 늘어나 주택담보대출 시장 전체에서 상당히 큰 비중을 차지하게 됐다. 주택의 가격이 급등하는 가운데 은행을 비롯한 금융회사들이 신용카드 대출의 대안으로 '현금인출 대환대출(cash-out refi, 대환대출을 통해 채무총액을 늘리면서 그만큼의 현금을 빼내는 것―옮긴이)'에 대한 대대적인 판촉활동에 나섰다. 담보를 제공할 필요는 없으나 금리가 높은 신용카드 대출보다는 현금인출 대환대출이 낫다는 것이었다. 이에 따라 주택소유자들 사이에, 심지어는 주택을 사려고 하지만 아직 계약금을 마련하지 못한 사람들 사이에서도 현금인출 대환대출이 자금조달 방법으로 점점 더 인기를 끌게 됐다.

이에 따라 주택을 담보로 한 채무가 크게 늘어났다. 〈위클리 스탠더드〉라는 잡지에 따르면 '담보주택 지분인출(MEW; Mortgage Equity Withdrawal)'의 규모가 2001년부터 2005년까지 총 2조 5천억 달러에 이른 것으로 추정된다. 사실은 이와 같은 담보주택 지분인출이 2005년까지 5년 동안 미국경제가 이룬 성장 가운데 상당부분을 설명해준다고 말하는 분석가들도 있다.

그러나 그동안 신용시장에서 전개된 일들은 사람들의 경제적 삶에 위와 같은 직접적인 영향을 주는 데 그치지 않고 미국의 금융시스템에도 영향을 주어 금리의 구조를 변경시키고 채무불이행 위험을 증가시켰음을 간과해서는 안 된다. 무엇보다 먼저 주목되는 것은, 은행을 비롯한 금융회사들의 대출이 차츰 무담보대출 위주에서 담보대출 위주로 바뀌어감에 따라 채무자들이 채무이행 능력을 상실하게 될 경우에 떠안게 될 재무적 부담이 점점 더 커졌다는 점이다. 예전에는 채무자가 파산신청을 한 뒤에도 채권자들이 채권행사를 할 수 있는 자산이 그 채무자에게 꽤 남아있는 경우가 많았다. 또한 제도상으로는 지금도 채무자가 파산신청을 하더라도 자산에 대해 남아있는 지분을 신용카드회사 등 무담보 채권자에게 빼앗기지 않기 위해 일부 담보 채권자에 대한 채무를 유지하고 그 원리금의 상환을 계속하기로 하는 선택을 할 수 있다. 그런가 하면 미국의 몇몇 주에서는 파산한 채무자에 대해 채권자들이 채권행사를 할 수 있는 자산의 종류에서 주택을 비롯한 일부 자산은 제외된다. 그러나 금융회사들의 대출에서 담보대출이 차지하는 비중이 확대되면서 이런 장치들의 효과도 과거지사가 돼 가고 있다.

이와 함께 고정금리 대출이 줄어들고 변동금리 대출이 늘어남에 따라 금리의 변화가 사람들에게 미치는 영향이 더 커졌다. 예전에는 금리가 오르면 은행들의 수익성이 나빠졌다. 그러나 미국 전체의 비금융권 부채에서 45퍼센트를 차지하는 부동산담보대출 가운데 변동금리 대출의 비중이 상당히 높아진 상황에서는 금리상승에 따른 부담이 은행들보다는 채무자들, 즉 미국인들 개개인에게 더 많이 돌아가게 된다. 이런 양상은 주택담보대출 시장에서만 나타나는 것이 아니다. 뱅크레이트닷컴(Bankrate.com, 금리 등 금융비용에 관한 정보를 제공하는 사이트—옮긴이)에 따르면 2006년 초에 미국의 신용카드 대출 가운데 변동금리가 적용되는 비중이 약 3분의 2에 이르러, 불과 12개월 전의 55퍼센트에 비해 10퍼센트포인트 가량이나 확대됐다.

대출업무를 취급하는 금융회사들은 거의 전적으로 수수료 수입을 늘리고 자금회전율을 높여 매출을 증대시키는 데 영업의 초점을 맞추었고, 이런 식으로 영업을 하다 보니 현명하지 못한 행태를 보이는 금융회사가 많아졌다. 연방수사국(FBI)의 추정에 따르면 2005년 한 해에만 주택담보대출과 관련된 사기행위로 금융회사들이 입은 손실이 10억 달러에 이르렀다. 그럼에도 많은 금융회사가 점점 더 팽창하는 신용거품에 기꺼이 뛰어들었고, 그 결과로 상황이 본격적으로 악화되기도 전에 곤경에 몰린 금융회사가 많았다. 한편으로는 미국의 개인파산 신청건수가 1989년의 61만 6천 건에서 2005년에는 200만 건 이상으로 크게 늘어났다. 채무자에게 크게 불리한 내용의 '파산남용 예방 및 소비자 보호에 관한 법률(Bankruptcy Abuse Prevention and Consumer Protection Act)'이 2005년 10월부터 시행에 들어가게 돼있었기에 그 전에 서둘러 파산신청을 한 사람이 많기도 했지만, 이런 점을 감안하더라도 개인파산 신청건수가 엄청나게 늘어난 것은 틀림없다.

주택소유자와 소비자들만 빚 부담이 늘어난 것이 아니다. 채권펀드 업계를 주도하는 회사인 핌코(PIMCO)의 윌리엄 그로스 전무가 말한 '금융기반 경제' 덕분에 미국의 많은 기업이 혜택을 누리기도 했지만, 그 과정에서 '주식회사 미국' 전체도 빚 부담이 늘어났다. 국제결제은행(BIS)의 통계에 따르면 2005년에 미국 기업들의 해외 채권발행액은 전년에 비해 8퍼센트 늘어난 8360억 달러에 이르렀고, 그 가운데 순발행액은 1140억 달러로 전년에 비해 거의 3배로 늘어났다. 그러는 사이에 미국 금융회사들의 이익은 크게 늘어났다. 〈이코노미스트〉에 따르면 미국의 기업이익 전체에서 금융회사들의 이익이 차지하는 비중이 1982년에는 4퍼센트에 지나지 않았으나 최근에는 40퍼센트 이상으로 크게 확대됐고, 미국의 상장주식 시가총액 전체에서 금융회사들이 차지하는 비중도 거의 25퍼센트에 이르렀다.

대출영업을 하는 금융회사들이 과도하게 느슨한 조건으로 소비자신용을 제공하는 경쟁을 벌이면서 소비자신용 시장에 열풍이 불었고, 기업들도 이러한 소비자신용 열풍의 혜택을 입었다. 2006년 4월에 〈월스트리트 저널〉이 보도한 바에 따르면 기업에 대한 금융회사들의 대출심사기준(기업이 대출승인을 받기 위해 충족시켜야 하는 실적조건)이 예전보다 완화됐다. 금융회사들의 이런 조치에 힘입어 비금융 기업들의 연간 차입 증가율이 크게 높아졌다.

또한 투기, 투자, 차익거래, 일반 기업의 금융관련 활동 등을 위한 차입도 크게 늘어났다. 규제를 적게 받는 가운데 정교하게, 때로는 공격적으로 투자를 하는 투자자금 풀인 헤지펀드들도 레버리지(차입비율)를 적극적으로 높이는 자산운용 전략을 구사하게 되면서 헤지펀드 업계 전체의 자산이 1조 5천억 달러에 이를 정도로 급증한 것으로 추산됐다.

가치가 저평가된 것으로 보이는 기업을 매수하기 위해 거액의 차입을 하곤 하는 사모펀드(PEF; Private Equity Fund) 부문도 크게 활성화됐다. 경제잡지 〈포브스〉는 2006년 전반기에 2700개의 사모펀드가 모두 5천억 달러 규모의 투자자금을 모집하고 있었다면서 "모집한 투자원금 1달러당 4달러 이상의 차입을 하는 사모펀드들의 레버리지 운용 경향을 고려하면, 5천억 달러의 투자원금은 2조 5천억 달러 규모의 투자거래를 가능하게 하는 수준"이라고 지적했다. 게다가 경쟁이 치열해짐에 따라 많은 사모펀드가 투자대상 기업을 선정하는 기준을 완화했고, 이에 따라 몇 년 전만 해도 세전 영업이익(EBIT)의 4~5배 정도 되는 가격으로 기업을 매수하는 것이 일반적이었지만, 이제 일부 사모펀드들은 세전 영업이익의 7배에 이르는 가격에도 기업을 매수하기에 이르렀다.

월스트리트의 금융회사들은 물론이고 대출영업을 하는 그 밖의 전통적인 금융회사들도 차입 붐으로부터 많은 이익을 뽑아낼 수 있었고, 특히 부동산 부문에서 그랬다. 일반 상업은행들의 이익에서 주택담보대출 관련 이익이 차지하는 비율은 1987년에는 33퍼센트였지만 2005년에는 62퍼센트로 높아졌다. 주택담보대출 시장뿐만 아니라 그 밖의 다른 부동산시장에 대한 금융회사들의 의존도도 크게 높아졌다. 연준의 수전 슈미트 비에스(Susan Schmidt Bies) 이사는

2005년 봄에 상업용 부동산에 대한 감독지침 개선안에 대해 연설하던 도중에 중규모 은행들의 자기자본 대비 상업용 부동산 관련 대출의 비율이 300퍼센트에 이르러 1980년대 말~1990년대 초에 비해 두 배로 높아졌다고 지적했다.

하지만 오늘날의 금융게임이라는 측면에서 볼 때 레버리지를 활용한다는 점에서나 부동산 시장에 대한 낙관적인 편중투자를 한다는 점에서나 패니메이와 프레디맥을 능가하는 회사는 없다. 정부지원회사(GSE; Government-sponsored Entity)로 분류되는 이 두 회사는 2005년 1분기 현재 모두 1조 5천억 달러어치에 이르는 대출채권담보부증권 또는 주택저당채권담보부증권을 보유하고 있고, 은행을 비롯한 다른 기관투자가들이 갖고 있는 2조 4천억 달러어치의 주택저당채권담보부증권을 보증하고 있다. 이 점은 미국의 금융시스템을 더욱 취약하게 만드는 요인이 되고 있다. 패니메이와 프레디맥이 발행한 증권을 자기자본의 100퍼센트도 넘게 보유하고 있는 은행들도 일부 있다는 점을 생각해보면 왜 그런지를 알 수 있을 것이다.

공공부문에서 연방정부와 정부지원회사들만 빚내기 잔치를 벌여온 것도 아니다. 2005년에 연방정부를 제외한 주정부 등 각급 정부의 채권발행액이 4050억 달러에 이르러 사상최고치를 기록했다. 이는 전년에 비해 13퍼센트나 증가한 규모다. 이에 따라 연방정부를 제외한 각급 정부의 채권발행 잔액은 2조 달러가 넘게 됐다. 최근 몇 년 동안 자본시장에서 새로 생겨난 부채의 규모는 엄청나다. 채권시장협회(Bond Market Association)의 보고서에 따르면 2005년에 주택저당채권담보부증권(MBS)을 비롯한 자산담보부증권의 발행액이 1조 1천억 달러라는 기록적인 수준으로 늘어난 데 힘입어 미국 전체의 채권발행 총액이 무려 5조 5200억 달러에 이르렀다고 한다.

이 모든 빚내기의 문제점은 그 대부분이 전체 경제활동의 수준, 차입자의 소득, 담보자산의 가치 등이 빚의 원리금 상환을 보장하기에 충분한 수준으로 유지되거나 상승한다는 전제 위에 이루어진다는 데 있다. 그런데 그와 같은 전제가 성립된다는 가정은 심각한 결함을 가진 것임이 결국에는 판명될 것이다.

02 | 퇴직후급여

조만간 모든 사람이 결과의 맛을 보게 될 것이다. – 로버트 루이스 스티븐슨

현실의 실태를 알게 해주는 통계수치가 집계되어 발표된 뒤에는 적어도 일부 사람들은 셰익스피어를 흉내 내어 다소 진지하게 "회계사들을 다 죽일 때가 됐다"(셰익스피어의 3부작 희곡작품인 《헨리 6세》의 제2부에 나오는 대사에서 '변호사들'을 '회계사들'로 바꾼 표현임―옮긴이)고 말할 것이다.

그러나 현실이 엉망이 된 게 돈 문제에 관심을 집중하면서 세세한 숫자계산을 하는 회계사들을 탓할 일은 아닐 것이다. 그보다는 오히려 미래에 어떤 일이 벌어질지에 대한 정확한 진단을 나중으로 미룬 정부와 민간부문의 지도자들을 탓해야 할 것이다. 그들 가운데 심판의 날이 다가오고 있음을 알았을 만한 이들조차도 그러한 진단을 나중으로 미루었다. 그동안 미국의 대통령, 주정부를 비롯한 각급 정부의 관리들, 그리고 워싱턴의 정치인들이 해온 약속을 모두 다 이행하려면 몇 조 달러는 족히 들 것이다. 그 모든 약속을 이행하는 데 드는 비용을 어떻게 조달할 것인지, 또는 보다 현실적으로 말해 그 가운데 반드시 조달

돼야 하는 비용이 얼마인지를 파악하는 것 자체가 엄청난 일일 것이다.

뭔가 다른 미래도 우리에게 손짓을 하고 있음을 조금이나마 알아차린 지도자나 정책담당자도 적지는 않았던 것이 분명하다. 대부분의 사적 연금은 1974년에 제정된 종업원퇴직소득보장법(ERISA; Employee Retirement Income Security Act)에 따라 수립된 보고기준을 비롯한 각종의 규정에 의해 관리돼왔다. 이는 곧 몇 가지 우려되는 문제점은 이미 노출됐다는 뜻이다. 뿐만 아니라 '사회보장 개혁에 관한 국가위원회'가 사회보장제도의 파산위기에 대해 우려를 제기한 뒤인 1982년에는 급여세(payroll tax, 종업원에게 지급되는 급여를 토대로 고용주에게 과세되는 세금으로 원천소득세, 사회보장세, 의료보험세 등으로 구성된다―옮긴이) 제도의 개정으로 사회안전망의 결함 가운데 적어도 일부는 손질이 됐다.

그러나 인생을 살아가면서 장기적으로 자기가 재무적 부담을 구체적으로 어느 정도나 져야 하는지를 아는 미국인은 거의 없다. 그 주된 이유는 기업들이 그동안 퇴직과 관련된 약속을 회계에 반영해온 방식에 있다. 그 방식의 대부분은 합법적이긴 했지만, 그렇더라도 문제가 없는 것은 아니었다.

과거를 돌이켜보면, 은퇴한 노동자에 대한 의료보장을 비롯한 '기타 퇴직후급여(OPEBs; Other Postemployment benefits, 고용주가 법적인 의무에서든 아니든 피고용자에게 지급하기로 약속했거나 실제로 지급하는 퇴직후급여. 여기서 '기타'란 '연금 이외의'라는 뜻이다―옮긴이)'와 관련된 의무는 물론이고 은퇴한 노동자에 대한 연금지급과 관련된 의무에 대해 고용주가 그대로 인정하는 경우는 거의 없었다. 기업의 회계장부를 보면 위험이나 부채와 관련된 내용은 주석이나 읽어내기가 어려운 보고서 본문 속에 깊숙이 파묻혀 있기 일쑤였고, 재무제표에 정식 항목으로 기재되지 않는 경우가 일반적이었다. 회계장부에서 아예 제외되는 부외부채는 제쳐놓고 말하더라도, 기업의 부채 가운데 많은 부분이 미래의 금리, 투자수익률, 의료비 상승률에 대한 비현실적인 가정과 애매모호한 회계관행을 통해 보이지 않게 가려졌다. '기타 퇴직후급여'의 대부분이 안고 있는 문제점은, 그 비용이 당해연도에 실행된 프로그램에 대해서만 당해연도 수입에서 지출한 것으로 회계처리되고 만다는 데 있다. 이 때문에 '급여격차(benefits gap)'라고 불리는 것; 다시 말해 퇴직후급여에 관한 모든 약속의 현재가치와 그러한 약속을 이행하기 위해 적립해놓은 금액 사이의 격차가 얼마나 되는지를 전체적으로 파악하기가 어렵다.

그러나 엔론 사태 이후에, 비록 그다지 성공적이지 못했다고는 하지만, 그동안 보이지 않게 가려져 있던 것을 사람들 눈에 보이게끔 겉으로 드러내는 일이 점점 더 강조돼왔다. 특히 1990년대의 주식시장 붕괴 이후에 급여자산 투자의 실적이 부진해져서 급여격차가 더욱 확대될 수 있다는 우려가 일어나면서 그러한 일을 보다 빨리 해야 한다고 생각하는 분위기가 형성됐다.

특히 지방정부는 재정이 불투명하고 비현실적인 공약이 끝없이 남발된 역사를 공통으로 갖고 있으므로 변화의 필요성이 그만큼 큰 것이 분명하다. 2년이나 4년 주기로 평가를 받아야 하는 정치인들의 경우에는 노조가 결성돼있는 공공부문 노동자들에게 연금과 그 밖의 장기적 급여와 관련해 당장은 돈이 들지 않는 약속을 하는 대신에 그들로부터 정치적인 문제가 되지 않을 정도로만 봉급을 인상하는 데 대해 동의를 얻어낼 수 있는 기회가 있었다면 그러한 기회를 놓치기 싫었을 것이다.

그런데 정부회계기준위원회(GASB)가 2004년에 회계규정을 수정할 때 공공부문의 회계에 시한폭탄을 장착했다. 이 위원회는 그때 새로 발표한 '45호 기준'을 통해 2006년 12월 15일부터 순차적으로 각급 정부와 공공기관은 '기타 퇴직후급여'와 관련된 '보험계리적 부채(actuarial liability)'를 추정하고 그 순비용을 현재가치로 환산한 금액과 그것을 30년에 걸쳐 상각하는 데 소요되는 금액을 회계에 반영하도록 했다. 이에 따라 지난 몇십 년간 공공부문에서 퇴직후급여에 대해 관대한 약속을 하던 관행이 갑자기 조명을 받게 됐고, 그 결과는 앞으로 엄청난 파장을 불러올 것이다. 시험적인 예측에 따르면 퇴직후 의료비 혜택과 관련된 연간 비용만 해도 그동안 알려진 것에 비해 최대 20배에 이를 것이라고 한다. 한 전문가는 연방정부를 제외한 각급 정부를 모두 더하면 '기타 퇴직후급여'와 관련된 비용이 족히 1조 달러는 될 것이라고 말했다고 〈뉴욕 타임스〉가 보도했다.

게다가 지방정부 연금제도의 재원부족액이 3천억 달러가 넘는 것으로 집계되고 있고, 바클레이스 글로벌 인베스터스에 따르면 보다 보수적인 민간부문의 회계방법을 적용해보면 그 규모가 8천억 달러에 이른다고 한다. 지방정부 연금제도의 거의 모두는 전통적인 방식인 확정급여형으로 설계돼있어 은퇴자들은 죽을 때까지 정액의 급여를 보장받지만 연금자산의 투자와 관련된 위험을 비롯한 모든 위험을 사용자들이 부담해야 하는 문제를 안고 있다.

이에 따라 각급 지방정부의 재정적 건전성이 앞으로 급격히 악화될 것이며, 납세자들이 낸 돈으로 지방정부를 구제해야 한다는 목소리가 높아질 것으로 보인다. 이로 인해 납세자들의 항의를 비롯한 후폭풍이 일어날 것이고, 그 후폭풍은 경제의 붕괴, 금융시장의 와해, 고용의 축소, 젊은층 고용비중의 축소 등으로 인해 더욱 거세질 것이다. 많은 지방정부가 어쩔 수 없이 지출삭감, 세금인상, 차입확대에 나서게 될 것이고, 이런 노력들은 그렇지 않아도 극도로 위태로운 상태에 몰린 지방정부의 재정을 더욱 위태롭게 만들기만 할 뿐 재정을 개선하는 효과를 내지는 못할 것이다.

각 주의 정부를 비롯한 지방정부의 재정과 관련해 새로이 드러나는 사실들이 점점 더 큰 걱정거리가 되어가는 가운데 사실은 이보다 훨씬 더 위협적인 걱정거리가 전면에 부각되고 있다. 이미 여러 해 전부터 경고돼왔지만 대체로 무시되다가 마침내 국내외 투자자들과 미국의 정치인들, 그리고 미국인들 개개인을 덮치고 있는 그 걱정거리는 바로 미국 연방정부의 재정도 완전히 난장판이 됐다는 점이다.

이러한 문제들의 원인 가운데 상당부분은 리더십의 붕괴와 정치인들로 하여금 일부 이익집단의 비위를 끊임없이 맞추도록 하는 정치제도의 내재적인 결함에 있다. 그러나 미국 인구구성의 변화도 문제를 악화시키는 작용을 하고 있다. 미국의 인구는 급속하게 노령화돼왔고, 7800만 명에 이르는 베이비붐 세대가 곧 그들 자신보다 젊은 세대의 부를 갉아먹기 시작할 것이다. 그동안 사람들의 수명도 길어졌다. 미국인의 평균 기대수명은 1990년에 75.4세였는데 2005년에는 77.6세로 늘어났다. 한 세대에도 못 미치는 기간에 평균 기대수명이 2살 이상이나 늘어난 것이다. 2030년이 되면 65세 이상인 미국인 수가 지금의 두 배에 이를 것이고, 2040년이 되면 미국인 4명 중 1명이 65세 이상일 것이다.

이런 인구구성의 변화가 의미하는 바는 무엇일까? 퇴직후급여에 극적인 변화가 일어나는 경우를 배제하고 말한다면, 그것은 이미 늘어날 대로 늘어난 사회안전망의 비용이 급속히 더 커지리라는 것이다. 그러나 사회안전망을 뒷받침하는 데 동원할 수 있는 수단도, 그 비용을 떠맡아야 할 노동연령대 인구도 더 이상 늘어나지 않고 있다. 사회보장제도가 처음 도입된 지 7년 뒤인 1942년에는 이 제도의 수혜자 1명당 42명의 노동자가 있었다. 그러나 2002년에는 이 비율이 3.3명으로 낮아졌고, 2030년이 되면 이 비율이 더 떨어져 2.2명이 될 것으로 예상된다.

지방정부의 재정도 인구노령화의 압박을 받게 될 것이고, 한때 수많은 노동자를 고용했던 철강, 자동차, 사회기반시설, 항공 등의 산업분야를 중심으로 민간부문의 연금제도도 마찬가지 압박을 받게 될 것이다.

미국의 번영이 무한히 계속될 수 없다는 사실을 인정하기 어려워할 미국인이 많을 것이다. 특히 사회안전망과 관련된 약속 가운데 다수는 미국과 미국의 여러 산업이 세계시장을 주도하거나 압도했을 적에 시작된 것들이다. 그때에는 대부분의 미국인이 미국의 부가 창출되는 데 기여한 사람들뿐만 아니라 운이 없어 사는 형편이 좋지 못한 사람들과도 부를 나눠야 한다는 데 동의했다. 예를 들어 1965년에 메디케어(Medicare) 제도가 도입되기 전에는 미국의 노인들 가운데 다수가 건강을 유지하기 위한 의료비를 감당하기 어려웠는데, 당시 미국인들의 일반적인 정서는 노인이 그러한 곤경에 처하게 된 것에 대해서는 사회가 책임을 져야 한다는 것이었다. 그러나 최근에는 점점 더 후하게 운영되는 사회보장, 메디케어, 메디케이드(Medicaid, 저소득층 대상 의료보험—옮긴이)와 같은 복지후생제도의 비용이 너무 빨리 늘어나고 있다고 경고하는 목소리가 높아지고 있다.

이렇게 된 데에는 자만심도 일정한 역할을 한 것이 틀림없다. 미국은 과거에 재정난이라는 태풍을 잘 극복해낸 적이 여러 번 있다. 그리고 2006년까지 몇 년 동안에는 미국이 생산보다 훨씬 더 많은 소비를 하고 소득보다 훨씬 더 많은 지출을 하면서도 계속 번영을 누렸다. 그러나 경제와 금융의 조류가 역전되자 과거에는 귀에 들리지도 않던 목소리가 귀를 멀게 할 정도로 크게 들리기 시작했다. 그리고 국내외 투자자와 기업인을 비롯한 모든 사람이 점점 더 두려움에 젖어들었다.

펜실베이니아대학의 위험관리학 교수인 켄트 스메터스(Kent Smetters)와

카토연구소의 선임연구원인 자가디슈 고칼레(Jagadeesh Gokhale)는 2006년에 복지후생제도를 감안하면 미국 연방정부의 예상 지출총액과 예상 수입총액의 차이가 최대 65조 달러에 이른다고 추정했다. 경제학자인 로런스 코틀리코프는 상환재원 대책이 없는 정부채무의 총액이 국내총생산(GDP), 즉 일 년간 나라 전체가 생산하는 재화와 서비스 총액의 7배가 넘는 80조 달러에 이른다고 추정했다. 스메터스와 고칼레는 이러한 차액을 메우기 위해서는 사회보장제도 및 메디케어와 관련이 있는 급여세를 "당장 2배로 늘려야 한다"고 말했다고 〈크리스천 사이언스 모니터〉가 보도했다. 만약 의료비 지출이 최근 몇십 년간의 평균 증가율인 연 10퍼센트보다 더 빠르게 증가하거나 연방정부가 새로운 복지후생제도를 추가로 도입하게 된다면 문제가 걷잡을 수 없이 더 커질 것이다. 예를 들어 새로운 복지후생제도로 도입된 메디케어 처방약 급여제 하나만으로도 총 8조 달러의 의료비가 더 지출돼야 하는 것으로 추정되고 있다.

게다가 이런 수치들에는 그동안 사회보장제도가 많은 사람이 생각하듯이 주의 깊게 관리되는 신탁펀드처럼 관리되지 않았다는 사실에 대한 고려가 반영돼있지 않다. 오히려 의회와 정부는 대체로 사회보장제도의 수입을 정부에서 차용증서를 써주는 것만으로 얼마든지 갖다 쓸 수 있는 납세자의 돈으로 간주해온 게 사실이며, 그런 방향의 관행은 곤경에 빠진 연방정부 재정의 실상을 겉으로 드러나지 않게 가리는 기능을 해왔다. 〈유에스에이 투데이〉에 따르면 상장기업이라면 의무적으로 따라야 하는 '일반회계기준'을 연방정부에 그대로 적용해 계산해보면 2005년도의 연방정부 재정적자는 발표된 3180억 달러가 아니라 그 10배가 넘는 3조 5천억 달러에 이른다고 한다.

"이런 상황에서 사회보장제도가 파산할 지경이라면 미국은 적어도 1983년 이래 최악의 재정위기에 곧 직면할 수 있다"고 〈유에스에이 투데이〉는 지적했다. 이는 곧 복지후생제도는 이미 암 덩어리가 됐을 뿐 아니라 해마다 그 암 덩어리가 점점 더 커지는 위험한 상태라는 뜻이다. 스탠더드 앤드 푸어스는 2006년 여름에 정부재정이 최근의 흐름을 계속 유지한다면 현재 '트리플 에이(AAA)'인 미국의 국가신용등급은 앞으로 10년 안에 '에이(A)' 또는 '트리플 비(BBB)'로 떨어지기 쉽다고 경고했다.

그러나 사회보장제도를 민영화하려는 조지 부시 행정부의 노력을 포함해 복지후생제도를 개혁하려는 노력은 별다른 진전을 이루지 못하고 있다. 그 이유 가운데 일부는 포괄적인 사회안전망의 혜택을 받는 사람들의 수가 늘어나고 이에 따라 그들의 정치적 영향력도 커지는 현실에 있다.

이에 비해 민간부문의 퇴직후급여와 관련된 문제에 대한 우려의 목소리는 그리 크지 않다는 사실은 역설적이다. 그러나 민간부문의 퇴직후급여와 관련된 문제도 정부재정에 닥쳐올 재앙의 규모를 더욱 키우는 역할을 할 것이다. 민간부문의 퇴직후급여도 어떤 방식으로든 결국은 지급돼야 하는 부담이기 때문이다. 공공부문과 마찬가지로 주식회사 미국도 퇴직후 건강관리 비용의 부담이 엄청나게 크다. 한 추정에 따르면 에스앤피(S&P) 지수에 포함되는 500대 기업 가운데 3분의 2가 종업원들의 연금과 관련해 1500억 달러 규모의 자금부족 상태에 있을 뿐 아니라 약 3천억 달러에 이르는 기타 퇴직후급여(OPEB) 관련 채무를 안고 있다고 한다. 이런 채무부담이 놀라울 정도로 큰 기업의 대표적인 예로 제너럴모터스를 들 수 있다. 이 기업 스스로는 부인하고 있지만, 일부 분석가들에 따르면 2006년 초 현재 이 기업은 연금 채무가 310억 달러에 이르고 기타 퇴직후급여 채무는 그 두 배가 넘는 700억 달러에 이르는 것으로 추정된다.

공공부문과 주식회사 미국이 퇴직 관련 채무의 문제를 이처럼 서로 비슷하게 안고 있지만, 양쪽 사이에 중대한 차이가 하나 있다. 그것은 민간부문은 일반적으로 미래의 급여에 대한 약속을 공공부문에 비해 자유롭게 조정할 수 있다는 점이다. 민간부문은 미래의 급여액 수준을 낮추거나 퇴직후 건강관리비 지원과 같은 이른바 '특별부가급여(perks)'를 일부 폐지하는 등의 방법으로 미래 급여의 조건을 바꿀 수 있다. 또한 민간부문의 기업은 종업원들에 대한 일체의 복지 관련 지원을 '동결'해서 현재의 종업원들이 이미 약속된 급여 외에는 추가적인 급여를 전혀 받지 못하게 할 수도 있다.

미국에서는 그동안 많은 기업이 확정급여형 연금제도에서 401(k) 플랜을 비롯한 다른 연금제도로 전환해왔다. 관련 세법조항 번호가 그대로 이름이 된 401(k) 플랜은 비과세 저축의 성격을 갖고 있으며, 1979년에 처음 도입됐다. 기업들은 일종의 확정기여형 연금제도인 401(k) 플랜을 전통적인 확정급여형 연금제도에 대한 대안이 된다고 보고 적극적으로 받아들였다. 401(k) 플랜에서는 퇴직 이후에 지급되는 금액이 고정되는 것이 아니라 퇴직 이전에 납입하는 금액이 고정된다. 이는 기본적으로 납입된 자산의 투자와 관련된 위험이나 보험계리상의 위험을 비롯한 각종 위험의 부담을 사용자로부터 종업원에게로 옮기는 방식이다.

주택담보대출을 비롯한 대출을 취급하는 금융회사들의 주도 아래 대출이 고정금리 방식에서 변동금리 방식으로 대거 전환한데다가 위와 같은 성격을 지닌 401(k) 플랜을 채택하는 기업이 크게 늘어났다는 사실은 전통적으로 기업이나 정부가 부담해온 위험을 이제는 보통의 미국인들이 부담하게 됐다는 의미다. 주식회사 미국 가운데 상당수의 기업이 꽤 많은 종업원을 종전의 연금제도보다 회사의 이익을 훨씬 덜 잠식하는 401(k) 플랜으로 돌림으로써 확정급여형 연금제도의 부담에서 벗어나면서 사실상 총급여를 삭감하는 효과를 거두었다. 개별기업 단위로 운영되는 확정급여형 연금제도의 가입자 수는 1985년에는

2200만 명이었지만 17년 뒤인 2002년에는 1700만 명으로 500만 명 정도 줄어들었다. 그동안에 미국의 노동인력 수가 상당히 늘어났음에도 확정급여형 연금제도의 가입자 수는 오히려 줄어든 것이다.

전통적인 확정급여형 연금제도를 채택한 기업들 가운데 다수는 그 부담을 연금지급보증공사(PBGC; Pension Benefit Guaranty Corporation)에 떠넘기고 있다. 과거에는 기업들이 마지막 의지처로만 연금지급보증공사를 이용했다. 하지만 이제는 기업들이 종업원들의 퇴직후급여와 관련된 회사의 의무를 털어내는 여러 가지 수단 가운데 하나로 이 공사를 활용하고 있다. 연금지급보증공사는 미국에서 일련의 대규모 퇴직급여 지급의무 불이행 사태가 일어난 뒤인 1974년에 종업원퇴직소득보장법(ERISA)에 의해 설립된 기관이며, 애초에는 정부의 지원 아래 노동자들을 보호하기 위한 보험안전망으로 구상된 것이었다. 그러나 그런 종류의 다른 기관들이 흔히 그렇듯이 연금지급보증공사도 구조적인 결함을 안고 있었고, 이로 인해 의도하지 않은 결과가 초래됐다. 한 가지 예를 들면, 연금지급보증공사의 존재 자체가 '도덕적 해이'를 부추겼다. 퇴직후급여의 부담이 아주 커져 문제가 되면 연금지급보증공사를 통해 그 부담을 털어낼 수 있음을 알게 된 기업들이 과도하게 후하고 장기적으로 유지할 수 없는 수준의 퇴직후급여를 약속하기 시작한 것이다.

연금지급보증공사가 부과하는 수수료의 수준도 이 공사가 떠안게 되는 위험에 비해 너무 낮은 것으로 드러났다. 유나이티드항공의 파산은 이 공사를 빚더미에 올라앉게 했고, 이에 더해 몇 건의 대규모 기업파산이 이어지자 이 공사는 2005년 말 현재 230억 달러의 결손을 기록하기에 이르렀다. 일부 전문가들의 추정에 따르면, 앞으로 뭔가 획기적인 대책이 수립되지 않으면 이 공사의 결손 규모는 앞으로 20년 안에 1000억 달러를 넘게 될 전망이다. 게다가 이 전망치도 낙관적인 수치일 수 있다. 이 공사가 2004년 말에 계산해본 바에 따르면, 개별기업 단위의 확정급여형 연금의 자금부족액이 4500억 달러에 이르며 그 가운데 3000억 달러 정도가 각 기업의 회계에 반영돼있지 않다. 불과 3년 전만 해도 자금부족액 규모가 1640억 달러였던 것에 비하면 크게 늘어난 수치다.

연금지급보증공사가 명시적으로 연방정부의 지원을 받게 돼있는 기관은 아니지만 실제로는 연방정부가 지원하는 기관이라고 볼 수 있으므로 만약 이 공사가 지급불능 상태에 빠지면 그 파장이 연방정부에도 미치게 될 것이다. 그럴 경우에는 연방정부가 정치적 부작용을 감수하고서라도 이 공사를 구제하러 나서지 않을 수 없을 것이라는 게 대다수 관찰자의 예상이다.

사적연금의 회계도 많은 결함을 안고 있다. 종업원들에게 사적연금을 제공하고 있는 많은 기업이 이미 여러 해 전부터 연금자산의 운용을 통해 사적연금의 기반을 강화하기보다는 오히려 허물어뜨리고 있다. 그런 기업들은 연금자산을 투자해서 거둘 수 있는 이익률을 과도하게 높게 가정하거나 인플레이션의 효과를 과소평가했다. 터무니없는 일이지만, 주식시장의 거품이 꺼진 뒤 금리가 최저수준으로 떨어졌을 무렵에는 일부 기업들이 연금과 관련해 자금을 차입하고는 즉각적으로 이익이 실현된 것처럼 회계처리했다. 이런 일이 어떻게 가능했을까? 그들은 단지 차입금에 대한 금리보다 투자수익률이 더 높을 것이라고 가정했던 것이다. 관련 규정에 따르면 그럴 경우에 가정된 투자수익률에서 금리를 뺀 나머지 부분은 이익으로 기장할 수 있었다.

연금의 회계와 관련된 규정은 기업이 공시하는 결산실적이 과도하게 변동하는 것을 막기 위해 연간 수익변화에 대해 평활법(smoothing, 시계열 수치가 과도하게 들쭉날쭉하게 되지 않도록 증감의 폭을 조정하는 방법—옮긴이)을 적용할 수 있도록 허용하고 있다. 평활법은 실무적인 이점은 갖고 있지만 많은 사적연금의 재무상태가 엉망이라는 사실을 보이지 않게 가리는 기능을 하며, 2000년 3월에 주가가 급락하기 시작한 뒤에 특히 그랬다.

이 점은 재무회계기준위원회(FASB; Financial Accounting Standards Board)가 나서게 된 한 가지 이유였다. 정부회계기준위원회(GASB)가 지방정부의 회계절차에 관한 기준을 설정하는 역할을 한다면, 그 자매기관 격인 재무회계기준위원회는 기업의 회계절차에 관한 기준을 설정하는 역할을 한다. 재무회계기준위원회는 주식회사 미국의 재무상태가 보다 투명하게 드러나게 하기 위해 회계기준을 재정비하기로 했다. 재무회계기준위원회는 그러한 기준 재정비 노력을 두 단계로 나눠 펴나가기로 했다. 첫 번째 단계로 재무회계기준위원회는 2006년 12월 15일에 연금 및 기타 퇴직후급여와 관련된 부채의 내역을 대차대조표의 주석이 아닌 본문에 기재하도록 기업들에게 의무화했다. 이 새로운 기준은 자산에서 부채를 뺀 순자산의 수치에 즉각 영향을 주는 것이었다.

이론상으로 보면, 재무회계기준위원회의 새로운 기준으로 인해 기업의 재무제표를 통해 뭔가 새로운 정보가 추가로 공개되는 것은 아니다. 그러나 새로운 기준이 기업의 회계에 실제로 적용되면 연금 및 기타 퇴직후급여와 관련된 정보를 보다 쉽게 확인할 수 있게 될 것이다. 그리고 그 기대되는 효과는 기업들이 운영하는 연금 및 기타 퇴직후급여 제도의 실태와 문제점을 보다 잘 파악할 수 있게 되는 것이다. 이로 인해 주요 대기업들 가운데 다수가 재무적으로 위태로운 상태에 있다는 사실이 갑자기 겉으로 드러나게 되면, 비록 그것이 놀라운 사실은 아니겠지만 이미 도처에서 일어나고 있는 압박을 더욱 가중시킬 가능성이 높다. 투자자들도 주요 블루칩 기업들 가운데 다수가 정도는 서로 다르지만 사실상 파산상태라는 사실을 깨닫게 되겠지만, 그때는 이미 그런 사실에 대응하기에는 시간적으로 늦은 시점일 것이다.

기업들의 연금 등 퇴직후급여에 대한 회계기준 재정비 노력의 두 번째 단계에서는 재무회계기준위원회가 보다 넓은 범위에 걸쳐 기준을 변경할 방침이며, 이로 인해 적지 않은 논란이 일어날 것으로 보인다. 이렇게 두 단계에 걸쳐 변경된 기준이 완전히 다 실행된다면 연금과 관련해 기업들이 설정하는 가정이 어느 정도는 일관성을 갖추게 될 것이고, 연금자산 운용실적에 평활화 방법을 적용하는 관례는 점차 제거될 것이다. 이런 새로운 회계기준들은 많은 기업의 결산실적에 심각한 파급영향을 끼칠 것이 거의 분명하다.

회계분야의 감독기관들만 연금에 대한 회계처리의 기준을 변경하고 있는 것이 아니다. 2006년 여름에 미국의 의회와 부시 행정부는 907쪽에 달하는 연금개혁법을 제정했다. 이는 연금지급보증공사(PBGC)가 결손상태에 빠졌다는 사실이 널리 알려지면서 연금회계의 책임성을 강화해야 한다는 여론이 높아진 것이 자극제가 되어 이루어진 일이었다. 그러나 이 연금개혁법은 연금제도를 강화하기보다는 오히려 그 반대방향의 작용을 하게 되리라고 많은 관찰자가 생각하고 있다. 연금개혁법은 연금과 관련된 기만행위를 차단할 수 없게 하는 허점을 여전히 많이 갖고 있는 것으로 보이며, 기업들로 하여금 퇴직후급여의 내용을 약화시키거나 아예 퇴직후급여를 폐지하도록 부추길 수도 있다. 어느 쪽이 더 문제가 되든지 간에 결국은 연금개혁법의 부작용이 연금보증 제도에 추가적인 압박요인이 되고, 더 많은 미국인의 황혼기를 위기로 몰아넣을 가능성이 높다.

연금개혁법이 추구하는 변화가 아직 남아있는 확정급여형 연금들에도 손상을 입힐 수 있다. 이 법으로 인해 연금회계에 가해지는 압박은 연금을 관리하는 사람들로 하여금 변동성을 줄이는 방향으로 연금자산을 운용하도록 유도할 것이다. 종업원급여자산투자위원회(CIEBA; Committee on Investment of

Employee Benefit Assets)에 따르면 연금들이 투자수익을 평활화하던 관행을 버리고 연금자산 투자 포트폴리오의 가치를 시장가격으로 평가하는 시가평가 방식으로 전환하는 것만으로도 모두 2900억 달러의 연금자산이 주식에서 채권으로 이동할 것이며, 이런 이동이 단기간에 이루어지면서 주식시장과 채권시장 둘 다에 충격을 가할 것이다. 게다가 비용의 압박이 커짐에 따라 많은 기업이 퇴직자나 현역 노동자들에 대한 의료보험 등 각종의 급여를 줄여나갈 수밖에 없을 것이다. 또한 그러한 급여의 부담을 연금지급보증공사나 종업원들에게 떠넘기기 위해 '금융공학'을 이용하는 전략을 구사하거나 파산신청을 하는 기업도 점점 더 늘어날 것이다.

그 과정에서 일부 기업들은 사정이 나아질 수도 있겠지만, 전반적으로는 기업들의 사정이 점점 더 악화될 가능성이 높다. 각 개인은 자신의 퇴직과 관련해 보다 넓은 선택권을 갖게 되겠지만, 실제적으로는 자신의 운명에 대한 각 개인의 통제력이 위축될 것이다. 이렇게 전망되는 이유 가운데 하나는 퇴직 이후에 사용할 수 있는 자산을 충분히 확보해둘 수 있는 사람이 많지 않다는 데 있다. 〈워싱턴 포스트〉는 2005년 5월에 "퇴직이 임박한 사람이 가장인 가구들이 401(k)를 비롯한 퇴직 관련 계좌에 갖고 있는 잔액의 평균을 중앙값(메디안)으로 계산해보면 1만 달러 정도로 나온다"고 보도했다. 이 정도의 금액이라면 전통적인 확정급여형 연금이나 다른 수입원을 추가로 갖고 있는 경우가 아닌 한 퇴직 이후의 삶을 꾸려나가기 위해 필요한 금액에 턱없이 모자라는 수준일 것이다.

따라서 많은 미국인이 전통적으로 은퇴연령을 훨씬 넘어서도 돈을 벌기 위해 일을 계속하려고 할 것이고, 그게 여의치 않다면 이미 재무상태가 악화됐거나 사실상 파산상태에 빠진 사회안전망의 보호를 받아야 하는 처지가 될 것이다. 그리고 일부 미국인들은 사회안전망의 보호도 받지 못하는 입장에 처할 것이다. 이와 동시에 연방정부뿐만 아니라 여러 가지 재정상의 어려움에 직면한 지방정부들도 더 이상 지킬 수 없게 된 약속들 가운데 일부를 내버리고자 할 것이다. 2006년 봄에 〈월스트리트 저널〉이 보도한 바에 따르면, 위와 같은 문제에 대응해 여러 주가 민간 건강보험회사들로 하여금 성인이 된 뒤에도 피부양자로 남아있는 '어른아이'들에게도 부모 부담의 보험서비스를 철회하지 말고 계속 제공하도록 의무화하는 제도를 도입했다. 그런가 하면 매사추세츠 주정부는 사용자와 각 개인들에게 추가적으로 부과되는 보험료를 재원으로 하는 주 차원의 건강보험제도를 새로 도입했다.

그러나 이와 같은 조치들도 결국은 재원부족 문제를 해결하지 못할 것이다. 그러한 조치들은 비용부담을 어느 한 곳에서 다른 곳으로 옮기는 것에 지나지 않는다. 그 효과는 풍선의 어느 한 곳을 누르면 그곳의 공기가 풍선 안의 다른 곳으로 옮겨갈 뿐인 것과 같다. 부채거품의 붕괴, 주택시장의 침체, 경제상황의 악화에서 생겨나는 압력이 계속 커지다 보면 퇴직과 관련된 제도를 비롯해 결국은 지켜지지 않을 약속들의 거대한 탑이 머지않아 한꺼번에 무너지게 될 것이다.

03 | 정부보증

행운에 대해 확실하게 말할 수 있는 단 한 가지 사실은 행운이란 있던 자리에 그대로 머물러 있지 않는다는 것이다. — 브레트 하트

1968년에 미국의 버몬트 주는 경관보호를 위해 길가에 광고입간판을 설치하는 것을 금지하는 법을 제정했다. 《간결한 경제학 백과사전(Concise Encyclopedia of Economics)》에 따르면, 그러한 버몬트 주의 조치가 가져온 결과 가운데 하나는 "기업의 사옥과 인접한 곳에 거대한 크기의 기괴한 조형물이 설치되기 시작"한 것이었다. 한 자동차 판매업소 옆에는 높이가 3.7미터, 무게가 16톤에 이르는 고릴라가 폴크스바겐의 비틀 차종에 속하는 실제 자동차를 거머쥐고 있는 모습의 조형물이 설치됐고, 한 바닥재 판매업소 옆에는 둘둘 만 카펫을 들고 연기가 나는 찻주전자에서 방금 튀어나온 요정을 형상화한 5.8미터 높이의 거대한 조형물이 설치됐다. 이는 물론 그러한 법을 제정한 의원과 공무원들이 의도한 바가 아니었다.

연방금융기관센터(COFFI; Center on Federal Financial Institution)에 따르면 국민을 보호하기 위해 재무적 안전망을 구축하려는 미국정부의 노력은 모두 6

조 달러에 이르는 청구권을 보증해줘야 하는 일인 것으로 추정된다. 그런데 이런 정부의 노력도 위와 같은 버몬트 주의 입법조치와 마찬가지로 예상하지 못한 결과를 가져왔고, 그 결과의 유해성은 버몬트 주의 경우보다 훨씬 더 심각하다. 연방예금보험공사(FDIC; Federal Deposit Insurance Corporation)를 예로 들어보자. 이 공사는 대공황 때 수많은 은행이 파산하는 사태가 빚어지자 이에 대응해 미국정부가 1934년에 설립한 기관이다. 애초의 설립목적은 은행이 파산해 문을 닫게 될 때에 특히 소액예금자들을 보호하는 것이었다.

연방예금보험공사는 일종의 보험을 제공하는 기관이고, 따라서 회원으로 가입한 은행들이 내는 보험료 성격의 회비를 재원으로 해서 그 은행들이 예금자산에 결손이 날 위험에 대비할 수 있게 해주는 역할을 맡아왔다. 그러나 그런 은행들에 예치된 예금자의 돈을 보호해주는 책임은 궁극적으로는 연방정부가 지게 돼있다. 이 제도는 꽤 오랫동안 잘 작동하는 것 같았다. 그 전보다 은행산업의 불안정성이 줄어들었고, 대규모 예금인출 사태도 예전보다 덜 일어났다. 그러나 연방예금보험공사의 성과로 여겨졌던 이러한 변화가 사실은 은행산업에 심각한 불안정을 초래하는 원인이 되는 것으로 드러났다. '도덕적 해이'라는 문제 때문이었다.

연방예금보험공사의 예금보장 대상이 되는 사람들, 다시 말해 대체로 10만 달러 이하의 돈을 은행에 예탁해놓고 있는 사람들이 연방예금보험공사의 예금보장이 없을 경우에 비해 그 자기 돈을 스스로 지키는 데 상대적으로 소홀해진 것이다. 사실 이런 현상은 역설적이긴 하나 그 어떤 보험도 빚어내기 마련인 부작용이다. 반면에 1934년 이전에는 사람들이 자기 돈을 예탁해놓은 은행에 조금이라도 문제가 생길 조짐이 보이면 돈을 그 은행에서 빼내어 다른 은행으로 옮겼다.

뿐만 아니라 여러 가지 조사연구의 결과와 경험적 증거에 따르면 금리가 낮은 예금이나 다른 곳으로 이동할 가능성이 상대적으로 낮은 예금은 은행에 부정적인 영향을 주는 것으로 보인다. 그런 종류의 예금은 은행 쪽에서 문제가 있는 행동을 하더라도 인출사태를 일으킬 가능성이 낮다. 그래서 은행들이 그런 예금을 가지고 대출을 하는 경우에 더 큰 위험을 짊어지게 되는 것이다. 은행들이 일단 이런 식으로 행동하기 시작하면 시간이 흐르면서 그러한 행동을 더욱 더 많이 하게 된다. 마침내는 경쟁이 치열해지고 규제완화가 진전되면서 도덕적 해이 현상이 더 심해지게 된다. 마치 자동차보험에 공짜로 가입했거나 아주 낮은 수준의 보험료만 내고 가입한 운전자가 어쨌든 보험에 가입하긴 했으므로 사고를 내도 손실을 입지 않는다는 것을 알고 다소 험하게 운전을 하듯이 은행들이 대출영업 등에서 점점 더 무모하게 행동하게 되는 것이다. 특히 은행들이 너도나도 같은 행동을 경쟁적으로 하는 경우에는 무모함의 수위가 더 올라간다.

은행제도 자체의 성격도 문제를 더욱 꼬이게 한다. 미국의 은행은 부분지급준비에 토대를 두고 대출영업을 하게 돼있다. 예금자들의 예금인출에 대비해 은행이 최소한 어느 정도의 자금을 현금으로 보유하고 있어야 하는지는 보통 연준에서 결정한다. 그 밖의 나머지 자금은 은행이 자유롭게 대출하거나 투자할 수 있다. 예를 들어 의무적 지급준비율이 10퍼센트인 상황에서 당좌예금을 비롯한 요구불예금으로 100만 달러가 어느 한 은행에 입금됐다고 가정해보자. 부분지급준비 제도 아래서는 그 은행이 입금된 100만 달러를 가지고 1000만 달러의 대출을 할 수 있다. 어떻게 그렇게 되는지는 나중에 다시 설명하겠지만, 어쨌든 이런 식의 영업이 가능하기에 은행들은 예금 대비 대출의 비율을 대폭 확대시킬 수 있다. 그러나 이와 같은 제도가 나름대로의 위험요소를 갖고 있는 것은 물론이며, 이 점을 제외하고는 은행도 다른 일반 기업과 다를 것이 없다. 일반 기업의 경영자와 마찬가지로 은행의 경영자도 이익을 많이 내는 게 주어진 임무이므로 가장 수익성이 좋아 보이는 사업기회에 점점 더 이끌리게 되며, 그러한 사업기회란 흔히 더 큰 위험을 내포한 것이기 마련이다.

아니나 다를까, 1980년대가 끝나갈 무렵에 금융업계의 한 집단이 통째로 연방정부 차원에서 운영되는 예금보험 제도가 초래하는 의도하지 않은 결과를 상징하는 문제아가 됐다. 흔히 에스앤엘(S&L; Savings & Loan Association)로 불리는 저축대부조합들이 결국 문제를 일으킨 것이었다. 저축대부조합들은 전통적인 주택담보대출이라는, 당시로서는 금융업계의 활력 없는 구석분야에서 오랫동안 어려움을 겪었다. 그들은 은행을 비롯한 다른 종류의 금융회사들과 자유롭게 경쟁할 수 있도록 허용되기 전에는 그렇게 어려움을 겪으면서도 큰 문제를 일으키지는 않았다. 그런데 그러한 자유로운 경쟁이 허용된 뒤로 상황이 완전히 바뀌었다. 부실한 경영, 익숙하지 않은 위험한 투자에 잘못 뛰어드는 실책, 어리석음, 사기로 인한 피해에다 규제당국의 거듭된 실수까지 겹치면서 저축대부조합들이 무더기로 파산했고, 이로 인해 결국은 납세자의 부담으로 그들에게 1500억 달러가 넘는 규모의 구제금융이 지원됐다. 당시의 돈으로 1500억 달러라면 2006년 현재의 달러화 가치로는 2400억 달러에 이르는 거액이다.

이런 사태를 겪고 난 뒤에 연방정부와 워싱턴의 정치권은 무한히 커질 수 있는 정부보증의 부담을 최소화하는 조치를 취하라는 압력을 크게 받았고, 이에 따라 1991년에 '연방예금보험공사개선법(FDICIA; Federal Deposit Insurance Corporation Improvement Act)'을 제정했다. 이 법은 금융회사의 파산과 관련된 손실로 인해 예금보험기금이 부보예금 대비 의무준비금의 비율, 즉 지정준비율(DDR; Designated Reserve Ratio)에 못 미치는 수준으로 줄어들 경우에는 예금보험공사가 금융회사들의 자본이 적정한 수준으로 유지되게 하기 위해 필요한 조치를 취하도록 했다. 실제로 그러한 상황이 벌어지면 예금보험공사에 가입된 금융회사들 대부분이 부보예금의 규모와 그 운용내역 등에 대해 미리 정해진 방식에 따라 점검을 받게 됐다. 그리고 이러한 조치는 예금보험기금이 부보예금의 1.25퍼센트로 설정된 지정준비율을 충족하는 수준으로 늘어날 때까지 계속되는 것으로 규정됐다.

연방예금보험공사개선법은 대마불사(TBTF; Too Big to Fail) 원칙의 적용수위를 낮추었다. 이 원칙은 정부가 파산위기에 처한 금융회사를 모두 다 구제하는 것은 도덕적 해이를 초래할 수 있으므로 나쁜 정책인 것이 분명하지만 적어도 시스템위기를 불러올 수 있는 대규모 금융회사의 파산은 막아야 한다는, 오래전부터 널리 공유돼온 믿음에 근거를 두고 있다. 다시 말해 주요 대규모 금융회사의 파산은 연쇄반응을 일으켜 보다 규모가 작은 금융회사들까지 파산위기로 내몰고 신뢰의 상실을 전염시킨다는 것이다. 그리고 그렇게 되면 지급결제 및 증권결제의 메커니즘과 같은 금융제도의 기반을 비롯한 금융시스템의 중요한 요소들이 위협받게 될 수 있으므로 정부가 적극적으로 나서서 그런 사태를 방지하는 역할을 해야 한다는 것이 대마불사의 원칙이다.

그러나 이런 대마불사 원칙의 적용수위가 낮춰짐에 따라 이제는 이 원칙의 적용대상으로 간주되는 금융회사가 파산위기에 처해도 정부는 연준을 비롯한 관련기관의 동의를 받은 뒤에야 그 금융회사를 구제하는 일에 나설 수 있게 됐다. 그리고 구제에 드는 비용에 대해서는 궁극적으로 다른 대규모 금융회사들이 책임을 지게 됐다. 이는 대규모 금융회사들은 경쟁회사가 파산하는 것이 절대적으로 바람직하거나 필요한 경우가 아닌 한 경쟁회사의 파산을 바라지 않는다는 점에 착안한 조치였다.

그러나 이런 개혁에도 불구하고, 아니 바로 이런 개혁 때문에 예금보험제도가 의도하지 않은 결과를 계속 더 빚어내게 됐다. 예를 들면 금융안전망이 존재한다는 사실이 은행들로 하여금 점점 더 많은 위험을 떠안도록 부추기는 역할을 했고, 그러는 가운데 부보예금의 규모도 1999년부터 2005년까지 35퍼센트나 늘어났다. 부보예금이 이렇게 늘어난 데에는 혁신적인 새로운 금융상품이 많이 생겨난 것도 한몫했다. 예금계좌등록서비스증서, 즉 시다스(CDARS; Certificate of Deposit Account Registry Service)도 그러한 새로운 금융상품 가운데 하나다. 시다스는 많은 돈을 예치하는 고객을 위해 미국 전역의 은행들을 잇는 네트워크를 이용해 그 고객의 예금을 분산시킴으로써 연방예금보험공사의 보증한도 규제를 우회하는 금융상품이다.

이에 따라 미국인들은 은행에 예치한 자기 돈이 어떻게 사용되느냐에 전보다 신경을 덜 쓰게 됐고, 그 결과로 은행들에 '저비용의 차입금'이나 다름없는 예금이 몰려들게 됐다. 이러한 상황에서 증권회사나 외국계 금융회사와의 예금 유치 경쟁이 심화되는 동시에 고객의 돈을 놓고 비금융권 기업과도 점점 더 격심한 경쟁이 전개됨에 따라 은행들이 전통적인 조심성의 미덕을 버리면서까지 완충자본 준비를 덜 하는 등 수익을 극대화하는 노력에 끊임없이 나서야 했다.

주택담보대출과 신용카드 미수금을 비롯한 각종의 자산을 증권화하고 그 과정에서 수수료 수입을 올리는 것도 그러한 노력 가운데 하나였다. 심지어는 소득수준이 낮은 사람에게 계좌를 열어주고 나서 계좌유지 수수료와 현금인출기 수수료를 비롯한 갖가지 서비스 수수료를 부과해 소액계좌의 푼돈까지 긁어내는 은행도 많아졌다. 위험자산을 회계장부에 올리지 않고 부외자산으로 빙빙 돌리는 은행도 늘어났다. 이런 식의 거래나 관행은 그 규모와 무관하게 자본적정성에 관한 주요 지표에 영향을 주지 않는 경우가 많았다. 은행들은 수익의 극대화를 위해 점점 더 기묘해지는 다양한 파생상품을 거래하기도 했고, '구조화투자회사(SIV; Structured Investment Vehicle)'로 불리는 빈껍데기 자회사를 설립해 운용하기도 했으며, 나중에 필요할 때 대출을 해주기로 약속하고 미리 수수료 등을 챙기는 대출약정과 같은 새로운 서비스를 도입하기도 했다. 또한 신용이 서브프라임 등급인 사람이나 부동산투자를 하고자 하는 사람과 같이 가장 위험도가 높은 고객들에 대한 대출을 크게 늘리는 은행도 많아졌다. 〈슬레이트〉에 따르면, 예를 들어 건축과 부동산개발 분야의 대출은 2005년에 33퍼센트 늘어나 1986년 이래 가장 높은 증가율을 기록했다.

이와 동시에 기술의 발달, 혁신, 그리고 규모의 경제 실현을 통해 효율성을 높이려는 움직임의 확산 등이 금융산업에 기업결합을 부추겼다. 1999년에 제정된 그램-리치-블라일리법(Gramm-Leach-Bliley Act)은 은행, 증권회사, 보험회사가 하나의 지주회사 아래 결합할 수 있도록 허용했고, 이에 힘입어 대규모 금융회사들은 점점 더 그 덩치가 커졌다.

연방예금보험공사개선법(FDICIA)에 따라 대마불사의 원칙을 적용하는 기준이 어떻게 바뀌었는지를 고려하면 금융회사로서는 가능한 한 덩치를 더 키우는 것이 합리적인 선택이었다고 볼 수도 있다. 대마불사 원칙의 적용대상에 확실하게 해당된다고 여겨질 정도로 덩치가 큰 금융회사는 파산위기에 몰리게 되더라도 구제받게 될 가능성이 매우 높기 때문이다. 워싱턴의 정치인들은 나라 전체에서 가장 규모가 큰 축에 드는 금융회사들을 파산하게끔 내버려두지 않을 것이라는 게 미국인들 대다수의 생각이다. 금융산업의 덩치 키우기 경쟁으로 인해 미국에서 가장 덩치가 큰 10개의 은행들이 미국 금융산업 전체의 자산에서 차지하는 비율이 1990년에는 17퍼센트였으나 2005년에는 44퍼센트로 크게 높아졌다. 역설적이게도 이러한 변화로 인해 어느 한 금융회사의 파산이 오래전부터 정책담당자들이 두려워해온 종류의 시스템위기를 촉발시킬 가능성이 대단히 높아졌다.

게다가 오랫동안 지연된 경기침체나 신용의 주기적 위축이 시작된다면 대규모 은행들의 재무건전성이 거의 틀림없이 파괴될 것이라는 점이 상황을 더욱 위태롭게 만들고 있다. 은행들이 부동산과 관련된 대출을 하거나 부동산 분야에서 그 밖의 영업활동을 너무 많이 하는 것, 차입비율이 높은 헤지펀드에 돈을 대주거나 그런 헤지펀드와 거래를 하는 것, 불안정한 기업에 언제든 신용을 제공하겠다는 약정을 체결해주어 나중에 그 기업이 다른 곳에서 돈을 빌리지 못하면 찾아와서 약정상의 권리를 행사하게 만드는 것 등이 잠재적 위험을 증폭시키고 있다.

사실 경쟁의 압력, 정부규제의 기준, 위험관리시스템의 성격 등을 고려하면 대출업무를 취급하는 대규모 금융회사들은 밑바닥에 구멍이 난 배에 함께 타고 있는 처지가 될 가능성이 높다. 실제로 그러한 상황에서는 어느 한 금융회사만 파산위기에 처해도 모두 4조 달러에 이르는 부보예금을 보증해주는 기능을 하는 500억 달러 규모의 예금보험기금 준비금이 급속하게 줄어들 것이다. 그리고 다른 금융회사들, 특히 다른 대규모 금융회사들이 스스로도 비슷한 어려움에 처해 자금을 가장 절실하게 필요로 하는 상태에서 예금보험기금 준비금을 보충하는 데 필요한 자금을 내주지 않을 수 없게 될 것이다.

2006년에 의회를 통과한 뒤 발효된 예금보험제도 관련 개혁법(연방예금보험개혁법(Federal Deposit Insurance Reform Act)을 가리킴—옮긴이)의 입법은 바로 위와 같은 사태가 빚어질 가능성에 대한 고려를 반영한 조치다. 이 개혁법이 발효됨에 따라 이제 연방예금보험공사는 지정준비율의 변동폭을 좀더 넓게 운용할 여유를 갖게 됐고, 준비금이 부족해질 경우에는 '평활화' 방식으로 5년간에 걸쳐 부족분을 보충할 수 있게 됐다. 그러나 이러한 조치는 금융시장의 상황이 좋지 않을 때에 문제를 해소하는 방향의 효과를 내줄 것 같지 않다. 오히려 그것은 이전에는 신속하게 해소시킬 수도 있었던 거액의 손실을 오히려 덧나게 만들어 문제를 극적으로 악화시킴으로써 결국은 납세자의 돈을 투입하지 않을 수 없는 상황을 불러오게 될 가능성이 높다.

더욱 염려되는 것은 주택저당채권담보부증권 시장도 같은 문제를 안고 있을 뿐만 아니라 대마불사 원칙의 적용수위 조정이 이 시장에 초래할 위험이 훨씬 더 심각하다는 점이다. 패니메이와 프레디맥은 연방정부에 의해 설립된 정부지원회사이며, 그 역할은 주택담보대출이 보다 원활하게 이루어질 수 있도록 뒷받침하는 것이다. 연방정부가 패니메이와 프레디맥의 부채에 대해 명시적으로 보증하는 것은 아니지만, 오래전부터 미국인들은 이 두 정부지원회사에 재앙이 닥치면 연방정부가 나서서 그들을 구제할 것이라고 믿어왔다.

연방주택대출은행(Federal Home Loan Bank)를 비롯한 다른 유사한 조직들과 더불어 이 두 정부지원회사도 도매금융시장에서 비교적 저렴한 금리로 차입을 해서 그 돈으로 대출영업을 하는 금융회사들의 주택담보대출 채권을 사들임으로써 금융권 전반의 주택담보대출 여력을 확대시킨다. 그러나 도덕적 해이, 정부의 정책이 낳은 의외의 결과, 갈수록 경쟁이 더 심화되는 금융시장 환경 등이 결합되면서 그 결과로 이 두 정부지원회사가 위기를 만들어내는 역할을 하는 기관으로 변질되는 것은 단지 시간문제였다.

두 정부지원회사가 기업공개를 하면서 민영화된 것이 전환점이 됐다고 볼 수 있다. 원래는 '연방국립주택저당권협회(Federal National Mortgage Association)'라는 그리 근사하게 들리지 않는 이름으로 불렸던 패니메이는 1970년에 민영화됐다. 그런가 하면 프레디맥은 원래는 연방주택대출은행 제도의 한 부분이었다가 1989년에 민영화됐다. 1980년대에 저축대부조합이 그랬던 것과 마찬가지로 패니메이와 프레디맥도 정부의 규제에서 갑자기 벗어나게 됐고, 그 뒤로는 급속하게 변화하는 시장의 한복판에서 자신보다 더 경험이 많고, 노련하고, 공격적인 다른 금융회사들과 경쟁을 하지 않을 수 없게 됐다.

패니메이와 프레디맥은 두 가지 강점을 갖고 있었다. 첫째로 그들은 모기지 금융의 중추기관으로서 확고한 지위를 갖고 있었고, 둘째로 그들이 발행한 채권은 정부가 보증한 채권이나 마찬가지라는 인식이 널리 퍼져 있었다. 패니메이와 프레디맥은 대체로 이 두 가지 강점을 잘 살려나갔다. 그들은 은행, 저축회사, 모기지 전문 금융회사를 비롯한 넓은 범위의 '대출채권 보유회사(loan originator)'들로부터 모기지 채권을 대규모로 사들인 뒤 충분한 보증을 곁들여 그것을 재구성해서 주택저당채권담보부증권(MBS)으로 전환시킨다. 그들은 이렇게 만든 MBS를 고정수익을 추구하는 거액 또는 소액의 투자자, 지방정부, 외국의 중앙은행, 그 밖의 다른 다양한 은행이나 금융서비스회사 등에 판매한다.

이러한 증권화 과정은 일종의 선순환을 실현했다. 그 과정의 관련당사자 모두가 수수료 수입을 얻었고, 그 과정 자체가 전통적인 신용공급원을 대신해 거의 무한한 신용공급을 하게 됐고, 1990년에 64퍼센트였던 미국의 주택소유가구 비율을 14년 뒤인 2004년에는 69.2퍼센트로 끌어올렸다.

그러나 금리가 극단적으로 낮아진 상황에서 금융서비스 산업이 주택담보대출 관련 영업에 적극적으로 나서는 동안에 패니메이와 프레디맥도 그러한 움직임에 가세함에 따라 미국의 주택담보대출 부채가 국내총생산(GDP)의 거의 4분의 3에 가까운 9조 달러까지 불어났다. 이는 2001년의 불황시기에 비해 42퍼센트나 늘어난 규모다. 그리고 2005년 현재 패니메이와 프레디맥의 MBS 보증 잔액은 2조 달러를 웃돌기에 이르렀다.

그런데 시장의 경쟁압력은 더 많은 것을 요구했다. 시간이 흐르면서 패니메이와 프레디맥은 세계에서 가장 덩치가 큰 투기자들의 집단에 편입되기에 이르렀다. 패니메이와 프레디맥은 시장의 통제를 받는 입장이 아니었으므로, 다시 말해 거래상대방이 그들의 행동에 대해 너무 위험한 수준에 이르렀다고 판단하고 거래를 중단하게 될 위험이 없었기에 시장에서 그 누구의 제지도 받지 않았다. 패니메이와 프레디맥은 연방정부가 돈을 빌리는 경우에 비해 아주 조금만 더 높은 수준의 저렴한 금리로 거의 무한정 돈을 빌릴 수 있는 자신들의 지위를 활용해 적극적으로 차입을 했고, 이렇게 빌린 돈으로 MBS를 비롯한 각종 채권을 사들여 거의 1조 5천억 달러에 이르는 투자포트폴리오를 쌓았다. 그 가운데는 패니메이와 프레디맥 자신들이 발행한 MBS도 적지 않았다. 법률상 이들과 같은 정부지원회사(GSE)의 자기자본 의무보유 비율은 자산의 2.5퍼센트에 지나지 않았다. 그리고 정부지원회사가 보증한 MBS에 대해서는 이들의 자기자본 의무보유 비율이 0.5퍼센트 이하로 훨씬 더 낮았다. 이로 인해 패니메이와 프레디맥은 엄청난 금리위험, 신용위험, 상환위험에 노출됐다. 여기서 상환위험이란 MBS의 기초자산이 된 주택담보대출의 채무자들이 언제 대출금을 상환하게 될지 모르는 데서 유래하는 위험을 말한다. MBS의 담보가 된 주택담보대출의 채무자들이 동시에 대출금 상환에 대해 똑같은 결정을 내리고 행동으로 옮긴다면 그러한 집단행동이 MBS의 유효만기를 앞당기거나 늦추게 되고 그렇게 함으로써 MBS의 가치를 변화시킬 것이기 때문에 MBS 가격의 불안정화를 초래하고 그에 따른 비용을 발생시킨다.

패니메이와 프레디맥이 하던 일만 하면서 가만히 있지는 않았다. 그들은 증권매매에 적극적으로 나서는 것이 위험관리의 요체라고 판단했다. 그들은 급속하게 확대되는 파생상품시장에 뛰어들어 금리파생상품을 비롯한 여러 가지 복잡한 파생상품을 거래하기 시작했다. 파생상품시장에서의 거래란 본질적으로 차입비율이 높은 자금으로 어느 특정한 사건이나 결과에 대해 베팅을 하는 것이다. 이런 거래에 나서게 되면서 패니메이와 프레디맥은 자사가 보증한 증권 가운데 일부에 대해 보증의무를 이행해야 할 책임과 관련된 위험에만 노출된 회사가 아니게 됐다. 이제 그들은 그 밖에도 다른 다양한 불확실성도 다뤄나가야 하는 입장이 됐다. 그리고 그들이 그렇게 할 수 있어야만 그들이 발행한 MBS를 비롯해 모두 1조 달러에 이르는 직간접 채권을 보유하고 있는 은행들이 파괴적인 피해를 입지 않을 수 있게 됐다. 이에 따라 결국 패니메이와 프레디맥이 대마불사 집단의 일원이 돼버린 것이다.

그런데도 워싱턴의 정계, 관계와 월스트리트의 금융가는 패니메이와 프레디맥에 대해 흠잡지 않는 태도를 유지했다. 그들도 패니메이와 프레디맥으로부터 혜택을 보는 입장이었기 때문인지도 모른다. 연방주택기업감독청(OFHEO; Office of Federal Housing Enterprise Oversight)도 마찬가지였다. 이 감독청도 감독당국이라기보다는 패니메이와 프레디맥이라는 두 정부지원회사를 띄워주는 치어리더와 같았고, 이런 태도는 2003년과 2004년에 실시한 조사 때 이들 두 정부지원회사에서 일련의 변칙회계 사실이 적발될 때까지 계속됐다. 조사결과에 따르면 두 정부지원회사는 자체 실적관련 기준을 충족시키고 월스트리트를 동요시키지 않기 위해 결산실적을 자의적으로 손질했다.

조사결과가 이렇게 나옴에 따라 패니메이와 프레디맥은 결산실적 공시를 미루고 다시 결산을 해야 했다. 2005년 11월에 패니메이는 파생상품 거래 및 위험회피 조치와 관련해 모두 108억 달러 규모에 이르는 회계오류가 발견됐다면서 2006년 하반기에나 2004년도에 대한 연례 결산보고서 작성을 마칠 수 있게 됐다고 발표했다. 이에 따라 청문회, 조사, 사임이 잇달았고, 투자포트폴리오를 축소하고 자기자본에 관한 기준을 상향조정하라는 요구가 빗발쳤다. 그럼에도 불구하고 패니메이와 프레디맥은 모기지시장과 파생상품시장의 주역으로서 계속 활동했다. 그러한 상황은 여러 가지 측면에서 1980년대와 그리 다르지 않았다. 1980년대에는 저축대부조합들에 대해 감독당국이 필요한 조치를 취하지 않고 무사안일하게 시간을 보내는 '규제관용(regulatory forbearance)'이 오래 계속된 결과로 저축대부조합 위기가 발생했고, 이로 인해 애초에 예상됐던 1500억 달러보다 훨씬 더 큰 비용이 초래됐다.

게다가 지금 싹트고 있는 위기는 위와 같은 연금보증, 예금보험, 정부지원 회사 등의 문제와만 관련된 것이 아니다. 그런 문제는 수량화해 파악할 수 있지만, 최근에 연방정부는 수량화하기 어려운 다른 문제에도 점점 더 많이 노출됐다. 그 가운데 하나가 자연재해나 인재가 직간접적으로 초래하는 비용이다.

2005년에 허리케인 카트리나가 뉴올리언스의 대부분을 휩쓸고 걸프해 연안지역을 초토화시켰다. 연방정부에 대한 질책이 한바탕 쏟아지면서 정치적 압력이 광범위하게 일어나자 연방정부는 피해복구에 우선 1000억 달러가 넘는 돈을 쏟아 부었고, 시간이 흐르면서 피해복구와 관련된 지출은 점점 더 늘어났다. 9.11 테러를 비롯한 그 밖의 다른 재앙들도 그때그때 연방정부의 대응을 요구했다. 9.11 테러는 연방정부로 하여금 뉴욕에만 적어도 200억 달러 이상의 돈을 지출하게 했다. 또한 9.11 테러를 계기로 제정된 2002년도 테러위험보험법(Terrorism Risk Insurance Act)은 9.11 테러와 유사한 외부로부터의 적대적 행위가 발생할 경우에 연간 1000억 달러까지 재정지출을 할 수 있도록 규정했다.

이러한 조치들로 인해 사실상 그 어떠한 재난이 발생하더라도 그 재난에 대처하기 위해 필요한 돈은 연방정부가 다 지출해줄 것이라는 위험한 가정에 대한 믿음을 강화시켰다. 대규모 금융회사, 다수의 보증기금, 최종보험기관(ILR;

Insurers of Last Resort) 등의 파산에 대해서도 연방정부가 그렇게 대응할 것이라고 사람들은 더욱 굳게 믿게 됐다.

최종보험기관들 가운데 일부는 연방정부의 지원을 받지만 일부는 그렇지 않다. 최종보험기관들은 대부분 민간 보험회사가 떠맡지 않으려고 하거나 떠맡기 어려운 위험에 대비하기 위한 조직으로 설립됐다. 하지만 그 가운데 다수는 점점 더 심각해지는 재무상의 문제를 안고 있으며, 정치적 간섭과 부실한 경영, 그리고 인위적으로 낮게 책정된 보험료율 등이 그러한 문제를 더욱 심화시키고 있다. 예를 들어 플로리다 주정부가 지원하는 보험회사인 시민재산보험공사(Citizens Property Insurance Corporation)는 2005년의 연초부터 허리케인의 계절이 끝난 시점까지 17억 달러의 적자를 기록했고, 이는 2004년 연간 전체의 적자에 비해 3배가 넘는 규모였다. 이에 따라 납세자의 돈으로 이 보험회사를 구제해야 한다는 목소리가 높아졌다. 〈월스트리트 저널〉이 가장 최근의 통계자료를 이용해 보도한 바에 따르면 최종보험기관들 가운데 절반 이상이 2003년에 적자를 냈다고 한다.

겉으로 드러나지는 않지만 금융시스템에서 상당한 비중의 역할을 하는 비은행 금융회사들이 시장과 연방정부에 꽤 큰 위험요소가 되고 있다. 예를 들어 2006년 현재 신용등급이 트리플 에이인 4개의 민간 보험회사가 2조 달러에 달하는 지방정부채권 시장의 80퍼센트를 떠받치고 있지만, 그들의 자기자본비율은 종종 2퍼센트 이하로 떨어지기 때문에 위기가 닥쳤을 때 완충자본이 부족할 우려가 있다. 그 가운데 채권보험회사인 MBIA는 거의 9000억 달러에 이르는 지방정부채권을 보증하고 있다. 이런 상황에서 지방정부와 기업들이 신용등급 하향조정의 압력을 받게 되면서 파산이 늘어나게 되면 보험회사나 보증회사들 가운데서 재무상태가 의심스러운 곳이 생겨날 것이 틀림없고, 그렇게 되면 고정수익증권 시장이 충격을 받게 될 것이다.

그러나 재앙의 싹을 정부가 나서서 뽑아낼 것인지의 여부와 상관없이, 그 전에 이미 시작된 금융시스템의 점진적 와해가 정치, 금융시장, 사회에 걸쳐 폭넓게 파괴적인 영향을 미칠 수 있다. 금융시스템 속에는 서로 영향을 주고받을 수 있는 관계가 너무도 많이 얽혀 있고, 그런 관계망에는 취약지점이 너무도 많다. 최근에 신용거품을 가장 적극적으로 증폭시켜온 집단에 속하는 일반 상업은행들이 특히 취약해 보인다. 2006년에 연방예금보험공사가 은행의 파산이 크게 줄어들었다는 이유로 은행파산 전담팀의 수를 줄이기로 했다는 보도가 있었다. 역설적인 이야기지만, 이 조치는 도덕적 해이가 확산되고 의도하지 않은 결과가 거듭해서 발생하는 비극의 한 중대한 계기가 됐는지도 모른다. 도미노와 같이 어느 하나가 쓰러지면 다른 것들도 모두 머지않아 쓰러지게 될 것이다.

04 │ 파생상품

버크서 해서웨이의 회장인 워런 버핏은 오래전부터 파생상품의 위험에 대해 경고해왔다. 그는 버크서 해서웨이가 소유한 재보험회사인 제너럴 리(General Re)에서 수천 건의 복잡한 파생상품 거래가 와해되는 바람에 4억 달러 이상의 손실을 본 경험을 갖고 있다. 이에 비추어 그는 자기가 경고하면서 한 말의 뜻을 분명히 알고 있었을 것이다. 게다가 그는 자기의 관심을 끄는 문제들에 대해 그동안 많은 글을 써왔다. 따라서 그가 버크서 해서웨이의 2005년도 연례보고서에서 파생상품에 대해 특유의 경험적 지혜의 일단을 내비친 것은 그리 놀랄 일이 아니었다. 그는 다음과 같이 썼다.

오래전에 마크 트웨인은 이렇게 말했습니다. "고양이의 꼬리를 잡고 그 고양이를 집으로 끌고 가보면 그 밖의 다른 방식으로는 얻지 못할 교훈을 얻게 된다." 만약 마크 트웨인이 지금 살아 있어 파생상품 거래를 하게 된다면 그것을 곧 그만두려고 할 겁니다. 불과 며칠 만에 그는 차라리 고양이를 기르겠다고 말하겠지요.

파생상품 거래에 대한 전설적인 투자자 워런 버핏의 이 같은 비판은 그리 엉뚱한 말로 들리지 않는다. 그러나 최근 몇 년간에 걸쳐 다른 전문가들이 해온 말 가운데는 엉뚱하게 들리는 것이 많다.

뉴욕연준의 티머시 가이트너(Timothy Geithner)는 중앙은행 사람으로서는 특이하게도 하고 싶은 말을 서슴지 않고 다 하는 인물이다. 그는 2006년 2월에 한 연설에서 최근 4반세기 동안 미국과 세계의 금융시스템에 일어난 극적인 변화에 대해 말했다. 그는 파생상품 덕분에 금융시스템이 "갖가지 충격을 보다 쉽게 흡수할 수 있게 됐다"는 말로 연설을 시작했다. 이는 파생상품을 긍정적으로 평가하는 사람들로부터 흔히 들어온 말이다. 그러나 그는 거기서 그치지 않고 다음과 같이 덧붙였다.

그러나 파생상품은 위험을 제거하지 못했습니다. 파생상품은 종종 열광과 패닉을 겪게 되는 시장의 경향을 종식시키지 못했고, 주요 금융회사들이 파산하게 될 가능성도 없애지 못했습니다. 파생상품은 또한 금융시스템 전체를 그러한 파산의 영향으로부터 완전하게 격리시키지도 못했습니다.

이 밖에도 티머시 가이트너는 그동안 많은 연설에서 급속하게 성장하는 신용파생상품 시장에 내재된 기능상의 결함에 대해 우려를 제기해왔고, 파생상품 거래의 미결제 잔액이 엄청난 규모로 늘어나는 문제를 논의하기 위해 주요 금융회사의 인원들과 일련의 회의를 열기도 했다.

미국 재무부의 금융산업 담당 차관보인 에밀 헨리, 같은 부서의 국내금융 담당 차관인 랜덜 퀼리스와 같은 관리들의 발언도 기이했다. 투자의 세계에 등장한지 얼마 안 되는 헤지펀드 매니저들에 대한 그들의 발언이 특히 그러했다. 에밀 헨리는 2006년 4월에 열린 한 회의에서 "헤지펀드가 장외 파생상품시장, 그 중에서도 특히 신용파생상품 시장과 밀접한 관련을 갖게 된 것"으로 인한 시스템 차원의 위기에 대해 우려를 표명한 뒤에 "재무부는 대응조치를 취해야 할 것"이라고 말했다. 랜덜 퀼리스는 그보다 한 달 전에 "은행이든 비은행 금융회사든 갈수록 더 적은 수의 대규모 회사들이 시장을 지배하게 되는 추세가 시스템 차원의 문제가 되고 있다"고 말했다. 그는 또 "주택분야의 정부지원회사들이 빠르게 성장하고 그 회사들이 발행한 증권에 대한 수요가 크게 늘어나면서 그 회사들에서 발생한 문제가 시스템 차원에서 좋지 않은 결과를 낳을 가능성이 대단히 높아졌다"고 지적했다.

국제통화기금(IMF)도 2006년도 〈세계금융안정보고서(Global Financial Stability Report)〉에서 그동안 유지해온 관료적 낙관론을 버리고 파생상품시장에 '유동성 교란'이 일어날 우려가 있다고 밝혔다. 사실 국제통화기금은 파생상품시장에 대해 이보다 더 비관적인 견해를 내비친 적도 있다. 〈로이터〉의 보도에 따르면 국제통화기금은 "급속하게 성장하고 있는 구조화 신용상품 시장이 하락세로 돌아서면 매수세가 사라져서 구조화 신용상품을 매수해 보유하고 있던 투자자들이 그것을 아예 매도할 수 없거나 받아들일 수 있는 가격으로는 매도할 수 없게 될 위험이 있다"고 밝힌 바 있다.

1999년에 헤지펀드인 롱텀캐피털매니지먼트(LTCM)의 파산을 계기로 구성된 민간합동 회의체인 거래상대방위험관리그룹(CRMG; Counterparty Risk Management Group)이 미국 금융시스템의 위험요소들을 점검할 목적으로 2005

년에 다시 소집된 것은 결코 의례적인 일이 아니었다. 거래상대방위험관리그룹은 금융시장을 좌지우지하는 대규모 금융회사 관계자들이 모인 가운데 뉴욕연준 의장 출신인 제럴드 코리건 골드먼삭스 전무의 주재 아래 논의를 벌인 끝에 몇몇 우려되는 부문들에 초점을 맞춘 273쪽 분량의 보고서를 작성해 발표했다. 이 보고서는 유동성을 상실한 파생상품의 가치평가와 가격의 문제, 미결제 파생상품 거래잔액의 문제를 비롯해 시스템위기를 불러올 수 있는 위험요소들을 다루고 있다.

위와 같은 사례들 모두에서 상황이 어떤지를 아는 사람들은 평소와 다소 다른 모습을 보였다. 그들은 잠복하고 있는 위기를 겉으로 노출시키지 않기 위해 막후에서 대응조치를 강구하던 오래전부터의 전통을 지키려고 하지 않았다. 더욱 흥미로운 것은 낙관주의가 팽배하고, 주식시장과 채권시장의 변동성이 낮고, 대규모 금융시장 교란이 거의 일어나지 않고, 경제상황이 골딜록스의 상태, 즉 지나치게 들뜨지도 가라앉지도 않은 적당한 수준의 성장세가 유지되는 상태에 있는 시기에 그들이 평소와 다른 행동을 하고 나섰다는 점이다. 아마도 경제상황이 나쁘지 않아 보임에도 불구하고 뭔가 문제가 있는 게 분명했다. 그것은 마치 조용하게 가만히 있는 개나 고양이가 무슨 짓을 저지를지 모르는 상황과 같았다.

그들이 평소와 다르게 그처럼 공개적인 태도로 행동에 나선 것은 헤지펀드 산업의 성장과 복잡한 파생상품 거래의 급증이라는 두 가지 추세가 금융시스템을 점점 더 불안정하게 만들고 있는 점에 대해 크게 우려하게 됐음을 말해주는 것일 수 있었다.

은밀하게 가려져 있어 신비화되긴 했지만 헤지펀드들의 투자활동에 근거가 된 논리를 이해하기가 어렵지는 않다. 헤지펀드 매니저들은 저렴한 주식을 사들이기도 하지만, 가격이 지나치게 오른 것으로 보이는 주식을 공매도하는 방법으로, 다시 말해 그 주식의 가격이 앞으로 떨어질 가능성에 베팅을 하는 방법으로 투자포트폴리오의 위험을 헤지(hedge)하기도 한다. '시장중립적 투자'라고도 불리는 이러한 투자전략은 이론상으로는 시장의 변덕에 휘둘리게 될 위험을 낮추어주는 동시에 두 방향의 투자 모두에서 이익을 낳아줄 수 있다. 헤지펀드 산업의 초창기에는 이런 식의 투자에 뛰어드는 헤지펀드 매니저들이 기관투자가나 부자인 개인투자자만을 고객으로 삼았다. 이는 법률이나 조세제도의 규제를 피하기 위한 것이었다. 그래서 헤지펀드에 대한 금융당국의 규제는 미약했다.

그런데 헤지펀드는 전통적인 금융회사와는 현격하게 다른 특징을 갖고 있었다. 그것은 대부분의 헤지펀드가 투자운용 실적에 근거를 둔 보상체계를 채택하고 그것을 중심으로 운영된다는 점이었다. 헤지펀드 매니저들은 뮤추얼펀드 매니저들처럼 자산의 규모에만 근거해 월급을 받는 것이 아니었다. 헤지펀드 어드바이저로도 불리는 그들은 투자운용 실적에 근거해 인센티브 보상을 받았다. 그들에게는 다른 헤지펀드 매니저들과 비교해 상대적으로 나은 투자수익률을 내는 것보다는 투자수익의 절대적인 규모가 더 중요했고, 시장의 상황이 좋든 나쁘든 언제나 투자수익을 올리는 것이 더 중요했다.

헤지펀드 매니저들은 매년 '허들 레이트(hurdle rate)', 즉 미리 정해진 기준수익률을 초과하는 투자수익 가운데 일정 비율만큼을 실적보수로 받으며, 그 비율은 20퍼센트 전후인 경우가 많다. 물론 그들은 이런 실적보수 외에 기본보수도 받으며, 기본보수의 금액은 보통 펀드자산 잔액의 2퍼센트다. 결국 헤지펀드 매니저들은 이익을 낼 경우에는 그 가운데 일부를 배분받지만, 반대로 투자운용 실적이 좋지 않다고 해서 그에 상응하는 불이익을 당하지는 않는다. 이런

보수구조는 실제로 입증됐듯이 그들로 하여금 수익의 잠재력이 가장 큰 투자에 뛰어들게 하는 강력한 자극제로 작용하지만, 그러한 투자는 손실을 낼 위험도 가장 크기 마련이다. 헤지펀드는 소규모의 단출한 조직으로 운영되며, 전통적인 조직들이 지켜야 하는 여러 가지 제약이나 규제에서 자유롭다. 따라서 헤지펀드 매니저들은 흔히 공매도 금지라는 조건 아래 자산운용을 하는 다른 종류의 펀드 매니저들보다 더 적극적이고, 기회포착에 더 신경을 쓰고, 자유분방한 투자를 하는 경향이 있다. 수익률을 높일 수 있는 기회를 끊임없이 찾다보니 시간이 흐르면서 헤지펀드 매니저들이 애초의 '저가주식 매입, 고가주식 공매도(long/short equity, 헤지펀드의 전통적인 투자전략으로, 시장가격이 저렴해 앞으로 가격이 오를 것으로 보이는 주식을 매입하는 동시에 시장가격이 비싸 앞으로 가격이 떨어질 것으로 보이는 주식을 공매도하는 것을 가리킴—옮긴이)'라는 개념에서 점점 더 벗어나게 됐다. 그들은 더 많은 수익을 올리기 위해 다양한 금융상품과 금융시장에 손을 뻗쳤고, 점점 더 정교하고 복잡한 투자전략을 구사했다. 또한 그들 가운데 다수는 더 많은 수익을 올리기 위해 거액의 자금을 차입해서 투자에 이용하는 데도 익숙해져갔다.

헤지펀드는 1949년에 처음 등장한 뒤로 수십 년 동안 투자의 세계 전체에서 단지 작은 일부분에 지나지 않았다. 사실 1990년대 중반까지는 조지 소로스와 같이 큰 성공을 거둔 극소수의 헤지펀드 매니저들에 관한 이야기가 돌아다녔을 뿐이고, 월스트리트의 밖에서는 헤지펀드에 대해 아는 사람이 별로 없었다. 그러나 2000년 봄에 주식시장 거품이 붕괴한 뒤로 상황이 바뀌었다. 신경이 곤두선 투자자들이 미래에 그때와 비슷하게 불안정한 상황을 다시 맞게 되더라도 잘 견뎌낼 수 있게 해줄, 그리고 가능하다면 그런 상황에서도 이익을 올리게 해줄 대안의 투자방법을 찾기 시작했다.

이와 동시에 악화되는 영업환경과 수입의 감소에 직면한 투자은행과 증권회사들이 점점 더 활발해지면서 급속하게 성장하는 헤지펀드에 주목하기 시작했다. 그들 가운데 다수는 헤지펀드와 금융상품을 거래하거나 헤지펀드를 통해 투자포지션 관리에 필요한 자금융통을 하는 데 그치지 않고 아예 스스로 사실상의 헤지펀드로 변신하고자 했다. 이에 따라 금융서비스 산업은 그동안 합병이 이어지면서 점점 더 거인들의 싸움터처럼 변해온 데 이어 이제는 보다 공격적이고 재빠른 영업과 투자를 통해 더 많은 이익을 올리려고 하는 분위기에 온통 젖어들었다. 그러니 후한 보상체계, 격화된 경쟁, 수익의 절대규모에 대한 강조가 투자은행과 증권회사들, 그리고 그런 곳에서 일하는 사람들의 행태에 강력한 영향을 미친 것은 놀랄 일이 아니다.

헤지펀드는 물론이고 다수의 월스트리트 금융회사도 최단시간 안에 가능한 한 최대의 수익을 창출하는 데 점점 더 활동의 초점을 맞추게 됐다. 그들의 이런 관점은 마침 연방예금보험공사가 촉진시키고 있었던 '더 큰 위험 감수'라는 보다 일반적인 움직임과도 맞아떨어졌다. 그러한 움직임은 인내, 신중한 운영, 장기적 결과에 대한 예비적 고려를 중시하는 처방이 아니었다. 오히려 그러한 움직임은 헤지펀드, 은행, 보험회사를 비롯한 지구화된 금융서비스 산업 전체의 구성원들로 하여금 파생상품시장에 점점 더 많이 뛰어들게 하는 이유로 작용했다고 볼 수 있다.

사람들은 '파생상품'이라는 말을 들으면 멀뚱멀뚱한 표정을 짓는다. 금융의 세계 바깥에 있는 사람들은 대부분 파생상품이란 월스트리트의 금융공학 전문가와 학자들이 만들어낸 것으로 자기와는 무관한 어떤 애매모호한 것이라고 생각한다. 그러나 '파생증권'으로도 불리는 파생상품은 금융의 세계를 구성하는 중요한 요소가 됐다. 사실 차입자가 사정에 따라 월상환액을 달리 정할 수 있는 신축적인 상환조건의 저비용 주택담보대출과 같이 사람들에게 익숙해진 혁신적인 금융상품들 가운데도 합성의 과정을 거쳐 창출되는 파생상품을 이용한 것이 적지 않다. 그런데 유감스럽게도 주식시장, 고정수익증권시장, 일차산품시장 등에서 파생상품이 오래된 표현으로 '개의 몸통을 흔드는 꼬리'가 돼버렸고, 이 점이 금융시장과 실물경제에 상당히 큰 위험요소가 되고 있다.

간단히 말해 파생상품은 그 가치가 어떤 다른 것, 말하자면 주식, 채권, 대출, 일차산품, 날씨, 특정사건 등에 의해 좌우되거나 그런 것에서 파생되는 금융수단이다. 한 가지 예로 주식옵션을 들 수 있다. 주식옵션은 특정한 주식을 어떤 지정된 날 또는 그날 이전에 미리 정해진 가격으로 사거나 팔 수 있는 권리이며, 투자자는 '프리미엄(premium)'으로 불리는 일종의 가격을 지불하고 주식옵션을 사는 것을 통해 그러한 권리를 확보할 수 있다. 파생상품의 또 다른 예로 주택저당채권담보부증권(MBS)을 들 수 있다. MBS는 다양한 차입자들에 대한 다수의 주택담보대출 채권을 하나로 합친 것을 투자자들의 다양한 투자수요에 맞게끔 여러 종류의 조각(트랑슈)으로 쪼갠 다음에 그 조각들을 적절히 재조합한 것이다. MBS의 가치는 궁극적으로 특별히 설립된 빈껍데기 회사, 즉 특별목적회사(SPV)의 수입 및 지출 흐름과 관련 차입자들의 행태에 의존한다. 주가지수선물이나 상장지수펀드(ETF)와 같이 비교적 잘 알려진 바스켓형 금융상품도 대부분 파생상품이다. 이런 금융상품은 주식들의 묶음 또는 주식이 아닌 다른 자산들의 묶음에 대한 이권을 거래하는 수단이며, 그 자체가 어떤 내재적인 가치를 갖고 있는 것은 아니다. 그러므로 묶음 속에 들어있는 자산들의 가치가 커져야만 예를 들어 상장지수펀드의 가치도 커질 수 있다.

이 밖에도 파생상품의 종류는 많고, 간단하게 설명하기 어려운 요소나 변수를 내포하고 있는 파생상품도 있다. 예를 들어 옵션의 가격은 만기까지의 잔

여기간, 금리, 향후의 시장변동성에 대한 투자자의 예상에 따라 달라진다. 심지어는 다른 파생상품들의 가격에 따라 가격이 결정되는 보다 복잡한 파생상품도 있다. 많은 기업이 대규모 투자포트폴리오의 일부로 보유하고 있는 파생상품의 대부분은 복잡한 공식과 강력한 컴퓨터를 이용하지 않고서는 이해할 수도, 관리할 수도 없다.

파생상품은 흔히 장내 파생상품과 장외 파생상품이라는 두 가지 종류로 크게 구분된다. '에스앤피 500 선물'과 같은 장내 파생상품은 대개 거래조건이 표준화돼있고, 시카고상품거래소(Chicago Board of Trade)와 같은 제도화된 시장에서 거래된다. 그리고 거래와 관련된 모든 일이 순조롭게 진행되도록 보장하기 위해 중앙의 결제소가 모든 거래에 대한 결제를 책임진다.

이와 달리 장외 파생상품은 각 거래의 직접당사자들이 원하는 바에 맞게 그때그때 다르게 만들어져 거래된다. 물론 장외 파생상품의 경우에도 국제증권업협회(ISDA; International Securities Dealers Association)와 같은 국제단체들이 있어 그런 곳들에서 거래와 관련된 용어와 결제관행의 기준을 설정하지만 그 기준이 장내 파생상품의 경우처럼 엄격하지는 않다. 게다가 규제당국의 면밀한 감시를 받는 장내 파생상품시장과 달리 장외 파생상품시장에서는 거래가 잘 노출되지 않으며, 따라서 그 거래의 전모를 수량화하기가 어렵다. 이러한 불투명성은 장외 파생상품시장이 규제를 덜 받는다는 데서 곧바로 초래되는 결과다.

파생상품 자체가 글로벌한 성격을 갖고 있어서 규제가 거의 없는 나라를 비롯해 규제의 강도가 서로 다른 많은 나라의 금융회사들이 그 거래에 관여하게 된다는 측면도 파생상품시장의 불투명성을 높이는 원인이 되고 있다. 냉소적으로 말한다면, 아니 현실적으로 말한다면 이러한 투명성의 결여가 오히려 파생상품 거래를 적극적으로 하는 사람이나 기업들의 입맛에 맞는 것이다. 그동안 일반 상업은행과 투자은행들은 복잡한 파생상품 거래의 내막에 대해 사람들이 잘 알지 못한다는 점을 활용해왔다. 특히 그러한 거래와 관련된 위험, 각종 기묘한 구조의 파생상품을 거래하는 목적, 그러한 거래를 통해 올리는 이익의 규모 등을 사람들의 눈에 띄지 않게 숨길 수 있다는 점이 그들로 하여금 파생상품 거래에 뛰어들게 했다. 타워그룹(TowerGroup, 국제금융 분야의 세계적인 조사 및 컨설팅 회사—옮긴이)에 따르면 미국의 증권회사들은 2006년 한 해에만 파생상품과 관련된 활동으로 332억 달러의 수익을 올린 것으로 추정된다.

파생상품 가운데는 헤지펀드나 투기자들에게 매력적으로 보이는 구조적 특징을 가진 종류가 많다. 이런 종류의 파생상품을 만들어내는 데 필요한 일은 오직 두 거래당사자 사이의 계약뿐이다. 두 거래당사자가 미래에 실행할 약속을 계약에 포함시키는 경우에는 그 계약에 따른 부채가 흔히 부외부채로 처리된다. 다시 말해 그러한 부채는 회계상 다른 금융수단의 거래가 처리되는 방식과는 다르게 처리된다는 것이다. 그리고 그러한 거래에서 손실을 보게 될 위험이 존재하더라도 해당 기업, 은행, 증권회사는 귀중한 자본의 일부를 그러한 위험에 대비하는 완충자본으로 할애하지 않아도 된다. 파생상품 거래를 회계상 이런 식으로 처리하는 것은 어떤 면에서는 퇴직후 건강보험 급여와 관련해 미래에 발생할 것으로 예상되고 그 금액이 꽤 클 수도 있는 비용을 현 회계연도의 재무제표에 제대로 반영하지 않는 관행과 비슷하다.

위험을 회계장부에 반영하지 않으면 기업의 입장에서 그만큼 자본을 더 효율적으로 활용해 '운용 레버리지(operational leverage)'라고 부를 만한 효과를 거둘 수 있게 된다. 다시 말해 같은 금액의 자본으로 더 많은 투자를 해서 더 많은 성과를 올릴 수 있게 된다는 것이다. 그러나 그렇게 하는 것은 기업이 안고 있는 잠재적 위험의 일부를 보이지 않게 가린다는 문제점을 안고 있다. 어쨌든 이런 식으로 처리되는 파생상품 거래는 기업이 규제당국에서 부과하는 의무를 피하기 위한 수단으로, 그리고 금융활동이나 기타 경제활동의 결과인 자본이득과 수익을 다른 형태로 바꾸거나 그 실현시기를 다른 회계연도로 옮기거나 아예 재무제표에 반영하지 않고 숨겨버림으로써 세금을 회피하기 위한 수단으로 이용될 수 있다.

인센티브의 수단으로 이용되는 주식옵션도 흔히 그러한 조작에 동원된다. 첨단기술 기업을 비롯한 다양한 기업들이 임직원에게 자사 주식의 가격변화에 밀접하게 연동되는 보상의 수단으로 주식옵션을 부여하는 방법을 점점 더 많이 이용해왔다. 그런데 2006년에 주식옵션과 관련된 스캔들이 터졌다. 많은 상장 기업들이 주식옵션을 부여한 날짜를 실제의 부여일 이전으로 소급시키는 조작 행위를 저지른 사실이 드러난 것이다. 이런 기업들은 주가가 연중 최저치였던 날에 주식옵션이 부여된 것으로, 또는 자사가 실적이나 전망에 관한 낙관적인 내용의 발표를 하기 직전에 주식옵션이 부여된 것으로 조작했다. 2006년 9월에 〈아에프페(AFP)〉 통신은 "미국 증권거래위원회(SEC)가 몇몇 미국기업을 포함한 100개 이상의 기업들에 대해 주식옵션 관련 사기혐의로 조사를 벌이고 있다"고 보도했다.

파생상품은 무에서 유를 창조하듯 만들어지는 것이기 때문에 그것을 거래할 때 거래계약의 조건이나 거래시장의 특성이 곧바로 돈을 주고받기를 요구하는 경우가 아닌 한 마치 차액결제 계약에서처럼 처음에는 돈을 주고받을 필요가 없다. 예를 들어 석유의 선물시장에서 판매자가 어떤 정해진 날 이전에 정해진 양과 질의 석유를 구매자에게 인도하고 구매자는 현재의 가격을 기준으로 그 대가를 지급하기로 두 거래당사자가 합의를 이루었다고 하자. 이 경우에 뉴욕상업거래소의 규정에 따르면 두 당사자는 서로 성실하게 약속을 지키겠다는 표시

로 ‘증거금(margin)’이라고 불리는 소액의 예치금을 일종의 계약금으로 내기만
하면 된다.

그런데 증거금처럼 계약금조로 내는 돈이 비교적 적은 액수에 지나지 않는
경우에는 그런 구조가 지렛대 효과를 낸다. 가격이 거래의 액면가치 또는 명목
가치에 비해 아주 적은 금액에 지나지 않는 옵션 계약의 구조도 지렛대 효과를
내기는 마찬가지다. 이런 효과로 인해 돈을 조금만 지급하고도 그 돈보다 훨씬
더 큰 가치를 가진 자산을 통제할 수 있게 되는 것이다. 모든 파생상품이 다 그
런 것은 아니지만 이와 같이 지렛대 효과를 내는 파생상품은 그것을 거래하면
투자원금보다 더 많은 돈, 그것도 훨씬 더 많은 돈을 벌 수 있다는 전망을 갖게
한다. 이런 전망은 갖고 있는 자본을 최대한으로 굴려보고자 하는 사람이나 기
업에게는 군침을 흘리게 할 만한 것이다. 좋은 투자실적을 내면 곧바로 그에 상
응하는 보상을 받게 돼있는 헤지펀드 매니저와 같은 이들에게는 더욱 그럴 것이
다.

여러 가지 위험을 재편성하거나 재구성하기 위해 파생상품을 이용하는 경
우라면 파생상품이 커다란 가치가 있는 금융수단이 되는 것이 분명하다. 예를
들어 ‘스왑(Swap)’이라고 불리는 종류의 파생상품을 그런 용도로 거래할 수 있
다. 스왑 거래의 한 가지 방식으로 두 거래당사자가 각각 시장에서 일어나는 변
화로 인해 손해를 입을 위험을 줄이거나 각자가 지닌 상대적인 강점으로부터 이
익을 올리기 위해 일정한 기간의 현금흐름을 맞바꾸기로 합의할 수 있다. 은행
들이 종종 이용해온 금리스왑이 바로 그런 것이다. 가령 어느 은행이 5년 동안
에 걸쳐 시간이 흐르면서 오르내릴 수 있는 변동금리의 현금흐름을 지급받기로
하는 대신에 고정금리의 현금흐름을 지급하기로 하는 계약을 다른 은행과 체결
했다고 하자. 이런 거래를 한 은행은 대출채권을 비롯해 보유하고 있는 채권으

로부터 나오는 현금흐름과 예금자나 채권자에게 지급해야 하는 현금흐름을 더 잘 상응시킬 수 있게 되어, 시장의 금리가 엉뚱한 방향으로 움직일 경우에 손실을 입게 될 위험이 줄어든다.

그런데 최근에 새로운 종류의 스왑 거래가 급증해서 규제당국을 긴장시키고 있다. 그것은 바로 CDS(Credit Default Swap, 크레딧 디폴트 스왑)라는 것이다. 무려 415조 달러 규모에 이르는 전 세계의 파생상품시장에서 CDS는 최근에 가장 빠르게 성장하는 부분으로 떠올랐다.

간단히 말해 CDS 거래는 특정한 기업의 재무적 건전성에 베팅을 하는 것이며, 이를 통해 신용위험의 부담이 두 거래당사자 가운데 한쪽에서 다른 쪽으로 넘어간다. 전형적인 CDS 거래에서 신용위험의 부담을 넘겨받는 쪽은 채무불이행이나 파산과 같은 '신용사건(credit event)'이 발생할 경우에 그것과 관련된 채권의 가치손실을 보전해주는 일종의 보험을 파는 입장이 된다. 반대로 그러한 보험을 사는 쪽은 그 대가로 스왑의 계약기간 동안 연간 얼마씩의 돈을 보험료 내듯 지급하게 된다. 어떤 경우에는 이렇게 지급하는 돈 외에 추가로 얼마간의 돈을 선불하기도 하는데 그 금액은 신용위험의 크기에 따라 다르다. 이런 내용의 계약을 체결한 뒤에 미리 지정된 신용사건에 해당하는 일이 실제로 벌어지면 CDS의 보장구매자(protection buyer)가 문제가 된 채권을 보장판매자(protection seller)에게 넘기게 되고, 그때 그 채권은 해당 기업의 악화된 재무상태로 인해 그 가치가 크게 떨어진 상태일 가능성이 높다. 그리고 문제가 된 채권을 넘겨받은 보장판매자는 애초에 합의한 금액을 보장구매자에게 지급해야 한다.

CDS는 장외시장에서 거래되며, 대개는 두 거래당사자를 제외하고는 아무도 모르는 상태에서 거래계약이 체결된다. 심지어는 문제가 된 채권을 발행한 채무자도 모르는 사이에 그러한 거래계약이 체결되는 경우가 많다. 이런 점으로 인해 커버되는 위험에 비해 규모가 과도하게 크고 따라서 금융시장을 불안정하게 만들 소지도 큰 CDS 거래가 이루어지게 되며, 그 결과로 신용과 관련된 단하나의 사건이 금융시장에 폭넓게 파급영향을 끼치게 될 가능성이 높아진다.

예를 들어 2005년 10월에 자동차부품 제조업체인 델파이(Delphi)가 파산보호 신청을 했을 때 20억 달러 규모인 이 업체의 채권 발행잔액에 대해 모두 200억 달러가 넘는 규모로 추정되는 CDS 계약이 체결돼있는 것으로 밝혀졌다고 언론이 보도했다. 제너럴모터스의 경우에는 2006년 봄 현재 300억 달러 규모의 채권 발행잔액에 대해 적어도 2000억 달러가 넘는 규모의 CDS 계약이 체결돼있는 것으로 추정된다. 개의 꼬리가 몸통을 흔드는 것과 같은 CDS 거래의 구조, CDS와 관련된 여러 가지 시장왜곡 현상, CDS로 인한 미스매치가 시장에 혼란을 초래할 가능성 외에도 CDS가 만들어내는 정말로 큰 위험이 또 하나 있다. 그것은 주요 금융회사들이 CDS 거래를 능력 이상으로 많이 하다가 결국 그것을 감당할 수 없게 되면서 금융시스템 전체를 위험에 빠뜨릴 가능성이 있다는 것이다.

그러나 CDS를 필요로 하는 금융회사들이 폭넓게 존재한다. 예를 들어 은행들은 떠안고 있는 여러 가지 위험을 재구성함으로써 완충용으로 묶여있는 자본을 다른 용도로 돌려 이용하고 싶어 하고, 보험회사나 헤지펀드들은 고객의 자산을 보호해주겠다는 약속만 할 수 있다면 얼마든지 유치할 수 있는 잠재적 고객에게 보증을 비롯한 추가적인 부담을 거의 또는 전혀 지지 않고도 그러한 약속을 할 수 있는 방법을 찾아왔다. 그러니 CDS에 대한 관심이 들불처럼 퍼져나간 것도 놀랄 일이 아니다. 이에 따라 2007년 6월 현재 CDS 거래잔액의 명목가치는 무려 45조 달러에 이르러 1년 전에 비해 75퍼센트나 늘어났고, 2001년의 1조 달러 미만에 비하면 비교도 안 될 정도로 많이 늘어났다.

파생상품 거래에 대해 이렇게 명목가치로 이야기를 하면 그러한 거래에 내재된 위험을 과장하게 된다고 주장하는 이들도 있다. 앞에서 소개했던 금리스왑을 다시 예로 들어 말한다면, 교환된 금리의 현금흐름이 100만 달러의 가치를 갖고 있다고 해서 두 거래당사자 가운데 어느 한쪽이 파산할 경우에 다른 쪽이 그 금액 그대로 100만 달러의 손실을 입게 되는 뜻은 아니라는 것이다. 이 경우에 실제로 발생할 수 있는 손실액은 고정금리의 현금흐름과 변동금리의 현금흐름 간 차액으로 한정될 것이며, 그 차액은 100만 달러보다는 훨씬 적을 것이다. 이 금리스왑 거래에서 거래원금의 명목가치, 즉 100만 달러 전액이 실제로 수수되는 것은 아니며, 따라서 이 거래에서 위험에 노출된 금액은 겉으로 드러난 명목가치보다 훨씬 적은 게 사실이다.

그러나 그 밖의 다른 파생상품들을 보면 거래당사자 가운데 보장판매자가 거래계약을 지키지 않거나 파산할 경우에 보장구매자가 입을 수 있는 손실의 규모가 상당히 큰 종류도 많으며, CDS도 그런 종류의 파생상품 가운데 하나다. 심지어는 거래의 명목가치 전액이 위험에 노출되는 경우도 있다. 예를 들어 파생상품의 기초자산과 관련된 기업이 파산할 경우가 그러하며, 이런 경우에 파생상품이 거래된 사실이 서류로 증명되지 못한다면 거래당사자 가운데 어느 한쪽은 거의 틀림없이 그러한 거래가 이루어진 사실을 부인할 것이라는 점을 규제당국자들도 알아차리게 됐다. 2005년에 구두로는 합의됐지만 서류로는 확정되지 않은 CDS 거래가 10만 건이 넘는다는 사실이 알려졌을 때 가이트너를 비롯한 규제당국자들이 경종을 울린 이유도 바로 여기에 있다. 그러한 규제당국자들의 노력이 문제가 될 수 있는 거래를 줄이는 데 기여한 것은 사실이지만, 그 뒤인 2006년 중반에도 여전히 수천 건의 CDS 거래가 불확실한 상태로 남아있었다.

이미 CDS를 비롯한 각종 파생상품의 거래계약을 둘러싼 논란과 소송이 많이 일어나고 있다. 그 직접적인 원인은 계약서에 사용된 용어의 뜻이 분명하지 않고 애매모호하다는 점, 가치평가에 이견이 있다는 점, 구조조정을 비롯해 기업에서 일어난 특정한 사건이나 변화가 파생상품 거래계약을 체결할 당시에는 예상될 수 없었다는 점 등에 있다. 파생상품 거래계약의 두 당사자 가운데 어느 한쪽이 다른 쪽은 모르는 사이에 자신의 계약상 권리와 의무를 제3자에게 양도하거나 떠넘긴 경우가 많다는 점도 상황을 더욱 꼬이게 했다. 그나마 이 문제에 대해서는 그것에 내포된 위험을 완화시키기 위한 입법조치가 2006년에 취해졌다.

그러나 우려되는 문제들 가운데 일부라도 해소하기 위한 최근의 노력에도 불구하고 파생상품 거래가 과거에 안고 있었던 결함이나 현재 안고 있는 결함으로 인해 무질서하고 악몽과도 같은 시나리오를 현실화시킬 토대가 구축되고 있다. 그동안 위험에 대한 대비를 해놓았다고 믿어온 사람이나 기업들이 그 대비에 구멍이 뚫려 있음을 갑자기 알아차리게 되면 그 구멍을 막기 위해 너도나도 나서면서 아수라장이 연출될 것이다.

그러나 시스템위기는 특정한 금융수단이나 특정한 금융시장에서만 유래하는 것이 아니다. 제이피모건, 체이스, 뱅크 오브 아메리카, 시티뱅크, 와초비아, HSBC를 비롯한 대규모 상업은행 그룹 가운데 어느 곳이든 집중적으로 위험에 노출된다면 그것이 시스템위기의 원인이 될 수 있다. 미국 통화감사관실(Office of the Comptroller of the Currency)의 통계에 따르면 2005년 4월 현재 미국의 836개 은행이 보유하고 있는 파생상품 계약의 규모는 모두 100조 달러가 넘는데 그 가운데 96퍼센트가 5대 대규모 상업은행 그룹에 집중돼있다. 게다가 패니메이와 프레디맥도 거대한 투자포트폴리오와 관련된 위험에 대비하기 위해 1조 5천억 달러어치의 파생상품 계약을 보유하고 있다는 사실을 잊지 말아야 한다.

많은 규제당국자들과 파생상품 분야의 금융인들은 파생상품 거래가 소수의 대규모 상업은행 그룹들에 집중되는 것이 겉으로 나쁘게 보이는 만큼 실제로 그렇게 나쁜 것은 아니라고 주장한다. 왜냐하면 대규모 상업은행 그룹들은 대체로 가장 정교한 위험관리시스템을 구축해놓고 있을 뿐 아니라 소규모 은행들은 접근할 수도 없는 자금원과 거래상대방을 갖고 있기 때문이라는 것이다. 감만으로 이야기하는 사람들은 또한 전체 파생상품 거래 가운데 상당부분은 예를 들어 금리스왑과 같이 거래의 명목가치 중에서 위험에 노출되는 비중이 낮은 파생상품 거래이기 때문에 명목가치로만 봐서는 위험을 과장하게 되기 쉽다고 주장한다.

더 나아가 그들은 이른바 '상계계약(netting agreement)'이라는 것이 파생상품 거래와 관련된 위험을 줄여준다고 말한다. 가령 어떤 은행이 특정한 거래상대방과 여러 건의 파생상품 거래잔액을 갖고 있다면 양쪽이 상계계약을 체결할 수 있다는 것이다. 상계계약이란 서로 주어야 할 것과 받아야 할 것을 각각 현재가치로 계산한 다음에 그 차액만을 단일의 채권 또는 채무로 인식하기로 약속하는 것이다. 그리고 그 차액은 보통 양쪽 사이의 파생상품 거래잔액 전체보다 훨씬 적은 금액이기 마련이다. 그런데 이런 방식을 적용해서 플러스의 순신용위험(net credit risk)에 노출돼있는 미국 상업은행 부문의 파생상품 거래잔액만을 집계해 봐도 1조 달러가 넘어 결코 그 규모가 작지 않다.

게다가 이런 수치에는 의견의 차이, 유동성 문제, 개별 거래계약의 가치를 둘러싼 소송 등 예기치 못한 문제에 직면하게 될 가능성은 반영되지 않았다. 또한 어느 한 은행에 문제가 생겼을 때에 다른 은행들도 각자 나름대로의 문제에 봉착한 탓에 그 은행에 협조적인 태도를 취하지 않을 가능성도 고려되지 않았다. 어려운 상황에 처한 은행들이 자기들끼리 문제해결을 위한 합의를 이룬다고 하더라도 그 합의가 정부지원회사, 헤지펀드, 증권회사, 대규모 다국적기업의 금융자회사 등과의 거래에서 유래하는 나쁜 파급영향까지 차단하려는 것은 아닐 것이다. 예를 들어 그리니치 어소시에이츠(Greenwich Associates, 금융분야의 조사 및 컨설팅 회사─옮긴이)에 따르면 2005년 4월부터 2006년 3월까지 1년 동안 이루어진 신용파생상품 거래 가운데 무려 55퍼센트가 헤지펀드가 관여된 거래였지만, 이런 거래의 파급영향은 은행들 사이의 합의에서 고려되지 않을 것이다.

파생상품과 관련된 위와 같은 우려들은 경제상황이 나빠질 때에 더욱 증폭될 것이다. 그러나 이보다 더 큰 위험은 파생상품 거래가 심각한 결함이 있는 가정을 전제로 해서 이루어진다는 점과 이익의 충돌이 빚어질 수 있다는 점에서 비롯될 가능성이 높다. 파생상품은 월스트리트에서 일하는 사람들 가운데 가장 우수하고 똑똑하다는 학자, 금융공학 전문가, 프로그래머 등이 참여하는 가운데 만들어져 거래되는데다가 그 과정에서 고성능 컴퓨터를 통해 복잡한 계산이 이루어지기 때문에 수학적 확실성을 확보했다는 느낌을 갖게 된다고 하지만, 파생상품에 대한 가치평가 또는 가격설정 작업에는 편향성이 없다고 장담할 수 없는 추정이나 예상이 상당히 많이 끼어든다. 특히 미래에 대한 예상은 과거의 추세를 근거로 하는 경우가 많지만, 과거에는 존재하지도 않았던 새로운 종류의 금융상품에 대해서는 그 미래의 가격을 예상하는 데 근거로 삼을 만한 과거의 추세가 없거나 있더라도 매우 불완전하다. 또한 어떤 증권의 미래가격을 예상할 때에 다른 증권들의 거래가격을 근거로 삼기도 하지만, 이렇게 하면 시장상황이 좋지 않을 때 더욱 중요해지는 가격차별화 현상이 고려되기 어렵다.

최근에 '합성증권(hybrid securities)'이라는 것이 많이 발행되기 시작한 뒤로는 새로운 문제가 생겨날 가능성이 더욱 높아졌다. 합성증권이란 특정한 상황에서는 채권의 성격을 갖지만 그 밖의 다른 상황에서는 주식의 성격을 갖는 증권을 말한다. 전미보험감독관협의회(NAIC; National Association of Insurance Commissioners)는 2006년에 보험회사는 매입한 합성증권 가운데 일부 종류는 회계장부에 주식으로 올려야지 채권으로 올려서는 안 된다는 내용의 기준을 발표해 금융시장에 충격파를 던졌다. 보험회사의 입장에서 보면 이 기준은 합성증권을 매입해 보유하려면 완충자본을 더 많이 쌓아야 한다는 뜻이었고, 따라서 합성증권의 매력도를 떨어뜨리는 것이었다. 항의가 빗발치자 전미보험감독관협의회는 한 걸음 물러나면서 이 문제에 대해 연구할 위원회를 구성하겠다고 발표했다.

여러 종류의 파생상품들을 중첩시키는 방식에 의해 엄청나게 복잡한 형태로 만들어지는 일부 증권은 '낭떠러지 위험(cliff risk)'이라는 특이한 위험을 초래할 수 있다. '유독성 괴물증권'이라고 부를 만한 이런 증권은 시장상황이 좋지 않은 방향으로 움직일 경우에 그런 시장상황에 점진적으로 적응하는 게 아니라 신용등급이 가장 높은 증권이었던 것이 곧바로 정크본드로 전락하는 식으로 움직임으로써 조금만 좋지 않은 뉴스가 나와도 그 가격이 걷잡을 수 없이 추락한다. 이는 마치 지푸라기 하나라도 예고 없이 갑자기 내리치면 낙타의 등뼈도 부러뜨릴 수 있는 것과 같다.

물론 시장의 다른 요소들과의 통계적 관계가 안정적이지 못해 시장에 다면적인 영향을 끼칠 수 있는 파생상품 포트폴리오나 복잡하게 합성하는 방식으로 만들어진 증권이 불안정한 특정 상황에 직면하게 될 경우에 과연 어떤 반응을 보이게 될지는 실제로 겪어봐야만 알 일이다. 신용파생상품은 부동산시장의 붕괴, 경제의 심각한 위축, 1987년의 주식시장 붕괴 때 볼 수 있었던 시장상황의 급변 등과 같은 시장의 급격한 교란을 겪어본 적이 없다. 앞으로 닥칠 사태는

'예시적 실패'라는 에두르는 표현으로 지칭되는 정도의 의미에 그치지 않을 것이다. 그것은 파괴적인 인센티브 보상구조와 투명성의 결여로 인해 더욱 조장돼온 신용파생상품의 파급영향이 어떤 것인지를 분명하게 보여줄 것이며, 그 파급영향 가운데는 매우 부정적인 성격을 가진 것도 있을 것이다.

파생상품과 관련해 발생할 수 있는 문제로는 이런저런 오류의 발생과 기업 내부의 혼란, 의도적인 가격조작과 사기행위, 부적절한 회계처리 등을 꼽을 수 있다. 이런 문제들은 모두 파생상품 포지션의 공표된 가치와 실제의 가치 사이에 존재하는 매우 큰 차이를 겉으로 노출시킬 가능성이 높다. 실제로 그렇게 되면 금융시스템에 대한 신뢰가 전반적으로 훼손되는 것은 말할 것도 없고, 다양한 시장들이 일제히 파괴적인 충격을 받게 될 것이다. 국제스왑파생상품협회(ISDA; International Swaps and Derivatives Association)의 조사결과에 따르면 신용파생상품 거래계약 전체에서 오류가 포함된 거래계약의 비중이 2004년에는 9퍼센트였으나 2005년에는 17퍼센트로 높아졌다. 또한 〈로이터〉는 파생상품 거래의 회계처리가 나중에 수정된 비율이 21퍼센트나 된다면서 "이는 수정 이전에 위험관리시스템에 잘못된 자료가 그만큼 많이 입력됐음을 의미하는 것"이라고 지적했다.

그와 같은 오류가 다 의도하지 않았는데도 발생한 것이 아니다. 예를 들어 2005년 9월의 언론보도에 따르면 런던의 한 트레이더는 5천억 달러가 넘는 손실을 메우려고 파생상품 포지션의 가치를 조작했다가 발각되어 해고당했다. 이 사건을 그저 '과일이 가득 담긴 바구니 속의 썩은 사과 한 알'일 뿐이라고 보는 사람들도 있다. 하지만 그것은 위험을 감시하기 위한 정교한 시스템을 갖추고 있는 세계적인 대규모 금융회사에서 발생한 사건이었고, 조작행위 자체도 이미 여러 달 전부터 계속돼온 것이었다.

패니메이도 재무적 속임수가 발각됨에 따라 이른바 '헤지회계 기준
(hedge-accounting rule)'을 적용하는 방식을 바로잡으면서 수십억 달러의 손
실을 추가로 회계장부에 반영해야 했다. 기업이 투자포지션을 보호하기 위해
매입해 보유하고 있는 파생증권이나 그 밖의 증권의 가치를 시가로 평가할 경우
에 발생하는 수익의 급변동에 대해서는 기업 쪽에 그 내용을 공표해야 할 의무
가 없는 경우도 있다. 잡지 〈CFO〉에 따르면 2005년에 57개 기업이 잘못된 헤지
회계를 바로잡기 위한 회계수정을 했다. 이런 사실은 파생상품과 관련된 회계
조작이 드물지 않게 저질러지고 있음을 보여준다.

파생상품에만 국한된 위험은 아니지만, 보이지 않게 잠복해 있다가 시장상
황이 바뀌면 대거 표면화될 수 있는 위험도 파생상품 거래와 관련해 살펴볼 필
요가 있다. 월스트리트의 금융회사들 가운데 다수는 '최대손실가능액(VaR;
Value at Risk)'이라는 개념을 내장한 위험관리시스템을 가동하고 있으며, 이 시
스템은 회사별로 그리 다르지 않다. 일반적으로 말해 이 위험관리시스템은 어
떤 특정한 날에 회사가 입을 수 있는 손실의 최대금액을 수치로 추정해보는 방
식이며, 이런 추정을 하는 데 사용되는 공식은 투자포지션의 이론적 가치와 시
장의 변동성이 반영되도록 설정된다. 그러나 잡지 〈인베스트먼트 딜러스 다이
제스트(Investment Dealers' Digest)〉에 따르면 VaR는 점점 더 "불완전하고, 과
도하게 단순하며, 심지어는 판단을 그르치게 하는" 것으로 여겨지고 있다고 한
다.

이런 지적의 타당성은 2007년 8월의 신용시장 상황에 대한 통계수치에 의
해 뒷받침된다. 당시에 월스트리트의 투자은행인 모건스탠리는 "우리 회사의
거래에 대한 VaR 수치보다 하루의 거래손실액이 더 큰 날이 한 분기에 6일이나
된다"고 밝혔다고 〈블룸버그〉가 보도했다.

상황이 더 악화될 경우에 VaR 모형의 위험평가가 얼마나 정확할 수 있겠느냐는 까다로운 문제는 제쳐놓고 단지 그러한 모형이 광범하게 사용되고 있다는 사실에만 주목해도 심각한 문제가 있음을 알 수 있다. 왜냐하면 그런 사실만으로도 금융시스템에 근본적인 허점이 생겨나기 때문이다. 서로 비슷한 VaR 모형이 광범하게 사용되고 있는 상황에서 만약 일부 대규모 금융회사들이 위험을 줄이기 위해 투자포지션을 축소한다면 다른 수많은 금융회사들도 똑같이 따라 하게 될 것이다.

금융회사들이 그런 식으로 집단행동을 한다면 비관적인 상황에서는 매도가 매도를 부르고, 너도나도 낙관적인 베팅을 하는 상황에서는 매수가 매수를 불러 어느 경우에나 시장이 더욱 불안정해지고, 그러면서 차입비율이 가장 높고 투자포지션의 규모가 가장 큰 금융회사들을 중심으로 반대방향의 거래가 촉발되는 악순환의 되먹임 고리가 작동하게 된다. 이런 시나리오는 그 자체로 담보자산 가운데 적어도 일부에 가치손실을 초래하고, 그 결과로 결국은 워런 버핏을 비롯한 여러 사람이 거듭해서 경고해온 시스템 차원의 위험을 만들어내어 죽음의 소용돌이를 불러일으킬 수 있다. 실제로 그렇게 되면 그때에는 비로소 모든 사람이 파생상품의 주된 편익이라던 것, 다시 말해 위험분산이라는 파생상품의 기능이 가져다준다던 편익이 사실은 금융시스템 전체를 불안정하게 만드는 근원이라는 사실을 갑자기 깨닫게 될 것이다.

2부
위험

가장 위험한 것은 환상이다. – 랠프 월도 에머슨

연준의 정책결정기구인 연방공개시장위원회(FOMC; Federal Open Market Committee)가 2000년 8월에 연 회의에서 연준의 조사국장인 데이비드 스톡턴은 이렇게 말했다. "설비와 소프트웨어에 대한 수요가 줄어들고 있다는 징후가 없다. 지금의 호황은 가까운 시일 안에 끝날 것 같지 않다." 그러나 유감스럽게도 당시의 경제상황에 대한 스톡턴의 진단은 크게 잘못된 것이었음이 나중에 확인됐다. 〈월스트리트 저널〉은 당시를 회고하면서 "여러 해에 걸쳐 첨단기술 주도로 계속되던 호황이 바로 그때쯤 꼭짓점을 찍었다"고 보도했다. 그러나 중앙은행의 관리가 경제상황에 대한 진단을 잘못한 것은 그때만이 아니다. 앨런 그린스펀도 연준의 의장으로 재직하고 있었던 1990년대에 다른 대부분의 경제전문가들과 마찬가지로 완만하게나마 성장하던 미국경제가 불황으로 돌아서기 시작하는 첫 조짐을 알아차리지 못했다고 〈뉴욕 타임스〉는 지적했다.

물론 정책담당자들만이 경제의 바람이 어느 방향으로 부는지를 잘못 판단하곤 하는 것이 아니다. 월스트리트의 예언자들과 그들의 예언을 전하는 사람들도 역시 혼동에 빠지곤 한다. 시장의 역사를 연구하면서 시장소식지인 〈인베스테크 리서치(Investech Research)〉를 편집하고 있는 제임스 스택(James Stack)은 지난 50년 동안에 있었던 그 어떤 불황도 경제전문가들을 대상으로 한 주요 여론조사의 결과로 사전에 예측된 적이 없다고 지적했다. 이것이 경제예측이라는 것의 실상이다. 어제 어떤 일이 일어났는지를 안다고 해서 내일 어떤 일이 일어날지를 알 수 있다고 말할 수 없다. 이용할 수 있는 자료가 시의적절하고 정확하다고 해도 마찬가지다. 미국경제와 같이 규모가 크고 내용이 다양한 경제에 대한 통계자료는 사실과 다른 경우가 많다. 게다가 나라 전체가 한창 호황이거나 불황일 때에는 경제활동에 관한 보고의 시간적 지체, 오차허용 범위를 넓게 잡고 하는 추정, 기초적 경제여건의 변화를 감지하는 능력의 차이 등이 경제 전체에 대해 그리 일관성이 없는 그림을 그리게 하며, 이런 점이 경제예측에 혼선을 초래할 수 있다.

인간이 타고나는 행태상의 편향성은 가장 불편부당한 관찰자의 견해에까지 영향을 미치는데 이런 인간의 편향성에서도 문제가 발생한다. 예를 들어 사람들은 대개 보다 최근에 일어난 사건에 더 큰 비중을 두며, 지금의 추세가 앞으로도 계속될 것이라고 가정한다. '집단사고(groupthink)'의 영향도 무시할 수 없다. 집단사고란 자기가 남들에게 바보로 비치는 것을 피하기 위해 주위의 사람들이 다 동의하는 안전구역에서 벗어나는 의견을 갖거나 내세우려고 하지 않는 인간의 일반적인 행태를 가리키는 말이다. 동기도 강력한 영향력을 발휘한다. 선거에서 뽑혀 공직에 진출한 사람을 비롯해 공공부문에서 일하는 사람들이나 증권회사 직원을 비롯해 낙관적인 대중정서에서 이익을 얻게 되는 기업과 그 종사자들은 경제상황과 관련된 통계자료의 뒷받침을 받을 수 있든 그렇지 못하든, 그리고 자발적으로든 타율적으로든 낙관적인 견해를 퍼뜨리는 치어리더가 되기 쉽다.

2000년 봄에 주식시장의 거품이 붕괴한 이후 거의 6년 동안 사람들의 심리를 지배했던 낙관주의는 위와 같은 여러 가지 요인들 가운데 어느 하나보다는 그런 요인들 가운데 몇 가지의 조합으로 설명할 때 더 잘 설명된다. 그 낙관주의는 주택시장, 자동차산업, 일차산품시장을 비롯한 몇몇 주요 부문에서 문제발생의 조짐이 점점 더 분명해지고 있었음에도 불구하고 거의 6년간이나 지속됐다. 그리고 그 동안에 일차산품시장에서는 1970년대 후반의 상황을 연상시키는 열광적인 분위기 속에서 금, 석유, 구리의 가격이 잇달아 수십 년 만의 최고치를 기록했다.

2006년 중반까지는 미국경제가 골딜록스 경제의 상태에 있다고 보는 견해가 일반적이었던 것이 사실이다. 지나고 보니 그 기간에 많은 관찰자가 유감스럽게도 고전적인 오산을 했다. 그들은 이런저런 플러스 수치들과 마이너스 수치들을 모두 합하면 전체적으로는 일종의 건전한 평균의 상태일 것이라고 생각했다. 이는 마치 걸어서 건너고자 하는 낯선 강의 밑바닥에 깊이가 6미터가 넘는 웅덩이가 몇 군데 파여 있다는 사실은 알지도 못하고 그저 평균수심이 1.2미터라고만 알고 속도 편하게 그 강으로 무심히 걸어 들어가는 여행자의 태도와 비슷한 것이었다.

당시에 이미 어느 곳을 보아도 2001년 이후의 경제회복 추세에 대한 낙관적인 이야기와 그런 추세의 지속가능성에 대해 의심하게 할 만한 불길한 조짐이 나타나고 있었다. 미국의 가계저축률은 1930년대 이래 가장 낮은 수준으로 떨어지면서 마이너스가 돼버렸다. 가계저축률이 마이너스가 됐다는 것은 미국인들이 미래의 곤경에 대비하기 위한 저축을 전혀 하지 않게 됐다는 뜻이다. 그런

데 관련 통계자료를 보면 당시에 미국인들이 저축을 하고자 했어도 그렇게 하기가 대단히 어려운 처지였음을 알 수 있다. 물가상승의 효과를 제거하고 계산한 평균 가계소득이 늘어나기는커녕 오히려 줄어들고 있었기 때문이다. 연준이 3년마다 한 번씩 펴내는 〈소비자금융조사〉에 따르면 미국의 실질 가계소득은 2001~2004년에 2퍼센트 줄어들어 그 전 3년간에 17퍼센트 증가한 것에 비하면 크게 위축됐음을 알 수 있다. 또한 2001~2004년에 미국의 국내총생산(GDP) 증가율이 두 자릿수였던 것에 비해도 그러한 실질 가계소득 증가율은 크게 낮은 것이었다.

저축률만 타격을 입은 것도 아니었다. 주가가 붕괴하고 이어 경제가 잠시 불황에 빠진 뒤에는 수많은 불운한 사람들이 파산하지 않고 생계를 꾸려나가기 위해 아등바등해야 했다. 〈뉴욕 타임스〉에 인용된 한 전문가의 말에 따르면 2006년 현재 미국에서 저소득층에 속하는 인구가 기록적인 수준에 이르렀고, 그들은 "기억에 남아있는 과거의 어느 때보다 더 불안한 삶을 이어가고 있다"는 것이었다. 미국경제는 소비지출이 국내총생산의 3분의 2를 차지하는 구조여서 거품이 붕괴하는 상황이 가계부문에 추가로 가하는 압박이 미국경제를 균형유지도 벅찬 위태로운 상태로 만든 것으로 보인다. 어떻게 보면 미국은 그동안 마치 무소불위한 거인과 같았는데, 빚을 많이 진 가계부문의 형편이 나빠지면서 소비지출이 줄어들자 그 거인이 쓰러질 수밖에 없게 된 것과 같은 상황이 전개됐다.

그러나 그 거인이 곧바로 쓰러지지는 않았다. 2001년에 미국경제가 침체됐으나 곧바로 돈을 빌려 소비지출을 계속하는 움직임이 살아났고, 이런 새로운 소비지출 증가추세는 미국인들의 차입금 상환능력에는 거의 아랑곳하지 않고 점점 더 강해지면서 폭넓게 확산됐다. 사실 1990년대의 호황이 끝난 뒤에 많은 미국인이 파산하지 않도록 방어막이 돼준 것은 빚의 증가였음을 보여주는 증거가 많다. 특히 부동산과 관련된 차입이 크게 늘어났다. 이는 돈을 쉽게 빌릴 수 있는 여건의 조성, 대출기준의 완화, 대출영업을 하는 금융회사들 사이의 경쟁 심화, 수수료 수입에 목을 맨 은행들과 패니메이, 프레디맥 같은 금융회사들의 주도 아래 펼쳐진 증권화의 골드러시 등이 미국인들 사이에 부동산 관련 차입을 부추겼기 때문이다.

아마도 역설적인 이야기로 들리겠지만, 차입의 유혹은 위험한 주식시장보다 덜 변덕스럽고 안전한 대안의 투자처를 찾는 움직임의 확산과 시기적으로 일치했다. 그러한 움직임이 확산된 것은 주식시장의 주가가 20세기가 저물어갈 무렵에 극적으로 치솟았다가 급락하기 시작했기 때문이다.

신용에 의해 부동산시장에 만들어진 거품이 경제에 끼친 영향은 엄청났다. 그 거품은 일자리를 창출하는 직접적인 효과를 가져왔을 뿐만 아니라 주택과 관련된 가계의 구매를 늘리는 것을 통한 간접적인 파급효과도 일으켰고, 주택지분(home equity, 주택의 가격에서 담보대출 잔액을 차감한 나머지—옮긴이) 인출을 통한 소비지출의 확대를 불러오기도 했다. 그것은 일종의 '부의 효과'였다. 연방주택기업감독청(OFHEO)의 통계에 따르면 주택가격이 2001년부터 2005년까지 전반적으로 50퍼센트 이상 급등했고, 이에 따라 부의 효과가 국내소비를 자극했다. 많은 사람이 소비자주의와 아메리칸 드림이라는 슬로건을 다시 받아들였고, 경제도 실제로 회복되기 시작했다.

그러나 그 결과로, 〈워싱턴 포스트〉의 보도에 따르면 2001년의 경기침체 이래 부동산부문이 "미국 전체의 일자리 증가에서 거의 4분의 3을 차지"하게 되면서 2006년 초 현재 미국의 주택부문 의존도가 "반세기만에 가장 높은 수준"에 이르렀다. 그 5년 동안에 미국의 소비자들은 주택지분을 현금으로 인출하는 방법으로 2조 5천억 달러의 돈을 빌렸고, 그 가운데 절반가량을 휴가여행, 외식, 자동차 구입, 대학 진학 등에, 다시 말해 주택부문이 아닌 다른 부문의 상품이나 서비스를 구입하는 데 지출했다고 분석가들은 추정했다.

미국경제를 정상적인 순환경로에서 이탈시킨 주범은 대출영업을 하는 금융회사들만이 아니었다. 중앙은행과 정치권도 각각 일역을 담당했다. 부시 대통령과 공화당이 장악한 의회는 몇 차례에 걸친 세금인하 등을 통해 그런 역할을 수행했다. 그 밖의 다른 정치인들도 어려운 처지에 몰린 유권자들이 요구하는 바에 순응했다. 그들 모두는 물론이고 중앙은행도 그 전의 몇 년간에 걸쳐 누적된 방만함을 누그러뜨리기는커녕 이미 빚을 많이 지고 있는 개인들과 재무상태가 위태로워진 기업들이 돈을 계속 더 많이 빌리도록 방치하는 한편 불균형의 확대에는 신경을 쓰지 않음으로써 훨씬 더 심각한 종말이 도래할 길을 닦았다.

이렇게 해서 오랫동안 지연되던 하강국면이 마침내 시작될 조짐이 2006년 여름부터 나타나기 시작했다. 그러나 연봉을 대단히 많이 받는 월스트리트의 예언자들은 2년간 이어진 연준의 금융긴축 정책이 결국은 경제를 위축시키기 시작했다는 사실에 눈을 감았던 것으로 보인다. 일부 낙관주의자들은 대환대출(refinancing)의 지속적인 증가를 경제에 긍정적인 요소로 오인했다. 그들은 2001년 이래 소비지출을 늘리는 요인으로 작용해온 대환대출의 증가가 그런 효과를 계속 내줄 것으로 믿었다. 금리가 추세적으로 낮아지자 많은 주택소유자가 고비용의 고정금리 주택담보대출을 월 상환부담이 적은 저금리의 주택담보대출로 갈아타면서 생겨난 여유자금을 소비지출로 돌렸다. 그리고 그들은 그와 같은 상황이 중단되지 않고 계속될 것이라고 생각했다.

게다가 대환대출을 하면서 기존 주택담보대출 채무의 잔액보다 더 많은 돈을 빌린 사람도 대단히 많았다. 그들은 이런 식의 '현금인출 대환대출(cash-out refi)'로 손에 쥐게 된 추가자금을 이용해 생활필수품은 물론이고 사치재도 사들였고, 금리가 더 높은 신용카드 대출과 무담보 대출 채무를 갚았으며, 주택 이외의 다른 자산에 투자하기도 했다. 2006년 1분기에 프레디맥은 대환대출을 한 차입자들 가운데 채무잔액의 5퍼센트 이상을 현금으로 인출한 비율이 무려 88퍼센트에 이른다고 발표했다. 고금리 주택담보대출을 저금리 주택담보대출 로 갈아탄 사람들의 대부분이 금리가 떨어지는 시기에 그렇게 했다는 점을 고려 하면 그러한 대환대출 자체가 차입자들의 절박한 처지를 말해주는 것으로 볼 수 도 있었다.

가장 불길한 상황변화는 그동안 많은 미국인에게 경제적 생명줄이 된 부동 산시장이 전반적으로 와해되기 시작한 것이었다. 불과 몇 달 전까지만 해도 장 기적인 부동산 붐을 이야기하던 대중매체들이 돌연 신중한 태도로 돌아서더니 갖가지 좋지 않은 뉴스를 쏟아내기 시작했다. 한때 미국에서 부동산시장이 가 장 들뜬 곳이었던 네바다, 콜로라도, 플로리다 등지에서 갑자기 분위기가 바뀌 면서 빈 집, 미분양 주택, 주택담보대출 상환연체, 주택압류 등이 크게 늘어나기 시작했다. 주택가격이 떨어지면서 이제는 주택투기자들이 계약금조의 첫 불입 금을 많이 내야 하는 주택은 사기를 꺼린다는 소문이 나돌기 시작했다.

네바다를 비롯한 부동산시장 붐의 진앙지들만 타격을 입은 것이 아니었다. 미국 전역에 걸쳐 부동산시장의 거품이 흔들리기 시작했다. 주택압류에 관한 온라인 정보제공 사이트인 리얼티트랙(RealtyTrac)이 2006년 1분기에 발표한 바 에 따르면 미국 전역에서 압류절차에 들어간 주택담보대출 건수가 12개월 만에 72퍼센트나 늘어났다. 이뿐만이 아니었다. 새로 지어진 신규주택이나 매물로 나온 기존주택 가운데 팔리지 않은 주택의 수가 몇 년 만에 최다기록을 경신하 며 극적으로 늘어났다. 전미주택건설업협회(NAHB; National Association of

Home Builders)의 주택시장지수는 2006년 9월에 15년만의 최저치로 떨어졌다. 중앙값(메디안)으로 본 기존주택의 평균가격도 연간변동률 기준으로 10여 년 만에 처음으로 하락세로 돌아섰다. '집 팝니다'라는 안내판이 붙은 집이 갈수록 늘어났다. 심지어는 흔히 무턱대고 낙관적인 말만 하던 건축업계의 내부자들조차 주택시장의 '경착륙'을 우려하는 발언을 하기 시작했다.

예상할 수 있는 일이었지만, 주택거품 게임에 가장 먼저 나섰던 사람들과 그 게임에 가장 늦게 뛰어들었던 사람들이 주택거품 붕괴의 타격을 가장 먼저 받았다. 그 가운데는 단기차익을 노린 거래자, 초보 투자자, 빚을 과다하게 진 주택소유자가 많았다. 이런 이들은 대부분 저비용의 신용에 대한 헛된 약속과 지나치게 낙관적인 가정에 혹해 주택거품 게임에 나선 사람들이었다. 곧이어 주택시장 상황에 크게 의존하는 부동산중개회사, 주택시공회사, 건축자재 납품회사, 주택담보대출 중개회사 등의 수입이 격감하기 시작했다. 이런 회사들 가운데 다수가 구조조정에 나섰고, 일부는 아예 문을 닫았다. 이로 인해 실직한 주택소유자의 수가 더욱 늘어났다.

다른 많은 산업에도 폭넓게 그 파급효과가 미쳤다. 돈이 궁해진 소비자들은 불요불급한 지출을 줄이기 위해 스타벅스에서 커피를 사 먹거나, 외식을 하거나, 테마파크에 놀러 가거나, 영화관에 가서 영화를 보거나 하는 행동을 자제했다. 관광산업은 연료의 가격이 급등하고 테러행위에 대한 우려가 고조되면서 이미 큰 타격을 입은 마당에 관광수요의 급감으로 또 다시 타격을 입었다. 특히 하위 소득계층의 관광수요가 크게 줄어들었다. 이와 동시에 주식회사 미국이 부문별로 하나둘 궁지에 몰렸다. 외국의 경쟁회사들이 미국의 국내시장을 상당히 잠식해온 자동차제조업과 같은 부문의 사정이 특히 어려워졌다. 오래전부터 고객들로 하여금 고가상품을 구매하게 하려고 저비용의 신용을 제공해온 산업

부문들에는 차입금리의 상승이 심각한 위협요소로 작용했다.

경제학자이자 〈뉴욕 타임스〉의 칼럼니스트인 폴 크루그먼에 따르면 이즈음에 몇몇 관찰자들이 불황이라는 말을 입에 담기 시작했다고 한다. 그런가 하면 골드먼삭스의 보고서는 경제상황에 대한 주요 미국기업 최고경영자들의 감이 급격하게 악화됐다고 지적했다. 그러나 그와 같은 양상들은 미국을, 그리고 궁극적으로는 세계 전체를 과거 수십 년간 볼 수 없었던 깊고 어두운 금융적 나락으로 떨어뜨릴 심각한 경제적 와해가 다가오고 있음을 알려주는 조기경보였을 뿐이다.

2006년에 시작된 경제위축 추세가 본격화하는 단계에 이르면 다치지 않고 피해갈 수 있는 개인, 가계, 기업, 부문은 거의 없을 것이다. 경제적 파괴로 인한 초기의 피해는 사다리의 맨 아래에서 더 이상 밀려나지 않으려고 애써온 개인, 가계, 기업, 부문에 집중될 것이 거의 분명하다. 연준의 2004년도 〈소비자금융조사〉에 따르면 미국의 평균적인 가정은 3800달러의 은행예금, 2200달러의 신용카드 빚, 16만 달러짜리(그 뒤로는 이보다 훨씬 더 낮은 가치)의 주택, 9만 5000달러의 주택담보대출 채무를 갖고 있는 가운데 연 4만 3000달러 정도의 가계소득을 올리고 있다고 하는데, 그렇다면 미국의 평균적인 가정은 운신의 여지가 그리 넓지 않다. 거주하고 있는 주택에 대한 소유지분이 영(0)이거나 마이너스인 사람들은 미국 전체의 주택소유자들 가운데 10퍼센트에 이르며, 2005년 봄에 주택을 구입한 미국인들 가운데 주택의 가격보다 주택담보대출 채무가 더 큰 사람들의 비중은 30퍼센트에 육박한다. 특히 이런 사람들이 위태로운 처지에 있다고 할 수 있다.

경기침체가 더 확산되면 과도한 빚을 안고 있는 사람들 가운데 다수가 주택담보대출의 원리금 상환과 재산세 납부를 제때제때 하지 못하고 늦추게 될 것이다. 대출을 해준 금융회사들이 짧으나마 일정 기간 채권회수를 유예하는 조치를 통해 고객의 채무불이행이 급증하는 사태가 가져올 심리적, 재무적 충격을 제한해보려고 애쓰더라도 기록적으로 많은 수의 차입자가 집을 압류당하면서 살던 집에서 쫓겨나는 처지에 몰릴 것이다. 주택소유자들 가운데 과도한 빚을 안고 있는 사람들 다음으로 취약해서 경제상황 악화의 칼날도 그런 사람들 다음으로 맞게 될 집단은 '감당할 수 있는 주택담보대출(affordable mortgage)' 이라고 불리는 채무를 안고 있는 사람들이다. 최대 2조 5천억 달러에 이르는 기존 '옵션형 변동금리 주택담보대출(option ARM, 변동금리가 적용되고 차입자가 제시된 몇 가지 원리금 상환방식 가운데 하나를 선택할 수 있는 주택담보대출 상품—옮긴이)'의 미끼금리(teaser rate, 대출기간 초기의 일정 기간에 적용되는 낮은 수준의 우대성 고정금리—옮긴이)는 2009년 이전에 적용시한이 끝나면서 차입자들이 시장금리를 적용받게 되는데 이로 인한 추가 금리부담이 차입자들에게 충격을 가할 것이며, 그들 가운데 많은 사람이 그러한 추가 금리부담을 감당하지 못할 것이다. 특히 대출잔액을 늘린 상태에서 미끼금리의 적용시한이 끝나게 되면서 더 높은 시장금리를 적용받게 되는 차입자들이 가장 큰 타격을 받게 될 것이다.

주택담보대출의 원리금 상환부담이 증가하는 것만이 문제가 되는 것이 아니다. 신용도가 낮아 더 이상 대출을 받을 수 없는 사람들의 경우에는 금리부담의 상승이 곧바로 신용카드 채무 잔액의 증가로 이어지게 된다. 게다가 신용카드에 대한 새로운 규제의 도입으로 인해 신용카드 소지자에게 부과되는 월간 최소 의무결제액이 점점 더 커질 것이다. 많은 사람이 이렇게 늘어나는 채무상환부담을 감당하지 못해 상환의무를 이행하지 않게 될 것이고, 이로 인해 은행을 비롯해 대출영업을 하는 금융회사들의 재무상태가 더욱 악화될 것이다.

주택소유자와 저소득층 소비자들은 엎친 데 덮친 격으로 냉난방, 교통 등과 관련된 연료와 에너지 비용의 상승에도 적응해야 한다. 미국 상무부의 통계에 따르면 미국의 가계지출 전체에서 연료와 에너지 비용이 차지하는 비중은 6퍼센트가 넘는다. 식량, 주택관련 보험, 건강관리와 같이 생활하는 데 반드시 필요한 일부 재화나 서비스의 가격도 상승할 것이다. 이와 같은 여러 가지 부담으로 인해 미국의 많은 노동자가 재무적 압박을 심하게 받게 될 것이며, 특히 서비스부문의 저임금 노동자가 가장 큰 타격을 받게 될 것이다.

전체 인구에서 차지하는 비중이 점점 더 확대되고 있는 실업자들의 경우에는 특히 앞날에 대한 전망이 암울할 것이다. 고용의 축소가 이 산업 저 산업으로 확산될 것이고, 무엇보다 부동산시장과 관계가 있는 산업에서 고용의 축소가 가장 급격하게 일어날 것이다.

여러 방면에서 고용을 축소시키는 압력이 일어날 것이다. 특히 생활필수품이 아닌 재화와 서비스, 그리고 고가품에 대한 수요가 가장 먼저 줄어들면서 그러한 압력의 원인이 될 것이다. 또한 소비자의 반응에 신경을 써야 하는 기업들의 경우에는 투입재 비용이 상승하는 만큼 제품의 가격을 올리기가 점점 더 어려워지면서 이윤마진이 줄어들 텐데 이런 점도 고용을 축소시키는 압력으로 작용할 것이다. 미국인들은 전반적으로 점점 더 미래에 대해 불안하게 느끼고 자신감을 잃게 되면서 소비지출을 줄여서라도 빚을 갚고 저축을 늘리려는 태도를 취하게 될 것이고, 이런 분위기는 거의 모든 산업분야에 찬물을 끼얹는 작용을 할 것이다.

이라크 점령과 관련된 인명피해와 금전적 비용의 증가를 비롯한 국제적 변수의 부작용이 계속되는 가운데 2006년의 중간선거 이후에 증폭되고 있는 미국 정치권의 갈등은 경제적 참상을 더욱 심화시키는 역할을 하고 있다. 이전의 쾌락주의적 소비주의 대신에 소비자들 사이에 구매시점을 가급적 늦춰보겠다는 사고방식이 확산되면서 지출여력이 있어 보이는 사람들조차 소비지출을 줄이려고 할 것이다. 초기단계에는, 즉 경제적 압박을 심하게 받게 된 시민들이 공세적으로 반발하고 나서기 전에는 부동산 가격의 하락, 소매판매의 부진, 퇴직관련 제도의 재원부족 심화 등으로 인해 줄어드는 세수를 보충하기 위해 각급 정부가 세금이나 각종 기반시설 이용료를 인상할 것이고, 기업과 개인들이 그 타격을 받게 될 것이다.

유동성이 무한정 공급될 수 있을 것 같은 상황이 오랫동안 계속된 끝에 마침내 차입비용이 상승하는 동시에 신용이용에 제약이 가해지게 될 것이고, 이런 현상은 가장 규모가 크고 가용자원을 많이 갖고 있는 기업들에게도 예기치 못한 부담으로 작용할 것이다. 이런 현상은 2년 이상 통화긴축 정책을 펴던 연준이 시장의 기대보다 늦게나마 2007년부터 금리를 인하하는 쪽으로 방향을 돌린 것과 무관하게 전개될 것이다. 2007년 봄까지만 해도 위험에 대한 가산금리가 비정상적이라고 할 정도로 낮았지만, 그 뒤로는 대출자나 투자자들이 위험에 대해 더 높은 가산금리를 요구하기 시작한 것이 분명하다. 경제전망의 불확실성 증대와 신용조건의 악화가 급속히 진전됨에 따라 가산금리가 빠른 속도로 확대될 것이다. 은행을 비롯해 대출영업을 하는 모든 종류의 금융회사들은 대출수익 실적의 악화, 대손의 증가, 규제당국의 감시 강화, 기타 금융시장에서 일어나는 온갖 불리한 변화의 압력을 받아 대출을 훨씬 더 차별적으로 하게 될 것이고, 이런 경향은 증권화나 파생상품과 관련된 분야에서 가장 두드러지게 나타날 것이다.

외환시장의 상황이 어떻게 바뀌든 간에 미국기업들은 더욱 치열한 경쟁상황에 직면하게 될 것이고, 특히 해외의 기업들이 가해오는 경쟁의 압력이 거셀 것이다. 몇몇 요인이 다른 통화들에 대한 달러화의 상대적 가치에 예기치 못한 대폭의 단기적 변동을 가져올 수도 있고, 그러한 상황은 해외의 수출기업들에게 유리하지 않을 것이다. 그러나 그렇게 되더라도 해외의 수출기업들은 미국시장 점유율을 지키기 위한 절박한 노력을 기울일 것이다.

주식시장과 채권시장이 혼란에 휩싸이게 되리라는 점은 굳이 말할 필요도 없다. 불확실성이 점점 더 가중되면서 기업의 최고경영자와 계획담당자들이 힘겨운 나날이 닥칠 것이라고 예상하고 몸을 잔뜩 웅크리며 만반의 대비를 할 것이다. 이로 인한 긴축경영은 일종의 악순환을 시동시킬 것이다. 다시 말해 미래에 대한 기대가 꺾이는 만큼 투자자들이 주식보유를 줄이게 되고, 이는 다시 실물경제에 대해서도 조심스러워하는 태도를 확산시키는 악순환이 전개될 것이다. 게다가 투자자금 운용 실무자들은 자기가 속한 투자운용사나 투자자금의 주인으로부터 현금보유 대 투자의 구성을 가능한 한 방어적으로 운용하라는 압력을 받게 될 것이다. 연금을 비롯한 각종 퇴직후급여와 관련해 기업들이 안고 있는 장기적 채무의 실제 규모가 밝혀지는 것은 물론이고 주식옵션 부여일을 소급시키는 조작, '용수철 장착 주식옵션(spring-loaded stock option, 기업이 자사의 주가를 띄워 올릴 만한 발표를 하기 직전에 자사 임직원에게 부여하는 주식옵션—옮긴이)'의 부여, 잘못된 회계처리, 노골적인 사기행위 등이 폭로되면서 신뢰의 기반을 더욱 허물어뜨리게 될 것이다.

주가의 하락이 계속되면서 투기자들, 특히 차입금 의존도가 높은 투기자들이 주가의 고점에서 주식을 팔려고 기다리다 때를 놓친 사람들과 같은 입장이 될 것이다. 월스트리트의 금융회사들도 마찬가지다. 시장이 점점 더 불안정해지면서 최대손실가능액(VaR)을 기반으로 한 그들의 위험관리 모델이 계속해서 추가적인 매도를 요구할 것이다. 시간이 흐르면서 월스트리트의 절망감이 다른 곳으로 점점 더 널리 퍼져나가게 될 것이고, 미국의 전역에서 기업 임원실과 이 사회의 분위기가 가라앉게 될 것이다. 그동안 안정된 시장과 풍부한 유동성 덕분에 겨우 살아남은 기업들은 시장의 최종수요가 점점 더 위축되면서 더욱 불리해지는 환경에 잘 대응하지 못할 것이다. 많은 기업이 하루아침에 갑자기 조달 비용의 높고 낮음과는 상관없이 어떤 종류의 자본도 조달하기가 거의 불가능하게 됐음을 알아차리게 될 것이다. 자본조달의 길이 이렇게 차단되는 것은 기업들이 급변하는 환경에 대처하고 장기적 생존을 위해 해야 할 일을 할 수 있는 능력을 제약할 것이다.

마침내는 돈을 많이 갖고 있는 개인들까지도 손실을 내는 보유자산의 종류가 늘어남에 따라 긴축에 들어갈 것이다. 과시적 소비에 대해 대중이 점점 더 강하게 반감을 드러내는 탓에 부자들이 과시적 소비를 삼가게 되면서 긴축의 분위기가 더욱 확산될 것이고, 이로 인해 사치재 제조업체와 고급의 서비스 제공업체들도 타격을 입을 것이다. 매달 집계되는 미국의 실업률 수치가 점점 더 올라가면서 수요가 전반적으로 위축되는 악순환이 계속될 것이다. 기업들이 감원에 나서는 동시에 임금과 기타 부가급여도 줄이는 방식의 대응을 거듭하는 과정에서 노사관계도 점점 더 악화될 것이다. 노사간의 갈등이 확산되고 노동자들에게 파업을 비롯한 적극적인 행동에 나설 것을 촉구하는 노동조합의 목소리가 높아질 것이다. 이런 양상은 특히 노동조합이 과거의 영향력 가운데 일부는 유지해온 산업분야에서 두드러지게 나타날 것이다.

경제불안은 국내의 각종 거래관계를 통해 거의 즉각적으로 국내경제 전반으로 퍼질 것이며, 국제금융시장을 비롯해 미국과 해외를 연결하는 온갖 세계화의 고리를 통해 해외로도 파급될 것이다. 그동안 빚을 많이 지고도 소비지출을 마구 해대는 미국인들의 생활태도에 의존해온 나라들이 그 과정에서 가장 먼저 큰 타격을 받을 것이다. 그런 나라들은 급속하게 늘어나는 자국의 생산을 수출로 소화하는 전략을 구사하면서 달러화와 미국자산을 대규모로 축적해왔지만, 비용이 많이 드는 그와 같은 전략은 결국 실패하고 말 것이다.

채무불이행의 급증과 심각한 신용경색, 그리고 주식시장, 채권시장, 일차산품시장, 파생상품시장의 변동성 증대가 부동산시장의 가격에 무거운 압박을 가하는 상황이 전개되면서 금융시스템의 위기가 심화될 것이다. 불길한 느낌을 갖게 된 투기세력과 금융회사들이 유동성이 낮거나 위험도가 높은 투자포지션을 너도나도 앞 다투어 털어내려고 할 것이다. 금융의 대지에 대규모의 위험한 균열을 만들어낼 지진이 일어날 조짐이 갈수록 더 분명해질 것이다. 그러다가 결국은 피해갈 수 없는 사태가 닥칠 것이다.

06 | 시스템위기

성급함은 극소수에게는 성공을 가져다줄지 모르지만 대다수에게는 불행을 초래한다. – 파이드로스

1979년 여름에 미국에서 주유소들 앞에 차량들이 장사진을 쳤을 때 대부분의 미국인은 공급될 수 있는 연료가 부족해서 그러는 것이라고 생각했다. 그러나 사실은 그런 게 아니었다고 MIT대학의 교수이자 《비즈니스 다이내믹스: 복잡한 세계에 대한 시스템사고와 모델링(Business Dynamics: Systems Thinking and Modeling for a Complex World)》의 저자인 존 스터먼(John Sterman)은 지적했다. 그러면서 이렇게 말했다. "시스템 전체의 휘발유 재고 총량에는 변화가 거의 없었다. 그런데도 불안해진 운전자들이 너도나도 서둘러 휘발유를 사려고 했고, 주유소들은 지하탱크에 들어있던 휘발유를 주유기와 연결된 지상탱크로 옮겼을 뿐이다." 휘발유시장에서 문제가 되는 것은 2.5일분의 휘발유 공급량이다. 미국인들은 석유수출국기구(OPEC)와 카터 대통령을 탓했지만, 당시의 석유 위기에 주된 원인이 된 것은 오히려 차량들이 주유소들 앞에 장사진을 치면서 휘발유의 소매가격이 급등함에 따라 일어난 공포와 패닉이었다고 말할 수도 있

다.

어떤 부문에서든 '시스템 차원의 와해'는 이와 비슷한 반응을 불러일으킬 것이 분명하다. 특히 금융시스템과 시장을 들여다보면 오늘날 일어나고 있는 여러 가지 변화가 발화성 여건과 특이하게 결합되고 있음을 알 수 있고, 이 때문에 앞으로 닥칠 시스템 차원의 와해는 지난 수십 년 사이에 발생한 그 어떤 경기 침체보다 더 심각한 파급영향을 불러일으킬 것으로 보인다. 규제를 별로 받지 않는 가운데 비밀의 장막 뒤에서 파생상품 거래와 차입비율이 높은 헤지펀드의 투자가 폭발적으로 늘어났다는 것은 어디에 위험이 집중되고 전반적인 위험도가 어느 정도인가를 너무 늦기 전에 파악할 수 있는 사람이 거의 없게 됐다는 뜻이다. 이와 동시에 그런대로 양호한 경제상황이 오랫동안 지속되면서 위험에 대한 가산금리가 여러 해에 걸쳐 계속 축소되는 가운데 규제당국이 모든 것을 다 통제하고 있다는 환상이 퍼졌다는 것은 안주심리, 혼란, 인지부조화가 생겨나게 됐다는 뜻이다.

간단히 말해, 사람들은 앞으로 닥칠 재앙의 전개에 대해 시의적절하고, 논리적으로 합당하고, 초점이 맞는 방식으로 대응하기가 어려울 것이다. 사실 그렇게 대응할 수 있기는커녕 아예 처음부터 좋지 않은 상태에 빠지는 사람이 많을 것이다. 심지어는 연준조차도 재앙의 실상을 제대로 파악하지 못할 공산이 크다. 왜냐하면 연준은 경제나 금융에 '불'이 나면 그저 통화공급의 '수도꼭지'를 활짝 열어서 유동성이라는 '물'을 끼얹는 방식으로 대응하는 습관을 이미 오래전에 들인 뒤로 그 습관에서 벗어나지 못하고 있기 때문이다. 게다가 연준이 설령 무슨 일이 벌어지고 있는지를 알아차리게 된다고 해도 연준의 대응은 가장 좋게 말해도 그리 인상적이지 않을 것이다.

오랜 세월에 걸쳐 신용거품을 비롯한 각종의 거품을 떠받쳐주던 연준이 갑자기 '중앙은행의 신조'라는 것을 꺼내들고는 통화긴축이라는 익숙하지 않은 조치를 취하겠지만, 공교롭게도 그렇게 하지 말아야 할 시점에 그렇게 하는 셈이 될 것이다. 연준은 공세적인 통화완화가 물가변동에 대한 사람들의 예상, 국내 자본시장, 달러화의 가치 등에 끼칠 수 있는 영향을 우려해서, 또는 앨런 그린스펀이 '돈 찍어내기'라는 유산을 남긴 뒤로 스스로 내버렸던 중앙은행 본연의 완고한 자세로 돌아가라는 압박을 받아서 어쩔 수 없이 통화긴축에 나서겠지만, 그것은 닥쳐오는 위기에 대한 대응이라는 측면에서 볼 때 과소대응에 그칠 공산이 크다.

게다가 정부 안팎의 다른 기관들과 마찬가지로 연준도 거의 틀림없이 명확한 전략을 갖고 있지 못할 것이다. 현대적인 위험관리시스템이 폭넓게 사용되고 있고 위험관리의 기법도 정교해졌다고 하지만, 상황이 안 좋은 방향으로 급변할 때 특이하고도 새로운 금융수단이나 금융시장이 과연 어떻게 움직일지에 대해서는 그 누구도 자신 있게 말할 수 없을 것이다. 앞으로 닥쳐올 금융위기는 관련되는 사람, 기업, 규제당국, 금융상품, 국가, 시장 등의 수라는 측면에서 그 규모가 대단히 클 것이므로 문제의 핵심을 파악하기가 어려울 것이다. 오히려 복잡성, 생소함, 불확실성, 잘못된 안심, 부활된 신중함 등으로 인해 그동안 오랜 세월에 걸쳐 수많은 패닉, 뱅크 런, 시장의 붕괴를 초래한 반응과 같은 종류의 반응이 폭넓게 일어날 것이다.

게다가 이번의 위기는 지구 전체에 걸쳐 효율적인 통신망이 깔린 상태에서 전개될 것이기 때문에 그 파괴적인 에너지가 지구상의 수십억 인구에게 신속하게 파급될 것이 분명하다. 지구적인 통신망 외에 트레이더와 투자자들의 충동적인 거래를 뒷받침하고 조장하는 온라인 거래와 관련된 기술도 그와 같은 작용을 할 것이다. 21세기에 시장이탈 러시가 일어나면 누구나 '먼저 총을 쏘고 따져

묻는 것은 나중에 한다'는 식으로, 또는 컴퓨터에서 '포인트 앤드 클릭'을 하는 식으로 행동하기 쉬울 것이다. 가장 재빠르고 똑똑한 개인들만 먼저 빠져나갈 수 있는 것이 아니다. 헤지펀드, 증권회사, 심지어는 은행까지 포함해 차입을 통한 지렛대 효과에 많이 의존하게 된 금융회사들도 위기의 조짐만 보여도 투자포지션을 줄여야 한다는 압박을 곧바로 받게 되고, 게다가 그 압박은 빠른 속도로 더 강화될 것이다. 왜냐하면 그런 상황에서는 현금보유를 늘려야 하지만 자금조달은 어려워지기 때문이다. 한편으로 새로운 투자포지션 구성에 나서거나 독립적으로 행동할 만한 재력을 여전히 갖고 있는 사람이나 기업들은 바로 그때 시장에 뛰어들어 오히려 시장이탈 러시를 이용해 이득을 취하고자 할 것이다.

결국은 월스트리트의 딜러들이 손을 털고 퇴각하면서 그들의 가격설정 활동이 크게 줄어들게 되고, 이런 딜러들의 움직임이 시장의 유동성을 위축시킬 것이다. 많은 거래영역에서 거래량이 바닥으로 추락할 것이고, 매수호가와 매도호가 사이의 격차가 확대되거나 아예 매수세가 사라져버리기도 할 것이다. 그러한 시장상황은 공포감과 불확실성을 더욱 증폭시킬 것이고, 시장참여자들은 신속하고 단호하게 움직이지 않으면 빠져나갈 기회를 놓쳐버릴 거라고 생각할 것이다. 아닌 게 아니라 손절매도 먼저 해야 손실이 덜하지, 늦게 하면 손실이 커지는 법이다.

처음에는 위험에 노출된 사람들이 가장 크고 위험하거나 가장 가치가 작은 투자포지션 위주로 청산하려고 할 것이다. 그러나 손절매하는 투자자가 크게 늘어나면서 불안정의 기류가 보다 유동적인 시장들로도 번져나가게 된다. 이에 따른 압력은 대부분 가격을 억누르는 방향으로 작용할 것이다. 그러나 복잡한 차익거래, 파생상품 거래, 상대적 가치투자 등이 몇 년간에 걸쳐 극적으로 늘어나 그 포지션이 크게 누적된 상태이기 때문에 갑작스럽게 가격을 급등시키는 방향으로 압력이 일어나는 시장도 적지 않을 것이다. 예를 들어 달러화 가치의 하락에 거액의 베팅을 해놓은 기업들은 너도나도 서로 비슷한 투자포지션을 청산하려는 움직임에 직면하게 될 수도 있다. 이런 움직임은 전통적으로 안전한 피난처로 여겨져 온 투자대상으로 시중자금이 단기적으로 몰리는 현상이 나타나거나, 연준이 통화완화 정책의 수위를 다소 낮추고 약간이나마 통화긴축에 나서거나, 은행들이 달러화 표시의 대출잔액 가운데 몇십억 달러를 급히 회수하면서 달러화 가치를 끌어올리거나 하는 경우에 일어날 수 있다.

시장참여자들의 변덕스러운 행동으로 인해, 또는 현금이나 담보에 대한 요구가 갑자기 증가하는 등의 이유로 인해 가격이 급격하게 오르내리는 시장도 있을 것이다. 가격이 지극히 불안정해지면서 어떤 시장에서는 공급이 넘쳐나고 어떤 시장에서는 공급이 말라붙으면서 전반적으로는 거래의 여건이 시시각각 더 악화될 것이다. 그럴 때쯤이면 개인들도, 시장들도 극심한 압박에 짓눌리게 되어 패닉의 분위기가 확산될 것이다. 비슷한 위험관리 방법이 폭넓게 사용되고 있다는 점도 시장의 안정에 도움이 되지 않을 것이다. 왜냐하면 상황이 악화되면 비슷한 위험관리 방법을 사용하고 있는 수많은 기업이 위험한 방향으로 동시에 치달을 수 있기 때문이다. 기업들은 대부분 자본에 대한 위험의 상대적인 크기를 줄이려고 할 것이고, 차입의존도가 높은 투자자들은 증거금 추가납입 요구에 부응하기 위해 현금을 동원하려고 할 것이다.

월스트리트의 금융산업이 여러 해에 걸쳐 시장에 기반을 두고 가치평가를 하는 방식의 금융활동으로 대거 이동했다는 점도 우려를 가중시키는 요인이 될 것이다. 그러한 금융활동 중에는 자기계정거래도 있지만, 주택담보대출 채권처럼 비유동적이어서 가치평가가 어려운 채권을 시장에 내다팔 수 있는 증권으로 변형시키는 '증권화'도 있다. 이와 관련해 살로먼 브라더스에서 조사담당 이사를 지내고 지금은 헨리 카우프만 앤드 컴퍼니의 대표인 헨리 카우프만(Henry Kaufman)이 "패닉의 시기에 가장 관심을 갖기 싫은 것은 가격"이라고 한 말은 의미심장하다.

소문이나 비밀정보를 서로 신속하게 주고받는 트레이더들끼리의 긴밀한 관계망은 부정적인 분위기를 더욱 증폭시키는 작용을 할 것이다. 헤지펀드 매니저들 가운데는 특정한 기업이나 투자은행 등에서 같이 일했던 사람들이 많다는 점도 역시 그런 작용을 할 것이다.

합리적인 가격결정과 정상적인 변동성을 전제로 해서 위험을 측정하는 위험관리 모형은 그러한 전제가 지닌 근본적인 결함으로 인해 그것을 이용하는 사람이나 기업들이 기대하는 기능을 해주지 못할 것이다. 사실 그러한 위험관리 모형 가운데는 완전히 엉뚱한 방향의 기능을 해서 기업에 측정하기도, 관리하기도 어렵고 위험하기도 한 투자를 하도록 유도할 것이다. 증권들 사이, 부문들 사이, 자산의 종류들 사이에 존재하는 상관관계의 밀접도는 시간이 흐르면서 변하는 경향이 있으며, 특히 시장이 크게 흔들리는 상황에서는 더욱 급격하게 변한다. 따라서 시장이 크게 흔들리는 상황에서는 재앙을 불러올 잠재력을 가진 위험요소들을 식별해내거나 투자포트폴리오를 적극적으로 운용해나가기가 훨씬 더 어려워진다. 게다가 위기가 진행되는 동안에는 가격이 비선형적으로 움직이게 된다. 다시 말해 가격이 부드러운 곡선을 그리는 식으로 움직이기보다는 예고도 없이 갑자기 급등하거나 급락하는 경우가 많아지게 된다는 것이다.

익숙하지도 않고 통상적이지도 않은 이런 모든 상황이 비교적 평온한 시기가 여러 해 지속된 뒤에 갑자기 전개된다는 것도 문제가 된다. 평온한 시기에는 결함이 있는 위험관리 방식과 높은 수준의 수수료가 경쟁의 압력에 의해 정당화됐고, 이 때문에 많은 시장에서 위험이 누적됐을 것이기 때문이다. 손실을 내는 투자포지션을 청산하려는 움직임이 금융회사들 사이에 나날이 더 확산될 것이다. 월스트리트 바깥의 세력도 이런 움직임에 가세할 것이다. 불안해진 개인이나 기업, 기관 등이 위험을 더욱 기피하는 태도를 보이면서 투자포트폴리오를 축소할 것이다. 주식회사 미국은 불안정해진 시장과 주주들의 질책에 직면하게 되면서 사업계획과 지출계획을 보류하게 될 것이다.

이와 동시에 퇴직후급여에 대한 회계기준 변경의 파급영향이 나타나기 시작하고 각종의 비리사건이 터져 나오면서 월스트리트(금융계)와 메인스트리트(산업계) 모두에 대한 대중의 반감이 커질 것이다.

거래가 활발한 일부 부문들에서는 2006년 1월에 일본 주식시장이 보여준 것과 같은 상황이 전개되면서 일시적으로 시장이 붕괴할 수도 있다. 당시 일본에서는 주가가 급등하던 라이브도어(Livedoor)라는 기업에서 스캔들이 터지자 개인투자자들이 휴대전화나 컴퓨터를 통해 곧바로 이 기업의 주식을 투매하고 나섰고, 이에 따라 세계에서 두 번째로 큰 증권거래소인 도쿄증권거래소가 일찍 장을 마감하고 문을 닫는 이례적인 조치를 취했다. 그와 같은 상황에서는 유동성이 말라붙고, 돈을 빌려주려는 데가 없어지고, 주식시장은 물론이고 채권시장과 일차산품시장 등 온갖 시장이 혼란에 휩싸이고, 투자자와 대출영업을 하는 금융회사들이 손실을 감수하면서까지 필사적으로 위험을 줄이려는 행동에 나서면서 모종의 새로운 국면이 시작될 무대가 마련된다.

어떤 불씨가 도화선에 불을 붙이는 역할을 할 것인지를 미리 알아맞히기는 언제나 어렵다. 과거의 위기를 돌아봐도 그 원인을 어느 하나에 귀착시키기가 쉽지 않다. 조그만 불씨 여러 개가 누적되다가 어느 순간에 그런 불씨들이 원인이 되어 갑자기 폭발이 일어나는 경우도 흔하다. 그러나 시스템 차원의 전면적인 위기는 어느 한 공격적인 금융거래자가 갑자기 예기치 못한 실패를 하는 것에 의해 촉발될 가능성이 높다. 비유동적인 시장이나 특이한 증권에 높은 차입 비율로 거액의 투자를 해놓은 수십억 달러 규모의 헤지펀드가 그런 금융거래자일 수도 있고, 부채를 많이 끌어안고 있는 반면에 당장 시장에 내다팔 수 있는 자산은 별로 갖고 있지 않은 사모투자회사가 그런 금융거래자일 수도 있다.

그런 시점에 이르면 또다시 새로운 시대가 펼쳐지고 있다고 생각했던 것이 순진한 환상이자 옛날부터 거듭돼온 오류의 반복이었음이 밝혀질 것이다.

숙련되고 정교하다고 알려진 금융거래자들도 그제야 비로소 안전하고 유동적이며 비교적 단순한 투자포지션을 위험하고 비유동적이며 대단히 복잡한 투자포지션으로 바꾸는 것은 현명한 차익거래이기는커녕 가치파괴의 공식이나 다름없는 거래임을 깨닫게 될 것이다. 또한 많은 금융거래자가 적절한 가격형성, 자산의 유동성, 신용의 이용가능성과 비용, 전체 금융시스템의 건전성 등이 궁극적으로는 일종의 집단적 신뢰에 의존한다는 사실을 알게 될 것이다. 각종의 위험을 익숙하지 않은 복잡한 방식으로 뒤섞고 연결시키는 것, 다시 말해 각종의 위험을 맞바꾸거나 다른 곳으로 이전시키는 것이나 위험을 쪼개고 썰어낸 뒤에 더 크거나 작은 조각들로 재구성해 파는 것은 파괴적인 부작용을 초래할 수 있으며, 전체 금융시스템도 그러한 부작용의 영향을 피해갈 수 없다는 사실을 그들은 인식하게 될 것이다. 그렇게 위험을 재구성한다고 해서 모두가 더 많은 위험을 떠안을 수 있도록 위험흡수 공간이 더 넓어지는 것이 아니라는 점을 많은 사람들이 간과하고 있다.

인기 있는 위험관리 이론을 너무 믿어서는 안 된다. 1987년에 주식시장이 붕괴하기 전에 포트폴리오보험(portfolio insurance, 시장상황이 좋지 않을 경우에 투자포트폴리오가 입을 수 있는 손실이 일정 수준 이하로 한정되도록 투자포트폴리오의 거래내용을 구성하는 것—옮긴이)에 의지했던 투자자들처럼 서로 비슷한 투자포지션을 갖고 있다가 시장에서 빠져나가야 할 때가 되면 자기보다 더 어리석어 그 투자포지션을 사줄 바보를 찾는 대규모 군중의 일원이 되는 것은 좋은 생각이 아님을 똑똑한 투자자들도 뒤늦게야 깨닫게 될 것이다. 또한 영국은행의 임원인 나이젤 젠킨슨이 2006년 봄에 한 말이 무슨 의미였는지를 많은 사람이 완전히 이해하게 될 것이다. 그는 이렇게 말했다. "금융통합은 어두운 측면을 갖고 있다. 충격이 어느 수준 이상으로 커지면 금융시스템은 위험을 분산시키는 기능을 하기보다 오히려 위험을 전파하는 기능을 하게 된다."

여러 국가와 시장을 넘나들며 차익거래와 투기를 해온 대규모의 국제적 기업들이 존재한다는 점도 위험의 지구적 전파를 가속시킬 것이다. 이로 인해 상황이 완전한 파탄지경에 이르기까지 시스템 차원의 긴장과 압력이 사실상 빛의 속도로 사방팔방으로 전파될 것이 분명하다. 이러한 지구적 전파는 위험관리 전략이나 현금확보 필요성을 고려한 투자포지션의 조정과 더불어 계속될 것이다. 결함이 있는 위험관리 모형이 폭넓게 사용되고 있다는 점도 상황을 더욱 악화시키는 원인이 될 것이다.

오늘날의 위험관리 체제 아래서는 기업들이 어떤 특정한 거래와 관련된 포지션에 대해 헤지를 하기보다는 투자포트폴리오 전체를 조정하려고 하는 경향이 있다. 따라서 예를 들어 복잡하고 시장에서 거래가 뜸한 통화파생상품의 거래가 잘못되는 경우에는 국채의 매각, 금 선물의 매입, 해외의 여러 주식들에 분산투자한 포트폴리오의 청산 등으로 문제가 된 거래의 효과를 상쇄시키는 식의 대응이 나타나게 된다. 그러나 시스템위기가 폭넓게 확산되는 상황에서는 이런 식으로 대응해봐야 대규모 거래자들 가운데 다수는 더욱 취약해지기만 해서 결국은 예기치 못한 일이 벌어질 때 허점을 찔리기 십상이다. 그리고 이렇게 될 위험은 기업의 기반시스템이 거래량의 가속적인 증가를 따라가지 못한다는 점 때문에 더욱 커질 것이 거의 틀림없다.

　설령 대부분의 기업들이 투자포지션에 대해 적절히 헤지를 한다고 해도 그것만으로 문제가 해결되는 것은 아니다. 왜냐하면 차입을 늘려 지렛대 효과를 얻고자 하는 레버리지 높이기 전략이 과도하게 이용되고 있는 가운데 21세기의 금융에 대한 위험한 환상이 폭넓게 퍼져 있기 때문이다. 이는 곧 대출영업을 하는 금융회사들이 언제든지 매우 빠른 속도로 신중한 태도로 돌아설 수 있다는 것을 의미한다. 예를 들어 은행들은 위기의 조짐만 보이면 너도나도 대출금 회수에 나서거나 담보할인율(haircut, 담보로 제공된 자산의 시가나 액면가에서 담보가치 평가액을 차감한 금액이 시가나 액면가에서 차지하는 비율—옮긴이)을 인상함으로써 대출에 대한 담보를 더 많이 확보하려고 할 것이다. 헤지펀드 부문의 대폭적인 확장을 뒷받침하는 데서 핵심적인 역할을 해온 월스트리트의 금융회사들, 즉 '프라임 브로커(prime broker, 헤지펀드에 대출, 거래결제, 고객소개 등의 서비스를 제공하는 금융회사—옮긴이)'들도 비슷한 조치를 취할 것이다. 사실 프라임 브로커들은 오래전부터 비유동적인 자산을 다뤄왔으므로 위기가 보다 진전된 단계, 다시 말해 불안정한 상황으로 인해 많은 기업이 문을 닫는 단계가 오면 금융무대의 중심에 서게 되겠지만, 그들도 다른 금융회사들과 거의 다르지 않게 행동할 것이다.

　전면적인 시스템위기가 닥치면 헤지펀드, 보험회사, 증권회사를 비롯해 정교한 금융거래를 한다고 알려진 국제적인 금융회사들과 그 밖의 대규모 금융회사들이 적잖이 도미노처럼 연쇄적으로 무너질 것이 거의 틀림없다. 이런 식으로 도산하는 금융회사의 수가 늘어나면서 거래상대방위험에 대한 우려가 점점 더 부각될 것이다. 이에 따라 대출회사, 투자자, 위험관리자 등이 불안감을 드러내면서 다음 차례로 도산하는 금융회사가 어디일지를 놓고 수군거릴 것이다.

사기행위나 속임수에 걸려들지 모른다는 걱정이 커지면서 불안감이 크게 증폭될 것이다. 절박한 처지로까지는 몰리지 않았던 기업들도 갑자기 자사가 위험에 노출된 상태가 돼있음을 알아차리게 될 것이다. 한창 혼란스러운 시기에는 금융회사나 기업들의 위험관리 능력에 대한 정보부족이나 염려가 자기실현적 예언과 같은 작용을 할 수 있다. 그래서 그런 시기에는 사람들이 가볍게 농담으로 주고받는 말 한마디만으로도 특정 기업이나 금융회사가 자금압박을 받게 될 수도 있고, 특정 기업이나 금융회사가 가장 자금조달이 필요한 때에 자금조달의 길이 막히게 될 수도 있다.

개인도 그렇지만 금융회사도 단지 손실을 보게 될 가능성에 대해서만 걱정하면 되는 입장이 아닐 것이다. 하루하루를 버텨나가는 데 필요한 자금을 충분히 구할 수 있을 것인가에 대해서도 걱정해야 할 것이다. 특히 연방예금보험공사(FDIC)가 쳐놓은 안전망이 보호해주지 않는 종류의 예금채무를 갖고 있는 금융회사가 곤경에 처하게 되면 법률상, 회계상의 문제로 인해 그 금융회사로부터의 예금인출에 제한이 가해질 수 있다. 〈뉴욕 포스트〉의 보도에 따르면 2005년 10월에 일차산품 중개회사인 레프코(Refco)가 파산한 지 6개월 이상이 지난 뒤에도 이 회사의 고객 7천여 명은 여전히 이 회사에서 자기 돈을 인출하지 못했다. 법원이 이 회사에 개설된 그들의 계정에 대해 동결조치를 취했기 때문이다.

공포심과 불안감이 고조되면 사람들은 현금을 비롯한 각종의 자산을 집 안에 쌓아두는 행동을 하기 마련인데 사람들의 이런 행동은 문제를 더욱 악화시킬 뿐일 것이다. 1970년대 후반에 휘발유 값이 급등하자 당황한 자동차 운전자와 트럭 기사들이 너도나도 차량에는 물론이고 집 안의 기름통에도 휘발유를 가득가득 채워놓는 식으로 행동한 바 있다. 이런 일이 다시 벌어지면 분위기는 점점 더 얼어붙고, 금융시장 안팎의 상황은 더욱 악화되기만 할 것이다. 사람들은 뭔지는 정확히 모르지만 앞으로 닥칠 것에 대비해 피난처를 찾다보니 과도한 반응을 하게 되고, 일상적인 거래와 경제활동을 새로 시작하거나 계속하기를 기피하게 된다. 사람들의 이런 반응은 부분적으로는 통합조정의 결여라는 말로 가장 잘 묘사되는 상태, 다시 말해 모두가 다른 사람들이 어떻게 행동할 것인지를 알지 못하기 때문에 최악의 경우를 가정하는 상태에서 연유하는 것이다. 역사를 돌이켜보면 사람들의 이런 반응은 경제학자들이 '나이트적 불확실성(Knightian Uncertainty, 이는 위험(risk)과 불확실성(uncertainty)을 처음으로 구별한 인물로 알려진 미국의 경제학자 프랭크 나이트(Frank Knight, 1885~1972)의 이름을 딴 표현이다—옮긴이)'라고 부르는 것, 즉 '측정할 수 없는 위험'이 존재하는 상황에서 종종 나타나곤 했다.

1998년에 연준 주도로 롱텀캐피털매니지먼트에 대한 구제금융이 이루어질 때 그 구제금융에 참여한 일부 금융회사들은 흥미롭게도 스스로도 재무적 위험에 직면해 있었다. 여하튼 언론에 보도된 당시 그 금융회사들의 행동에 비추어 앞으로도 적지 않은 수의 금융회사들이 어떠한 혼란에 대해서도 전적으로 자사에 유리한 방향으로 그 혼란을 활용하려는 입장을 취할 것이 분명하다. 그들은 다른 금융회사가 불운한 처지에 빠진 것을 보게 되면 그 금융회사를 더욱 심한 곤경으로 몰아넣으려고 할 것이고, 취약한 금융회사에 대해 재무적, 비재무적 지원을 하다가도 멋대로 그런 지원을 중단함으로써 그 금융회사의 상태를 더욱 약화시키려고 할 것이다. 그들은 위험에 직면한 금융회사에 완전한 항복을 강요하는 것을 통해 이익을 취할 수 있을 것이라는 기대 아래, 그 금융회사의 출혈을 막기 위한 노력에 참여하기 전에 그 금융회사를 더욱 어려운 궁지로 몰아넣는 선취행동에 먼저 나설 것이다.

마침내 대출영업을 하는 금융회사들, 특히 그들 가운데 자금공급에서 주역의 역할을 하는 금융회사들이 자신들을 옴짝달싹하지 못하게 하는 상황의 구속과 급속히 확산되는 패닉으로 인해 와해되기 시작하면서 위기가 절정에 이를 것이다. 그러한 금융회사들 가운데 다수는 갑자기 자신의 생존을 걱정해야 하는 예기치 못한 처지에 빠지게 될 것이다. 역설적인 현상이지만, 신용창출 과정의 중심에 위치한 금융회사들이 그들로부터 대출을 받아가는 기업들보다 차입의 존도가 훨씬 더 높다. 이런 상황에서 대출영업을 하는 금융회사들이 위기에 몰리게 되면 얼마 지나지 않아 비교적 규모가 작은 금융회사들 가운데 일부가 문을 닫으려고 한다는 소식이 들려오기 시작할 것이고, 대규모 상업은행이나 투자은행들 가운데 어느 하나 또는 정부지원회사들 가운데 어느 하나가 '유동성 문제'에 부닥치게 됐다는 소문이 나돌기 시작할 것이다.

은행들이 도산하는 사태는 미국이 건국된 이래 거듭돼온 미국 금융산업의 특징적인 현상이다. 주식시장의 거품이 붕괴한 뒤에 금리가 역사적으로 낮은 수준으로 떨어지면서 은행들에 유리한 영업환경이 조성되는 뜻밖의 행운이 찾아왔지만, 언제나 그렇게 행운이 찾아오는 것은 아니다. 지난 몇십 년간의 시기를 돌아보면 경제의 위축, 산업의 변화, 능력의 부재, 그리고 특히 탐욕으로 인해 수많은 금융회사가 문을 닫을 수밖에 없었다고 연방예금보험공사의 이사와 회장을 지낸 어빈 스프라그(Irvine Sprague)는 지적했다. 로저 퍼거슨 전 연준 부의장에 따르면 1991년의 불황이 마무리된 뒤 2년 동안에 100개 이상의 은행이 파산했고, 이에 앞서 1980년대의 마지막 3년 동안에는 수많은 저축대부조합이 문을 닫은 것을 제쳐놓고도 평균적으로 매년 200개 이상의 금융회사가 파산했다.

정말로 두려운 것은 나라 전체의 금융인프라에서 핵심적으로 중요한 역할을 하는 대규모 금융회사들 가운데 하나 또는 여럿이 파산의 위기에 직면하게 되는 경우다. 연방예금보험공사개선법(FDICIA)과 같은 입법조치가 대마불사 원칙의 적용에 제한을 가한다고 하고, 워싱턴의 정치인들은 대마불사의 원칙이 작동하는 것을 막겠다는 등 정치적으로 보아 비현실적인 허언을 늘어놓기도 한다. 그럼에도 불구하고 사람들은 대부분 대마불사의 원칙이 언제나 작동할 것이라고 확신한다. 그러나 어쨌든 대마불사의 원칙 자체는 현실의 검증을 받게 될 가능성이 높다. 부동산, 파생상품, 차입비율이 높은 투자 등에 집중하는 자산운용 방식, 그리고 시장이 위기에 몰리면 제대로 기능하지 못하게 될 위험관리 방식에 의존한 탓으로 주요 대규모 금융회사들 가운데 여럿이 파국적인 위기에 몰리게 될 가능성이 있다.

은행시스템과 현대적인 금융인프라의 기능에 약간의 차질만 빚어져도 그 결과로 혼란이 일어나고, 멈추게 하기 어려우면서 위험한 2차적 연쇄반응까지 일어날 가능성이 높다. 아마도 이러한 혼란과 2차적 연쇄반응을 우려한 듯 채권시장협회(Bond Market Association)의 미국지부는 2006년 초에 만약 미국 정부 채권 시장의 결제은행 두 개 가운데 어느 하나라도 "갑자기 결제은행으로서의 업무를 중단할 수밖에 없게 되는 경우에" 연준이 가동시킬 수 있는 예비 결제은행을 설립하는 방안을 추진하겠다고 발표했다.

금융시스템이 와해되는 상황이 닥치면 규제당국이나 정치권이 구제조치를 취할 것이라고 믿는 사람들에게는 안 된 일이지만, 그런 구제조치도 위안이 될 만한 것이 아닐 것이다. 역사를 돌이켜보면 정부의 관료들은 위기에 대해 적시에 대응하기보다는 너무 늦게, 또는 너무 빠르게 대응해왔다. 그 이유는 로비활동의 작용과 이익의 충돌에도 있지만, 진정한 리더십과 예비적 의사결정을 기피하는 문화에도 있다. 물론 예외는 있다. 롱텀캐피털매니지먼트가 위기에 몰렸을 때 뉴욕연준 의장은 관련자들을 불러 한 방에 모아놓고 그들에게 소요금지령을 내렸다. 이런 그의 조치는 롱텀캐피털매니지먼트의 파산이 심각한 금융재앙으로 이어지는 것을 막는 데 기여했다고 평가된다. 그러나 앞으로 닥칠 위기는 그 규모가 훨씬 더 커서 대단히 넓은 범위에 걸쳐 개인, 기업, 시장, 지역, 부문들을 휩쓸고 전 세계의 규제당국들도 덮칠 것이며, 해외의 규제당국들 가운데 적어도 일부는 위기에 대한 공동대응에 협조하는 데 아무런 관심도 보이지 않을 것이다.

그 어떤 유능한 정부나 규제당국도 손댈 수 없는 시장행위가 무수하게 많을 것이고, 이 때문에 오히려 전향적인 계획이 일부 추진될 수는 있겠지만 다면적으로 급속하게 전개되는 금융붕괴에 대응이 되는 조율된 해법이 강구될 가능성은 그리 높지 않다. 2006년 봄에 유럽 각국의 규제당국들이 '전쟁게임 연습'을 했다. 이는 유럽의 어느 한 나라에서 대규모 금융회사가 파산할 경우에 그 나라뿐만 아니라 다른 나라들에도 초래될 수 있는 여러 가지 문제에 대비하기 위한 것이었다. 그 해 9월에는 뉴욕연준의 티머시 가이트너 의장, 미국 증권거래위원회의 아네트 나자레스 위원, 영국 금융서비스청의 대표 등이 〈파이낸셜 타임스〉를 통해 "지구적인 통합이 진전된 시장에서는 국경을 넘어서는 해법을 찾지 않을 수 없다"는 의견을 밝혔다. 그러한 노력은 물론 가치가 있는 것일 수도 있지만, 역사는 그러한 노력이 무의미할 수도 있음을 보여준다. 2005년에 허리케인 카트리나가 몰고 온 재앙은 각급 정부들 사이의 조율이 잘 이루어지지 않을 경우에 구제의 노력이 얼마나 큰 제약을 받게 되는지를 분명히 보여주었다.

각종의 다양한 위험, 시장, 거래당사자들이 중첩적으로 관련될 것이기 때문에 앞으로 닥칠 상황은 지난 몇십 년 동안 미국의 서부연안 지역을 휩쓴 파괴적인 산불과 유사한 양상을 띨 것이다. 신속하게 대처해야 할 위급한 사태들이 여러 곳에서 동시에 일어나는 경우가 종종 있을 것이고, 그런 곳들에 관심을 집중하다보면 나머지 다른 곳들의 불은 방치되어 결국 제풀에 꺼지지 않는 한 계속해서 맹렬하게 번져나갈 것이다.

붕괴가 절정에 이르면 금융시스템의 다양한 영역 가운데 그 영향을 받지 않는 영역이 거의 없을 것이다. 예를 들어 채권보증의 영역에서는 채권의 신용등급 하락과 채무불이행이 점점 더 빠른 속도로 늘어날 것이다. 이로 인해 개인과 기업은 물론이고 각급 정부도 감당하기 어려울 정도의 위험에 노출될 것이고, 이미 지방정부채권 시장과 자산담보부증권 시장을 집어삼킨 금융 쓰나미의 규모가 더욱 커질 것이다. 그 밖의 다른 영역에서도 금융회사들이 각각 자신의 생존가능성을 의심하게 될 것이고, 그러한 의심이 빠른 속도로 현실에서 사실로 입증되는 상황에 직면하게 될 것이다. 개인과 기업들은 금융회사에 넣어두었던 돈을 빼내거나 점점 더 그 수가 줄어들기는 하지만 아직 안전하다고 여겨지는 곳으로 돈을 옮기게 될 것이다. 자산과 차입금을 금융시장에 공급하던 사람들은 곧바로 그와 같은 공급을 중단할 것이다. 시장이 불안정해지고 보유자산의 위험도가 예상보다 높아지는 가운데 한 개 또는 몇 개의 머니마켓펀드(MMF)가 원금손실 상태에 들어섰다는 소식이 들리면 수많은 머니마켓펀드에 들어있던 돈 가운데 적어도 2조 달러는 화급하게 이탈해 더 안전한 곳을 찾아 나설 것이다.

월스트리트가 계속 얼어붙는 가운데 지구적 불균형 구조에 오래전부터 예상돼온 지각변동이 일어나면서 소비지출, 투자, 경제성장을 더욱 억누르게 될 것이다. 그리고 곧이어 금융시스템에 대한 신뢰의 상실이 더욱 급속하게 확산되면서 실물경제가 가까스로 유지해온 힘마저 완전히 다 파괴할 것이다. 바로 그때 와해의 그 다음 국면이 시작될 것이다.

07 | 불황

이웃이 실업자가 되면 경기침체이고, 내가 실업자가 되면 불황이다. — *해리 트루먼*

사회학자인 로버트 머턴(Robert K. Merton)이 1968년에 펴낸 저서 《사회이론과 사회구조(Social Theory and Social Structure)》에는 가상의 은행인 '래스트 내셔널 뱅크(Last National Bank)'에 수많은 고객이 동시에 들이닥친 상황이 그려져 있다.

이 은행은 정직했고 경영도 잘 이루어졌지만 예금을 인출하려는 고객들이 문 앞에 줄을 서는 사태를 갑자기 당하게 되자 충격에 휩싸였다. 얼른 이해되지 않는 고객들의 그런 행동으로 인해 이 은행의 재무적 건전성에 대한 좋지 않은 소문이 생겨나 널리 퍼졌고, 그 소문은 더 많은 고객에게 두려움을 불러일으켰다. 불안해진 고객들이 점점 더 많이 몰려와 돈을 인출하려고 했다. 그러나 대부분의 다른 은행들과 마찬가지로 이 은행도 고객의 예금 가운데 상당부분을 대출로 운용하기 때문에 매일매일의 현금수요에 부응하는 데 사용할 수 있는 현금은 얼마 보유하고 있지 않았다. 예금인출의 급증은 결국 머턴이 말한 '자기실현적 위기(self-fulfilling crisis)'를 촉발시켰고, 이로 인해 기본적으로 건전했던 이 은행이 유동성 고갈로 인해 도산할 위기에 몰렸다.

역사를 돌이켜보면 돈과 관련된 문제에서는 언제나 감정과 심리가 중요한 역할을 함을 알 수 있다. 소비자들은 미래에 대해 낙관할 때에는 소비지출을 더 많이 하고 대출을 더 많이 받고 싶어 한다. 반대로 직장을 잃거나 내야 할 돈을 제때제때 내지 못하게 될 것이라는 걱정이 들면 비관적인 생각에 사로잡혀 불필요한 구매를 줄이고 저축을 더 많이 하게 된다. 이는 상황이 나아지지 않을 경우에 대비해 숨 쉴 공간을 좀 더 넓혀놓으려는 행동이다.

사람들의 심리가 어느 한 방향으로 쏠리면 그 파급효과가 클 수 있다. 특히 경제여건이 사람들의 심리를 반영하고 있는 상태에서 그 방향이 바뀌면 더욱 그렇다. 1980년대 초에 금리가 두 자릿수로 치솟고 경제가 깊은 불황에 빠지자 걱정이 된 소비자들이 소비지출과 대출을 급격하게 줄였다. 이에 따라 가계저축률은 10퍼센트 가까이로 상승했다. 그런데 통화당국의 정책이 극적으로 바뀌자 소비자들의 태도도 돌변했다. 1982년 중반에 65.4였던 미시간대학의 소비자심리지수가 1984년 1월까지 100.1로 급상승했다. 그 사이에 신규주택 착공건수와 자동차 판매실적을 비롯한 주요 경제지표들이 동반 상승했고, 가계부채도 늘어났다.

2006년에는 상황이 완전히 달랐다. 그때에는 1980년대 초와 정반대 방향으로 경제가 움직였다. 소비자들의 심리도 마찬가지였다. 주식시장의 거품이 붕괴하면서 2001년에 경제가 잠시 침체되기도 했지만, 이에 아랑곳없이 그 뒤에도 오랫동안 낙관적인 상태를 유지해오던 소비자들의 심리가 2006년에 흔들리기 시작했다. 미국이 극심한 불황에 다시 빠지지 않은 지 15년이 넘었으므로 대부분의 미국인은 웬만해서는 낙관적인 태도를 그대로 유지하는 관성을 갖고 있었

다. 그 결과로 많은 미국인이 정신적인 상태로 보나 가용재원으로 보나 경제상
황이 악화될 경우에 대한 대비가 전혀 돼있지 않았다. 주식시장의 거품이 붕괴
한지 거의 6년이 지난 시점에도 가계부채의 규모와 가계의 가처분소득 대비 채
무원리금 상환비율이 기록적인 수준으로 올랐다. 또한 미국의 저축률이 마이너
스로 떨어졌는데, 이는 역사적으로 매우 드문 현상이었다.

여러 가지 측면에서 2006년의 분위기는 1929년에 주식시장이 붕괴한 직후,
그러나 경제가 여러 해에 걸쳐 계속될 불황에 빠져들기 직전의 낙관적 분위기와
비슷했다. 〈비즈니스위크〉는 과거를 회고하면서 이렇게 지적했다. "당시 경제
가 하강하기 시작하고 나서 처음 몇 달 동안에 대부분의 미국인은 상황이 얼마
나 더 나빠질 것인지를 알아차리지 못했고, 바로 이 때문에 그 뒤로 그들이 느끼
게 된 두려움이 더욱 컸다."

그와 같은 갑작스런 각성이 앞으로 재연될 것이다. 정부와 정치권의 일관
성 없는 태도와 무능함에 연준의 갑작스러운 긴축조치와 시장에 대한 방임주의
가 겹치면서 금융과 경제에 재앙이 닥치기 시작하면 그 첫 단계에 그와 같은 각
성이 일어날 것이다. 증권화의 확산, 변동금리 대출의 증가, 확정급여형 연금으
로부터의 이탈, 아웃소싱의 증가와 서비스에 기반을 둔 경제의 확대, 2005년의
파산개혁법(Bankruptcy Reform Act, 파산남용 예방 및 소비자 보호에 관한 법률
(Bankruptcy Abuse Prevention and Consumer Protection Act)의 별칭—옮긴이)
제정과 같은 변화들은 경제가 붕괴할 때 그로 인한 고통의 대부분을 보통사람들
이 떠안게 만들 것이다.

이 밖에 미확정 우발채무를 비롯한 갖가지 채무가 공공부문과 민간부문에
쌓여 있고 그 가운데 다수는 결국 이행되지 않을 채무라는 점도 소비지출의 감
소를 돌이킬 수 없는 것으로 만들 것이다. 사람들은 여러 가지 안전망 가운데 다

수가 더 이상 이용할 수 없는 상태가 됐음을 알아차리게 될 것이다. 퇴직과 관련된 공적인 약속을 이행하는 데 필요한 비용의 규모가 엄청나게 커진 가운데 재정적자의 확대와 조세수입의 감소가 급속히 진행되면서 각급 정부가 재정적인 압박을 심하게 받게 될 것이다. 이로 인해 공적부조가 가장 필요한 시기에 각급 정부는 공적부조를 축소하지 않을 수 없을 것이다. 폐지되지 않고 남는 공적부조 프로그램만으로는 도움을 필요로 하는 사람들 모두를 돕거나 그들에게 충분한 생계비를 지원하기 어려울 것이다.

이러한 재정적인 압박은 극심할 것이므로 파산하지 않고 버티는 것만 해도 힘겨운 지방정부가 많을 것이다. 사회간접자본 시설을 오랫동안 돌보지 않고 방치한 것도 상황을 더욱 악화시키는 요인으로 작용할 것이다. 미국토목기술자협회(ASCE; American Society of Civil Engineers)는 2005년도의 '사회간접자본 시설 성적표'에서 미국이 향후 5년간에 걸쳐 필요로 하는 사회간접자본 투자가 무려 1조 6천억 달러에 이른다고 지적했다. 지방정부의 재정압박은 결국 지방의 각종 행정기관에 큰 타격을 입힐 것이다. 예를 들어 재산세 수입에 크게 의존하는 각 지역의 학군관리 당국은 심한 타격을 입지 않을 수 없다. 각급 정부에서 예산삭감이 이어지면서 경찰관, 소방관, 교사 등이 줄줄이 해고당하게 될 것이 분명하므로 이들을 통해 제공되는 공공서비스도 크게 위축될 것이다.

부동산시장의 붕괴는 새로운 현실에 대한 각성을 폭넓게 불러일으킬 것이 틀림없다. 경제정책연구센터(CEPR; Center for Economic and Policy Research)에 따르면 2005년까지 10년 동안 부동산시장의 호황이 만들어낸 '거품 부'는 5조 달러가 넘으며, 이는 미국 국내총생산(GDP)의 40퍼센트에 가까운 규모라고 한다. 그리고 그 과정에서 부동산 관련 부채가 크게 늘어났으며, 부동산 가격이 다시 하락하더라도 그동안 늘어난 부동산 관련 부채는 그대로 남게 된다는 것이다. 바로 이런 부동산 관련 부채의 부담은 이미 전례 없는 속도로 진행돼온 소비지출의 감소를 더욱 촉진할 것이고, 결국은 채무불이행과 파산을 확산시키는 작용을 할 것이다.

자산처분이 계속 이어지고, 주식시장과 채권시장이 가라앉고, 아마도 석유와 석유 관련 제품의 시장을 제외한 모든 일차산품시장도 무너질 것이고, 이러한 일들이 직접적인 영향을 통해, 그리고 사람들의 심리를 억누르는 간접적인 영향을 통해 경제의 참상을 더욱 심각하게 만들 것이다.

부의 효과(wealth effect)가 그동안 오랜 기간에 걸쳐 대체로 중단 없이 계속 커졌고, 심지어는 1990년대의 주식시장 거품이 붕괴한 뒤에도 이런 추세에 변함이 없지만, 앞으로 암흑의 시기가 닥치면 그 초기의 국면에 이런 추세는 급격히 역전될 것이다. 미국인들이 가족의 경제적 여건이 나빠진 상태에서 금융시스템과 나라경제 전체의 상황도 점점 더 나빠지고 있다는 뉴스를 듣게 되면 반드시 필요하거나 어쩔 수 없는 경우를 제외하고는 소비지출을 하거나 돈을 빌리고자 하는 의욕을 잃어버리고 말 것이다. 대기업과 중소기업을 가릴 것 없이 모든 기업이 내수의 붕괴에 대응해 노동자들을 해고하고 나설 것이므로 실업률이 급상승할 것이다. 미국의 국민소득 가운데 4분의 3가량이 소비지출이라는 사실을 고려할 때 내수가 붕괴하면 불황이 오래 계속될 것이라고 예상할 수밖에 없고, 그렇다면 고용과 비용지출을 삭감하지 않고 버틸 수 있는 기업은 거의 없을 것이다.

필수적 소비지출보다는 재량적 소비지출을 겨냥하는 기업들, 그 가운데서도 특히 레저 관련 산업에 속하는 기업들은 경제붕괴의 초기국면에서 타격을 입을 가능성이 높다. 이런 기업들이 먼저 타격을 입는 불운을 겪게 되는 것은 소비지출의 여력이 없게 된 사람들이 지출을 억제하기 때문만이 아니다. 소비지출의 여력이 아직 남아있는 사람들도 남의 눈에 띄는 과시적 소비를 삼가게 된다. 국내 서비스 기업들도 경제의 급속한 냉각이 끼치는 영향을 피할 수 없다. 이러한 내수의 침체와 해외의 제조업체들이 가해오는 극심한 경쟁압력이 국내 제조업의 제품가격과 제조업 전체의 이익률을 떨어뜨릴 것이며, 이런 영향은 특히 표준화된 제조업 제품 분야에서 크게 나타날 것이다. 그리고 그러한 환경에서는 디플레이션 심리가 들불처럼 삽시간에 번져나가면서 경제상황을 나날이 더 걱정스러운 상태로 만들 것이다.

구매자들은 자기가 원해서든 아니든 언제 어떻게 돈을 지출할지에 대해 무차별적인 태도, 더 나아가서는 공격적인 태도를 보이게 될 것이다. 많은 소비자가 어떤 것에 대해서도 가격을 깎으려고 옥신각신하며 흥정을 벌이게 될 것이다. 구매자는 값을 터무니없이 후려쳐 정가보다 훨씬 낮은 가격에나 물건을 사겠다고 말할 것이다. 그런데 판매자의 수가 점점 더 많아지기 때문에 이런 구매자의 태도는 사실 올바른 전략임이 확인될 것이다. 신제품 구입과 관련된 태도와 제품교체 주기에 대한 예상도 크게 바뀌어 구매자들이 좋지 않은 시기에 흔히 취하곤 하는 보다 신중한 자세를 취하게 될 것이다.

한때 가게나 전시장 등에서 판매자가 제품의 강점으로 흔히 내세우던 품질의 계속적인 개선이 경제붕괴의 초기국면에서는 오히려 약점이 될 수 있다. 품질이 개선된 새로운 모델이 나오면 그동안 사용하던 모델을 버리고 새로운 모델을 구매하곤 하던 소비자들이 갑자기 태도를 바꾸어 자동차든 전자제품이든 가구든 기계든 낡은 모델이라도 쓰는 데 불편이 없다면 그것을 계속 사용할 것이다. 많은 사람이 무엇이든 가격이 떨어지기 전에는 구매를 보류하는 것이 낫다고 생각하고 다소 고집스럽게 기다려보자는 태도를 취하게 될 것이다. 기업의 입장에서 보면 이러한 소비자들의 신중한 태도는 가격, 매출, 판매이익을 더욱 떨어뜨리는 작용을 하는 것이며, 이로 인해 기업들이 지출계획과 투자계획의 규모를 더욱 줄이게 될 것이다.

일자리, 자선단체, 공적부조 등이 점점 더 적어지거나 아예 사라져버리면 갖고 있는 돈이 많지 않은 사람들은 식량과 주거공간을 비롯해 생활에 반드시 필요한 것을 손에 넣기 위해서는 노동, 가재도구, 선조가 물려준 가보 등을 대가로 내주면서 교환거래를 하는 수밖에 다른 도리가 없게 될 것이다. 안 됐지만 생활필수품조차 부족한 상태로 그냥 살아갈 수밖에 없는 사람도 적지 않을 것이다. 미국 전역에서 실업률이 오르는 동시에 굶주림과 빈곤이 증가하고, 집이 없어 노숙하는 인구도 늘어날 것이다. 이와 동시에 부자의 수는 점점 줄어들겠지만, 오래전부터 확대돼온 빈부격차는 계속 더 확대될 것이다.

전반적으로 현금이 부족한 상태와 기다려보겠다는 태도의 확산, 그리고 그 밖의 갖가지 경제적, 시스템적 압력은 사실상 모든 종류의 수집품과 일차산품을 비롯한 각종 자산의 시장에서 가격을 억누르는 작용을 할 것이며, 이런 작용의 효과는 특히 과다하게 빌린 돈으로 자산을 사들여 보유하고 있던 사람들이 일제히 자산을 처분하려고 할 때에 가장 강하게 나타날 것이다. 주택이나 상업용 부동산을 구입하려던 사람들이 구입을 포기하거나 구입에 대한 결정을 미루는 것이 현명하다고 판단하게 되면서 이미 격감해온 부동산 거래가 거의 사라지기에 이를 것이다.

결국에는 곤경에 처했거나 과다한 부채를 안고 있는 투자자, 투기자, 소유자 등이 그동안 갖고 있던 자산을 점점 더 낮은 가격에 매물로 내놓으면서 서로 엎치락뒤치락하며 바닥으로의 경주를 벌이게 된다. 왜냐하면 구매자가 될 만한 사람은 거의 사라지다시피 한 상황에서 버려지거나 압류된 자산까지 시장에 매물로 쏟아져 나오면서 판매자들은 그런 매물과도 경쟁을 벌여야 하는 처지가 될 것이기 때문이다. 시간이 더 흐르면 압박을 크게 받게 된 탓에 가급적 신속하게 발을 빼려고 하는 사람들이 늘어날 것이고, 그들은 손실을 줄이고 채무부담이 감당할 수 없게 되는 것을 막기 위한 행동에 적극적으로 나설 것이다. 이에 따라 절대경매(absolute auction), 즉 최저 입찰가격을 설정하지 않은 채 실시하는 경매가 판매의 전통적인 방법을 대체하게 될 것이다.

경제적인 고통이 더욱 심해지면 사람들이 범인을 찾기 시작할 것이며, 사실 범인으로 지목할 수 있는 악당은 얼마든지 찾아낼 수 있을 것이다. 와해되는 자산시장의 틈새 구석구석에 사기와 횡령의 증거들이 가득 차 있을 것이다. 알고 보면 거품의 시기에 이익의 충돌에 의해 왜곡된 엉터리 가치평가에 토대를 두고 이루어진 자산운용이 많았음이 드러날 것이다. 무능함, 탐욕, 사기행위 등이 원인이 되어 헤지펀드, 보험회사, 증권회사를 비롯한 수많은 금융회사가 도미노 쓰러지듯 잇달아 파산하게 되면 사람들의 분노가 하늘을 찌르게 될 것이다. 돈과 관련된 문제에 대해서는 결코 사람들이 용서하거나 기억에서 지워버릴 수 있다고 생각하지 않을 것이다. 오히려 보복의 욕구가 점점 더 강해질 것이다.

설령 명시적인 범죄나 비리와 관련된 경우가 아니더라도 거침없는 낙관주의가 팽배하던 시기에 체결된 계약, 특히 그 가운데서도 비용이 많이 들어갈 수 있는 내용으로 체결된 계약은 문제가 될 수 있으며, 법률적 절차를 이용할 여력이 있는 개인이나 기업들은 그런 계약에서 발을 빼기 위해 법률적 절차를 이용하려고 할 것이다. 법원은 수많은 소송을 처리하느라 눈코 뜰 새 없이 바빠질 것이다. 소송과 관련된 법률적 위험을 크게 우려하는 분위기가 확산될 것이고, 법률적 위험에 취약한 개인이나 기업들은 미래의 계획을 세우는 데서 이전보다 훨씬 조심스러워질 것이다. 아울러 사람과 재산에 대한 범죄가 크게 늘어나는 동시에 과거에 저질러진 불법행위에 대한 증거도 속속 드러나게 되면서 체포, 재판, 감금이 급증할 것이고, 형사사법제도 전체가 그로 인해 산더미처럼 쌓이는 업무의 부담에 짓눌릴 것이다.

개인이나 각급 정부와 마찬가지로 많은 기업도 절박한 재무적 곤경에 몰리게 될 것이다. 규모가 작은 기업일수록, 그리고 가용재원이나 경쟁우위의 요소를 적게 가진 기업일수록 결국은 무너질 가능성이 더 높을 것이다. 그러나 대기업이라고 해서 무사하리라는 보장은 없으며, 특히 낡은 브랜드, 투자나 대출영업을 느슨하게 하는 금융회사, 덩치에서 나오는 관성력에 의존하는 습성을 갖게 된 대기업 등이 취약할 것이다. 결국에는 한때 우량기업 가운데서도 가장 우량한 기업으로 여겨졌던 대기업들이 줄줄이 파산해서 그 잔해가 미국을 뒤덮을 것이다. 또한 1990년 이후에 붐을 이루었던 사모펀드와 차입매수가 파괴되고 남은 파편들이 그 속에 뒤섞이게 될 것이다. 엄청난 빚의 부담에 짓눌리게 됐거나, 기업의 장기적인 생존능력에는 신경을 거의 또는 전혀 쓰지 않는 기업매매 중개회사나 은행에 의해 손상을 입게 된 수많은 기업이 뭔가가 조금만 더 잘못돼도 곧바로 무너져 내리게 될 것이다.

안된 일이지만, 그런 기업은 자사를 그런 처지로 몰아넣는 데 한몫을 한 은행 등 거래상대방으로부터 별다른 도움을 받을 수 없을 것이다. 기업이 곤경에 처하게 되면 은행을 비롯한 이해관련자들이 그 기업의 경영이 정상화될 수 있도록 돕는 것이 그들에게 여러 모로 이익이 됐던 적도 있지만, 이번에는 그렇지 않을 것이다. 금융의 증권화가 확산되고 헤지펀드를 비롯해 완고하고 대개는 근시안적인 자산운용 조직들의 영향력이 커졌다는 것은 금융시장의 주연급 금융회사들이 기업의 파산에 따르는 갖가지 피해에 대해 신경도 쓰지 않게 됐다는 뜻이다. 그들의 모토는 '문제를 해결하자'가 아니라 '얼른 달아나자'일 것이다. 여러 가지 새로운 종류의 금융회사들도 달리 선택할 대안이 없을 것이다. 그들도 역시 각자 자신의 생존을 도모하는 데 매달려야 할 것이다.

상업은행들도 나름대로의 특유한 문제에 부닥칠 것이다. 상업은행들이 아무리 재빠르게 수수료를 올리고, 대출을 회수하고, 대출기준을 강화하고, 자산을 매각하고, 재무구조를 조정한다고 해도 그들 가운데 다수는 오랫동안 안주하는 태도를 유지하거나 위험한 거래를 한 결과로 초래된 후유증에서 쉽사리 벗어나기 어려울 것이다. 그들이 부닥치는 문제는 단기로 차입한 돈을 장기로 대출한 데서 연유한 것일 수도 있고, 안정적이지 못한 채권으로 비유동적인 자산에 투자한 데서 연유한 것일 수도 있고, 파생상품이나 부동산 부문에 도박을 하듯 집중적으로 투자한 데서 연유한 것일 수도 있고, 은행들이 전통적으로 기피하던 차입자금에 의한 투기에 뛰어든 데서 연유한 것일 수도 있다. 이 가운데 어떤 이유에서든 그들은 반드시 결정적인 위기의 순간을 맞을 것이다. 길을 달리다가 길 위의 갈라진 틈새에 발이 걸린 듯 넘어지는 은행의 수가 수백 개, 아니 수천 개에도 이를 수 있다. 보험회사, 증권회사, 투자자문회사, 뮤추얼펀드를 비롯한 온갖 종류의 다른 금융회사들도 기업들의 구조조정과 파산 등으로 인한 피해를 입어 자사의 재무상황이 파탄지경에 이르렀음을 알아차리게 될 것이다.

처음에는 많은 미국인이 당좌예금을 비롯한 자기의 예금을 연방예금보험공사가 보호해주고 있다는 생각을 하면서 안도의 한숨을 내쉴 것이다. 그러나 시간이 흐르면서 파산하는 은행의 수가 점점 더 늘어나게 되면 그러한 신뢰는 흔들리고 대신 불안감이 커질 것이다. 실직의 공포에 시달리고 개인적으로 곤경에 빠진 가운데 우울한 뉴스가 전해지고 비관적인 소문까지 나돌게 되면 사람들은 은행에 넣어둔 자기 돈이 위험하게 되는 것은 아닌지 걱정하게 될 것이다. 이런 분위기가 계속되다 보면 결국에는 신중하게 경영되는 은행들 가운데서도 앞에서 소개한 가상의 은행인 '래스트 내셔널 뱅크'와 같은 운명을 맞게 되는 은행이 적잖이 나올 것이다.

수많은 사람이 경제적으로 어려움을 겪는 가운데 공포가 확산되는 환경에서는 사회적 분위기가 험악해진다. 경영자들과 노동자들 사이, 부자들과 가난한 사람들 사이, 직장을 다니는 노동자들과 실직한 노동자들 사이, 가진 자들과 못 가진 자들 사이에 갈등과 격렬한 충돌이 일상화될 것이다. 경제적인 어려움과 사회적인 긴장이 계속되다 보면 알코올 중독, 마약 남용, 가정 내 폭력이 늘어나면서 경제와 사회가 더욱 혼란해질 것이다. 워싱턴의 정치권에서, 언론에서, 심지어는 거리에서도 희생양을 찾는 움직임이 전개될 것이다. 경제적인 손실을 입었거나 그 밖의 이유로 곤경에 빠진 사람들이 이리저리 두리번거리면서 공공연하게 탓할 대상을 찾을 것이고, 그런 대상이 눈에 띄면 그에게 직접적인 책임이 있느냐 없느냐 하는 점은 묻지도 않을 것이다.

경제붕괴로 인해 표류하게 된 사람들 가운데 일부는 잠시 멈춰 서서 무엇 때문에 일이 이렇게 됐고 누가 잘못을 저지른 것인지를 따져보기보다는 가던 길을 계속 가려고만 할 것이다. 그러나 적지 않은 수의 사람들은 자신이 곤경에서 벗어나지 못할 수도 있다는 점을 비교적 일찍 깨달을 것이다. 빚을 진 상태로 실직한 사람들, 주택담보대출 채무가 집값보다 더 커진 상태에서 점점 더 늘어나는 원리금 상환부담에 쫓기는 사람들, 보험으로 처리될 수 없는 질병이나 재난을 당한 사람들 가운데 다수는 '새 출발'을 선택할 수조차 없을 것이다. 특히 2005년의 파산법 개정 이후에는 새 출발을 하기 위한 수단으로 파산을 선택하기가 더 어려워졌다. 그래서 심각한 경제적 곤경에 빠진 미국인들 가운데 일부는 파산신청을 늦추다가 결국은 모든 희망을 다 잃는 처지가 될 것이다. 파산신청을 하는 사람들 가운데서도 일부는 새로운 보고기준과 더 많은 서류제출 요구를 비롯한 여러 가지 제약조건 때문에 변호사들이 기피함으로써 파산법원에서 자신의 권익을 대변해줄 변호사를 찾는 것조차 힘들 것이다.

파산신청자들 가운데 극빈층을 제외한 거의 대다수로 하여금 5년에 걸쳐 빚을 갚도록, 그것도 생계비를 감당할 만큼의 돈도 갖고 있지 못하거나 벌지 못하는 사람에게도 그렇게 하도록 강제하는 법률 아래서는 경제가 크게 흔들린 뒤에 흔히 따르곤 하는 금융 주도의 경제회복이 제약을 받을 것이다. 왜냐하면 그런 법률이 도입된 뒤에는 경제에 유동성과 신뢰가 되돌아오는 속도가 느려지기 때문이다.

법률의 변화와 무관하게 금융부문은 오랜 세월 계속돼온 허술한 대출관행, 과도한 위험부담, 방만한 경영이 초래하는 파괴적인 부작용을 겪게 될 것이다. 아마도 소규모 금융회사들과 공격적인 영업을 하는 저축회사들이 가장 먼저 파산하게 될 가능성이 높다. 시간이 흐르면서 파산하는 금융회사가 점점 더 늘어나, 결국은 대공황 이래 가장 많은 수의 금융회사가 파산하게 될 것이다. 경제학자인 밀턴 프리드먼에 따르면 1930년 10월부터 1931년 7월까지 1년도 안 되는 사이에 미국에서 예금 전체에서 2퍼센트가 예탁된 1400개 정도의 은행이 파산했고, 이어 두 번째 파산의 파도가 휘몰아친 1931년 8월부터 1932년 1월까지 6개월 동안에는 1860개의 금융회사가 파산했다.

문을 닫는 은행이 늘어난다는 소식은 처음에는 그다지 큰 파장을 불러일으키지 않을 것이다. 그러나 그런 소식이 계속 이어지다보면 노년층을 중심으로 점점 더 많은 사람이 가장 규모가 큰 은행들로 돈을 옮길 것이 거의 틀림없다. 그러다가 마침내 이름이 잘 알려진 은행 한두 곳이 좌초하게 됐다는 뉴스가 터져 나오면 금융계, 정치권, 대중매체, 규제당국 등에서 사람들을 안심시키기 위한 발언을 쏟아내더라도 사람들 사이에 심각한 우려가 일어나는 것을 막지 못할 것이고, 신뢰의 상실이 폭넓게 확산될 것이다. 사람들은 서둘러 집 안에 현금을 쌓아두려고 할 것이고, 일부는 귀금속을 적극적으로 사들여 쌓아두기 시작할 것이다. 이와 동시에 보안장치, 금고, 총의 판매도 급증할 것이다.

그때가 되면 연방정부의 관리들은 갖가지 조사를 받아야 하는 처지가 될 뿐만 아니라 중대한 형사소송이나 민사소송을 처리하거나 그런 소송에 대처해야 할 것이다. 게다가 그들은 의회나 수사기관의 청문회에 참석해야 할 뿐 아니라 첨예해진 정쟁에도 휘말리게 될 것이다. 이 때문에 연방정부는 점점 더 고조되는 패닉과 공포를 완화시키는 데 별다른 도움이 되지 못할 것이다. 급속히 확산되는 금융위기와 경제위기를 해결하기 위해 무엇이든 필요한 조치가 있으면 다 취하라는 압력이 정부에 가해지겠지만 그러한 압력은 강경한 발언과 대중에 영합하는 제안만 그들로부터 이끌어낼 것이고, 그러한 발언과 제안은 주로 이주노동자와 외국인들을 희생양으로 삼는 내용일 것이다. 또한 관세율의 대폭적인 인상, 신분증 제도의 강화, 국경의 장벽 보강과 같은 것이 지배적인 의제로 떠오를 것이다. 그렇게 되면 다른 나라들이 미국에 대해 경제적, 정치적으로 보복하겠다거나 미국과 미국의 이익에 등을 돌리겠다고 위협하면서 맞대응하고 나선다고 해도 놀랄 일이 아닐 것이다. 중동과 중남미를 비롯해 전 세계의 불안정한 지역들에서 금수조치와 전쟁에 관한 이야기가 점점 더 많이 오가게 될 것이다.

결국에는 몇십 년간 계속된 신용팽창의 잔치가 급속히 냉각되고, 주식시장과 채권시장, 일차산품시장을 비롯한 모든 시장이 붕괴하고, 경제에 심각한 균열이 생기고, 점점 더 많은 대규모 금융회사가 파산의 위기에 몰리게 될 것이다. 그러면 미국의 연방정부와 정치권, 그리고 연준은 중대한 기로에 서게 될 것이다. 누군가가, 또는 어느 조직이든 필요한 조치를 취해서 빠르게 밀려오는 재앙의 파도를 막아달라는, 히스테리에 가까운 압력이 폭넓게 형성될 것이다.

일찌감치 신속하고 강력하게 대응하거나 그렇게 하려는 의지를 전혀 보이지 않던 연준이 그제야 비로소 태도를 갑자기 바꿀 것이고, 공격적인 통화금융정책으로 대응하는 경우에 초래될 결과에 대해 더 이상 두려워하지 않는 모습을 보일 것이다. 사실 그때쯤에는 연준으로서는 어떤 행동을 하더라도 더 이상 잃을 것이 없을 것이다. 연준은 스스로 자신의 어깨에 멨던 절제의 멍에를 벗어던지고 통화공급 확대의 방향으로 마음껏 질주할 것이다. 연준이 이렇게 행동하면 그것은 거대한 와해의 두 번째 국면이 시작됐음을 알려주는 신호로 받아들여야 할 것이다.

08 | 초인플레이션

내가 오늘 돈을 찍어내는 것은 국민들이 죽지 않고 살아갈 수 있게 해주려는 것이다. – 로버트 무가베

2006년 봄에 아프리카에 있는 짐바브웨라는 나라에서 걷잡을 수 없는 인플레이션 때문에 두 겹으로 된 화장지 한 장의 가격이 417짐바브웨달러로 상승했다. 〈뉴욕 타임스〉는 이런 가격은 짐바브웨에서 유통되는 지폐의 액면가 가운데 최저액인 500짐바브웨달러와 차이가 거의 없는 수준이라고 지적하고 "이로 인해 그 500짐바브웨달러짜리 지폐를 더 나은 용도로 사용할 수 있게 됐다는 농담이 오가고 있다"고 전했다. 그런가 하면 런던에서 발행되는 〈타임스〉의 보도에 따르면 짐바브웨에서 가장 액면가가 높은 지폐는 5만 짐바브웨달러짜리인데, 이 나라의 무가베 대통령은 인플레이션을 억제하기 위해 이보다 더 액면가가 높은 지폐는 발행하지 않을 것이라고 말했다. 이 때문에 택시요금을 내려면 택시를 타고 가는 시간에 맞먹는 시간을 들여 돈을 세야 하고, 경제상황의 악화에도 불구하고 튼튼한 외국제 현금계산기에 대한 수요가 줄어들지 않고 있다고 한다.

초인플레이션(hyperinflation)이 덮친 사회의 모습은 바로 이런 것이다. 물가상승률이 한 달 만에, 아니 하루 만에도 두 자릿수, 심지어는 세 자릿수까지 치솟아 결국에는 통화를 거의 가치가 없는 것으로 만들어버린다. 그러한 초현실적인 시기에는 보통의 시민들이 내일 어떤 일이 일어날지 몰라 전전긍긍하며 두려워하게 된다. 열심히 일하고 검소하게 살면서 저축을 많이 해온 사람은 빈곤에 빠지고 절박한 처지가 된다. 역설적이게도 오늘을 위해 산다는 쾌락주의적 생활습관을 가진 사람이 마지막에 웃는 자가 되기 십상이다.

역사책을 보면 엄청난 속도로 물가가 오르도록 방치하거나 심지어는 조장하기까지 한 사례를 많이 발견할 수 있으며, 그 가운데는 정책의 실패를 호도하거나 전제정치를 떠받치기 위해 그렇게 한 경우가 적지 않다. 예를 들어 고대 로마에서는 금화와 은화를 깎아내거나 위조하거나 그 순도를 떨어뜨리는 일이 종종 있었고, 이런 방법들은 마치 마법과도 같이 전쟁을 위한 지출이나 정부의 갖가지 낭비적 지출에 필요한 돈을 마련할 수 있게 해주었다.

그러나 결국은 실물화폐인 정화보다 더 편리하고 효율적이며 안전한 거래의 매개수단이 필요하게 됐고, 이에 따라 금과 은을 비롯한 실물자산과 언제나 교환할 수 있는 지폐가 도입되어 갈수록 더 널리 사용되기에 이르렀다. 세월이 흐르면서 실물자산과 지폐 사이의 연계관계를 끊어버리자는 주장이 강화되고 지폐에 대한 시민들의 수요가 끝없이 증가하자 많은 나라가 그와 같은 연계관계를 끊어버리기로 결정했다. 1971년 8월에 미국의 닉슨 대통령은 미국이 경제난에 빠지고 그에 따라 외국인들과 외국의 중앙은행들이 갖고 있던 달러화를 금으로 바꾸려고 하다 보니 미국에서 금이 계속 유출되는 상황에 봉착했다. 그러자 그는 미국의 통화는 이제 더 이상 금과 바꿀 수 없다고 선언했다. 이로써 달러화는 순식간에 가치저장의 수단에서 단지 하나의 종이약속일 뿐인 것으로, 다시 말해 잉크로 숫자를 써넣은 한 조각의 종이에 지나지 않는 것으로 변했다. 그것은 궁극적으로 화폐를 찍어내는 데 필요한 인쇄기를 갖추고 있는 정부가 그 인쇄기를 돌린 결과로 지게 된 채무였지만, 그렇게 지게 된 채무를 완전하게 이행한 정부는 그동안 거의 없었다.

실물자산에 의해 뒷받침되지 않는 화폐, 즉 법정화폐가 폭넓게 도입된 뒤로 독일, 헝가리, 유고슬라비아, 볼리비아, 브라질, 아르헨티나, 그리고 짐바브웨와 같은 나라들은 유통되는 화폐의 양의 늘리기 위해 과거에 로마인들이 사용했던 방법보다 덜 노동집약적인 방법을 동원했다. 그들은 그저 법정화폐를 더 많이, 그것도 엄청나게 더 많이 발행했다. 그것은 정부가 공식으로 운영하는 시설에 설치된 인쇄기나 다른 나라의 하청업체가 운영하는 인쇄기를 말 그대로 돌리기만 하면 되는 일이었다. 독일이 바이마르공화국 체제였던 1923년에 이 나라에서 초인플레이션이 절정에 이르렀는데 그때 150개의 인쇄회사들이 모두 2000대의 인쇄기계를 하루에 24시간씩 쉬지 않고 돌려 마르크화를 찍어냈다고 한다. 인플레이션율이 천문학적인 수준에 이르자 당시의 독일정부는 종이의 한쪽면만 인쇄하거나 기존의 지폐에 영(0)을 여러 개 더 찍는 등의 기발한 방법까지동원했다. 어떤 나라들은 은밀하게 만들어진 위조지폐가 정부에서 찍어낸 진짜지폐와 교환되는 것을 알고도 방치하는 식으로 일종의 민관협력 체제를 가동하기도 했다.

오늘날에는 디지털 기술, 신용카드나 직불카드, 부분지급준비 제도, 그리고중앙은행과 같은 통화당국에 흔히 부여되는 법적 권한 등에 힘입어 나라에 따라정도는 다르지만 정부가 화폐공급을 멋대로 늘리는 것이 예전보다 훨씬 쉬워졌다. 이에 따라 이제는 통화공급을 늘릴 필요만 있으면 정부가 잉크와 종이를 충분히 조달할 수 있는지, 인쇄기를 돌릴 시간은 넉넉한지 등의 단기적인 문제를 걱정하지 않고도 얼마든지 많은 양의 통화를 신속하게 공급할 수 있다.

간단한 예를 들어 이야기해보자. 오늘날의 통화공급은 통화당국이 시장에서 어떤 자산을, 보통은 정부가 발행한 채권을 사들이는 것으로 시작된다. 그리고 그 자산의 매매에 대한 결제가 이루어지는 날에 판매자의 은행계좌에 그 가격만큼의 돈이 입금된다. 그 돈은 어디에서 나온 것일까? 근본적으로 그 돈은 그저 장부에 숫자를 써넣는 방식으로 공급된 것이므로 무에서 유가 창조된 것이나 다름없다.

이렇게 창조된 돈은 부분지급준비 제도의 마술을 통해 다시 변신한다. 7장에서 소개한 '래스트 내셔널 뱅크'의 경우처럼 은행의 예금 가운데 적은 일부만이 언제든 곧바로 인출할 수 있는 상태로 보관된다. 은행이 예금인출 요구에 부응하기 위해 예금 가운데 얼마를 보관하고 있어야 하는지는 대개 정부의 정책에 의해 결정된다. 그리고 이렇게 결정된 최소한의 지급준비금을 제외한 나머지 예금은 은행이 모두 대출이나 투자로 돌려 사용할 수 있으며, 그럴 경우에는 차입자나 투자자의 은행계좌로 그 돈이 입금된다. 신용창출이라고 불리는 이러한 과정이 반복되면서 통화공급 확대의 선순환이 가동되며, 이런 선순환을 가리켜 통화승수 효과라고 부른다.

미국의 경우에는 최소지급준비의 기준이 당좌계정을 비롯한 요구불예금 잔액의 10퍼센트로 정해져 있다. 따라서 어떤 은행에 요구불예금이 100만 달러 더 들어오면 그 은행은 그 100만 달러 가운데 최소지급준비의 기준을 충족시키는 데 필요한 10만 달러만 놔두고 나머지 90만 달러는 원하는 대로 사용할 수 있다. 그 90만 달러가 다른 은행들로 가서 한 단계 더 거치면 신용창출을 통해 시중의 통화량이 90만 달러에서 10퍼센트를 뺀 81만 달러만큼 더 늘어나게 된다. 이런 과정이 끝까지 반복되면 애초의 100만 달러가 결국은 1000만 달러가 되는 것이다.

오늘날에도 지폐와 동전이라는 형태의 실제 화폐가 최소한의 양이나마 유통돼야만 어느 경제든 굴러갈 수 있다. 은행들은 각각 통화당국에 계좌를 열어 놓고 그 계좌를 통해 지폐와 동전을 공급받는다. 문제는 상대적으로 희귀한 자산을 통화의 토대로 삼지 않는다면 신용에만 기반을 두고 통화가 창출될 것이고, 그러면 통화의 양이 오직 정부의 정책이나 규제에 의해서만 제한될 수 있다는 점이다. 신용통화의 창출은 '자기교정'이라는 말의 그 어떤 의미에서도 자기교정을 하지 못한다. 그러나 금본위 통화제도를 채택하고 있는 경제에서는 통화당국이 보유하고 있는 금의 양이 줄어들면 그것이 곧 정부의 잘못된 경제적 행동에 대해 자연스럽게 제동장치로 작용한다.

지켜진다고 보장할 수 없는 약속인 법정통화가 널리 사용되는 상태에서는 금융과 경제의 안정이 점점 더 정책담당자들의 지혜와 정책운용 기술에 의존하게 된다. 따라서 정치인과 관리를 비롯한 공직자들은 잘못을 저지른 것이 있다면 기꺼이 잘못을 인정하고 보완책을 강구하는 태도를 가져야 한다. 그러나 역사를 돌이켜보면 공직자들은 오히려 그렇게 하지 않는 경향을 보여 왔고, 앞으로도 그들은 영원히 그렇게 할 것 같지 않다. 정책담당자들은 판단에서 오류를 저지른 뒤에는 그 오류를 오히려 더욱 증폭시키기 쉽다. 또한 공격적인 인플레이션 심리가 생겨나서 자리를 잡고, 상황에 따라서는 그러한 인플레이션 심리가 더 이상 통제가 불가능할 정도로 심해질 수도 있는 토대를 놓는 것도 바로 그들이다.

황폐해진 경제, 정부가 짊어진 엄청난 규모의 빚, 과도하거나 무리한 경제행위로 인한 긴장의 징후, 유례없는 수준의 경제적 불균형, 정부의 지출을 삭감하거나 세금을 올리려고 하지 않는 분위기, 불안정한 국제정세 등이 정책담당자들로 하여금 신중한 태도를 버리고 통화공급을 훨씬 더 많이 늘리도록 유도하는 상황에서는 정책담당자들이 실제로 그렇게 하기가 쉽다. 그러나 어떤 통화에 대한 신뢰가 상실되는 것이 잘못된 통화정책의 결과이기만 한 것은 아니며, 해당 국가에 대한 전 세계 다른 나라 사람들의 태도가 변하고 있음을 보여주는 것일 수도 있다.

미국에 대해서는 2006년 현재 다른 나라 사람들이 이미 전보다 덜 믿는 태도를 취하고 있다. 미국에 대한 이런 태도는 미국이 1조 달러 이상의 비용을 들여가며 이라크전쟁을 벌인 것 때문에 더 심해진 것이 분명하다. 여러 가지 여론조사 결과를 보면 미국 이외의 다른 나라 사람들은 세계질서가 변하고 있다는 사실을 폭넓게 받아들이고 있다. 과거에는 탁월함의 기준이자 견줄 나라가 없었던 미국에 대해 국가신인도 문제가 논의되기에 이른 것도 미국의 취약해진 입지를 반영하는 현상이다. 2006년 6월에 스탠더드 앤드 푸어스(S&P)의 신용평가 부문은 이렇게 지적했다. "미국정부의 정책과 재정에 대해 종합적이고 조율된 개혁조치를 취하지 않는 한 인구의 노령화가 미국의 정부재정과 국가신인도에 커다란 압박을 가하게 될 것이다." 게다가 S&P는 현재와 같은 상황이 그대로 지속된다면 2025년에는 미국의 국가신인도가 '정크본드'와 같은 수준으로 떨어지고 말 것이라고 경고했다.

국제통화기금의 통계에 따르면 전 세계에 달러화가 넘쳐나는 가운데 세계 각국의 대외지불준비 자산 총액의 약 3분의 2가 달러화 표시이며, 이 점이 미국의 위태로운 상태를 더욱 위태롭게 만드는 요인으로 작용하고 있다. 한때는 견줄 나라가 없는 초강대국이었던 미국이 어느 사이엔가 다른 나라들의 관대한 태도에 위태롭게 의존해야 하는 처지가 돼버린 것이다. 사실 미국인들이 오랜 기간에 걸쳐 강박적으로 소비지출을 늘리고 돈을 빌리는 동안에 다른 나라들은 왜 그랬는지를 설명하기는 어렵지만 미국인들이 그렇게 할 수 있도록 기꺼이 돈을 대주었다. 이러한 상황에서 미국에 대한 신뢰의 상실은 결코 미국이 원하는 것도, 필요로 하는 것도 아니다. 그럼에도 불구하고 만약 미국에 대한 신뢰의 상실이 심화되어 연준과 워싱턴의 정책담당자들이 정부가 짊어진 엄청난 규모의 빚, 금융시스템의 위기, 파괴적인 경제불황에 짓눌린 미국의 현실에 결국 굴복하게 된다면 그때 그들로서는 짐바브웨의 길을 선택하는 것 외에는 별다른 수가 없을 것이다.

처음에는 연준이 2000년 이후 일본이 디플레이션적 경제난에 빠졌을 때 일본정부가 채택했던 정책, 즉 제로금리와 양적완화라는 정책을 그대로 따라 채택해 은행들에 준비금을 가득가득 채워 넣을지도 모른다. 그러나 시간이 더 흐르면 미국에서 개인들은 소비지출을 하지 않으려고 하고 기업들은 투자를 하지 않으려고 하는 분위기가 점점 더 강해질 것이고, 그렇게 되면 연준이 훨씬 더 공격적인 자세를 취하고 '비전통적인 방법'이라는 에두르는 표현으로 불리는 것을 동원하게 될 가능성이 높다. 여기서 비전통적인 방법이란 유통될 수 있는 것이면 무엇이든 다 '통화화'하는 조치를 말한다.

연준은 고정수익증권만 살 수 있는 것이 아니다. 상황을 반전시키는 데 도움이 된다면 더 범위를 넓혀 주식, 금, 부동산, 은행, 기업, 심지어는 중고차까지도 사들일 수 있다. 어쩌면 벤 버냉키 연준 의장이 내놓았던 가설적인 제안, 즉 말 그대로 헬리콥터에서 돈을 뿌릴 수도 있지 않느냐는 제안을 그대로 실행하게 될지도 모른다. 그러나 그런 식의 조치는 일시적으로 한숨을 돌릴 틈을 가져다줄 수는 있겠지만 통화공급을 크게 늘리게 되므로 이미 전면화된 달러화 가치의 붕괴를 더욱 가속화시킬 뿐일 것이다.

해외에서 달러화 보유자들이 달러화를 내다파는 동안에 미국의 정치인이나 정책담당자들은 외환시장의 상황보다 더 중요한 것은 국내문제라고 공공연하게 주장할 것이다. 그리고 많은 미국인이 〈월스트리트 저널〉이 전한 워런 버핏의 다음과 같은 지적에 공감하게 될 것이다. "빚이 많아질수록 그 빚을 표시하는 통화의 가치가 떨어지기를 바라는 것이 인지상정이다."

그런데 해외의 달러화 보유자들이 달러화를 내다파는 것만 문제가 되는 것이 아니다. 시장이 무너지고, 적조와 같이 밀어닥치는 위기를 막을 미국정부의 능력에 대한 신뢰의 상실이 확산되면서 미국에서 자본도피가 늘어날 것이다. 여력이 있는 미국인들은 조세피난처를 비롯해 전통적으로 안전하다고 알려진 곳에 있는 금융회사에 계좌를 개설하고 그 금융회사의 대여금고 서비스를 이용하거나, 돈을 해외로 빼돌리거나, 금과 은, 또는 다이아몬드와 같이 쉽게 들고 다닐 수 있는 가치저장수단을 사들이거나, 해외의 부동산이나 기타 자산에 투자할 것이다.

그러나 실업률이 상승하는 가운데 집값이 끝없이 서서히 추락하는 추세가 계속되는 탓에 유감스럽게도 대다수의 미국인은 그렇게 할 처지가 아닐 것이다. 기업의 고용감축이 확산되고, 신용을 이용하는 것이 제약을 받게 되거나 아예 불가능해지고, 정부의 보조금과 꼭 필요한 공공서비스가 폭넓게 줄어드는 가운데 생계를 이어나가야 하는 대다수의 미국인은 경제와해의 초기국면에 비해 훨씬 더 힘든 나날을 보내야 할 것이다.

처음에는 통화공급 증가의 파급영향과 수입품 가격의 상승으로 구매력이 줄어들면서 압박을 받게 된 소비자들이 어쩔 수 없이 가계지출을 필수적인 용처 중심으로 할당하고 다양한 방식의 절약에 나설 것이다. 그러나 시간이 더 흐르면 외환시장을 비롯한 각종의 금융시장에서 신뢰의 위기가 심화되고 물가급등에 관한 언론보도가 이어지면서 사람들의 마음이 극적으로 돌아설 것이다. 정부가 아무리 왜곡된 정보를 흘리고 초점을 흐리는 조작을 해서 나쁜 뉴스를 보이지 않게 가리려고 애써도 사람들의 마음이 돌아서는 것을 막지는 못할 것이다. 하루라도 더 지나면 자신의 구매력이 더 줄어들기 때문에 구매를 늦추는 것은 손해라는 점을 사람들이 깨닫게 될 것이기 때문이다. 그렇게 되면 사람들은 갖고 있는 돈을 있는 대로 다 가급적 빨리 지출하려고 할 것이고, 이에 따라 인플레이션이 본격적으로 가속화할 것이다.

초인플레이션은 대다수의 사람들에게 앨리스가 갔다고 하는 이상한 나라와 같은 상황일 것이고, 그 상황이 어떤 것인지를 얼른 파악할 수 있는 사람은 거의 없을 것이다. 경제가 정상적이었던 시절에 대다수의 사람들이 신중한 태도라고 생각했던 것이 물가가 치솟는 초인플레이션의 상황에서는 오히려 파괴적인 결과를 낳을 수 있다. 그러므로 예를 들어 은행계좌의 잔액은 가급적 줄이고, 수중에 있는 돈은 가급적 신속하게 지출해서 기본적인 생활필수품, 각종의 자산, 일차산품과 같이 그 자체가 가치를 지니고 있는 물건을 사들이고, 더 나아가 현금을 보다 안전한 다른 나라의 화폐로 재빨리 환전해 놓는 것이 현명한 행동이 된다.

부의 재분배가 일어나고 승자와 패자가 분명하게 갈리는 것도 물가가 아주 빨리 오르는 시기의 특징이다. 불황의 시기와 달리 초인플레이션의 시기에는 대출자가 손해를 보는 반면에 차입자가 이익을 보게 되며, 특히 초인플레이션이 시작되기 전에 고정금리로 돈을 빌린 뒤 아직 갚지 않은 채무자가 큰 이익을 보게 된다. 정부부문도 국민들에 비해, 심지어는 세금을 내지 않는 사람들에 비해서도 상대적으로 이득을 취하게 된다. 국민의 입장에서 보면 완만한 인플레이션은 세금징수와 같고, 초인플레이션은 세금징수를 넘어 재산몰수에 가깝다.

게다가 그런 상황에서는 공공서비스의 수준이 떨어지기 마련이며, 기반시설이 돌보아지지 않아 위험한 상태가 되곤 한다. 이렇게 되는 이유는 정부의 금고에 들어가는 돈 가운데 상당부분이 낭비되거나 기존질서를 떠받치는 공무원들의 생활수준 유지나 개선을 위해 지출된다는 데 있다. 초인플레이션의 시기에는 금융이나 시간이라는 요소에 대한 기존의 정상적인 관점이 더 이상 생활비를 버는 활동, 소비지출, 차입, 투자 등에 그대로 적용되지 못한다. 바이마르공화국 시절의 독일을 돌아보면, 1923년에 초인플레이션이 절정에 달했을 때 물가가 49시간에 두 배씩 올랐다. 1999년 12월에 〈이코노미스트〉에 게재된 기사에 따르면, 1923년 당시에 독일의 기업들은 노동자들에게 하루에 두 번씩 임금을 지급하면서 그때마다 30분간의 휴식시간을 주었다고 한다. 그 시간에 노동자들은 "책가방, 여행가방, 손수레 등에 돈을 담아 가게로 달려갔으며, 이는 임금으로 받은 지폐의 가치가 절반으로 줄어들기 전에 그것으로 무엇이든 물건을 사기 위해서였다"는 것이다.

물가가 치솟는 곳에서는 현금을 현금이 아닌 다른 무엇인가로 바꾸려는 움직임이 일어나게 되며, 그 움직임은 '뜨거운 감자'라는 놀이와 거의 비슷하다. 현금을 갖게 된 사람은 그것으로 곧장 필요한 물건을 사거나, 그것을 뭔가 다른 물건으로 바로 바꾼다. 귀금속, 보석류, 골동품, 미술품, 토지를 비롯한 유형의 자산을 사들이는 것이다. 뿐만 아니라 통화의 가치가 계속 하락하면 물물교환이 여러 가지 단점에도 불구하고 좋은 전략으로 인기를 누리게 된다. 역사를 돌이켜보면 적어도 일부 노동자들은 농산물과 같이 그 자체가 가치를 갖고 있어 다른 것으로 쉽게 바꿀 수 있는 물건으로 임금을 받기를 선택하는 경우가 드물지 않았음을 알 수 있다.

과거에 초인플레이션이 덮친 곳에서는 뱅크 런도 흔히 일어났다. 사람들이 저축해놓거나 투자해놓은 돈이 물가의 급등으로 인해 가치를 잃어버리기 전에 얼른 그 돈을 빼내어 써버리려고 은행으로 달려가 줄을 서는 것이다. 앞으로 닥칠 불안정한 위기의 시기에는 사람들이 은행에 넣어놓은 자기 돈을 아예 인출하지도 못하게 되는 것이 아닌가 하고 걱정하게 될 것이다. 왜냐하면 파산하는 은행이 늘어나면서 어느 은행이 다음 차례로 문을 닫게 될지 알 수 없다는 우려가 고조될 것이기 때문이다.

인플레이션이 통제하기가 불가능할 정도로 거세진 상황에서는 신용의 이용이 가능하다고 하더라도 신용의 비용과 조건이 왜곡되기 때문에 신용에 관한 정상적인 기준이 더 이상 적용되지 않을 것이다. 또한 신용카드를 이용하는 것 자체는 가능하다고 하더라도 그 금리, 결제일, 수수료 등과 관련해 혼란이 빚어질 것이다. 또한 기존의 신용카드 가맹점들 가운데 많은 곳에서 신용카드로 결제하려는 고객을 거부하거나, 신용카드 대금 결제가 일부라도 지연될 경우에 대비해 아예 판매가격을 올릴 것이다.

이러한 정상적인 상태로부터의 이탈은 이미 무너지고 있는 경제가 안고 있는 문제를 더욱 꼬이게 함으로써 생산과 투자에 대한 의사결정을 하기가 더욱 어려워질 것이다. 결국은 점점 더 넓은 범위에 걸쳐 점점 더 많은 기업이 더 이상 줄일 수 없을 정도로 직원 수를 줄이거나 아예 문을 닫아버릴 것이다. 초인플레이션이 덮쳤던 과거의 시기들을 돌아보면, 근근이 영업을 계속하던 제조업체들 가운데 일부는 제조업을 완전히 중단하고 투기, 부당이득을 노리는 활동, 차익거래 등에 적극적으로 뛰어들었다. 앞으로 닥칠 초인플레이션의 시기에도 많은 제조업체가 전통적인 제조업보다는 투기 등을 통해 더 많은 이익을 올리게 될 것이다.

가격이 왜곡되고, 폐업하는 기업이 속출하고, 자원배분에 차질이 생기게 되면 거의 틀림없이 공급애로와 품귀현상이 빚어질 것이며, 특히 일차산품을 비롯해 거래가 표준화되고 단위당 마진율이 낮은 상품들의 경우에 이런 현상이 두드러질 것이다. 기초적인 생활필수품 가운데서도 많은 것이 사치품화되어 시장의 합법적인 소매업체에서는 구하기도 어려울 것이다. 일부 품목의 경우에는 의심스러운 경로를 통해 수입된 물건이나 국내에서 절도범이 내놓은 장물이 유사품시장이나 암시장으로 흘러들어 부족한 공급을 보충할 것이다.

실업률의 상승도 초인플레이션 상황의 공통된 특징이다. 초인플레이션이 닥치면 미국의 실업률은 4명 중 1명이 실업자였던 대공황 시기의 실업률보다 훨씬 더 높은 수준으로 치솟을 가능성이 매우 높다. 운 좋게 직장을 유지하고 있거나 실직했지만 새로운 직장을 구한 사람들의 경우에도 실직소득이 늘어나는 속도가 대다수 재화와 서비스의 물가가 오르는 속도보다 느릴 것이 거의 틀림없고, 이에 따라 사람들의 생활형편이 갈수록 더 나빠질 것이다. 노동자의 임금은 소매물가가 오르는 만큼 인상되기 어려울 것이며, 게다가 소득세율의 조정이 인플레이션율의 변화에 충분히 연동되지도 않을 것이다. 이와 함께 해외의 임금 수준이 여전히 더 낮은 것도 미국의 고용자들이 노동자의 임금을 올릴 수 있는 여지를 제약할 것이다.

초인플레이션이 닥치면 이미 폭넓게 증가하기 시작한 빈곤, 홈리스, 굶주림이 갈수록 더욱 심각해지면서 사람들 사이에 절망과 무력감을 더욱 증폭시킬 것이다. 시간이 흐르면서 결핍의 상태가 더욱 확산되어 불안감이 휩쓸고, 이에 따라 파업, 항의시위, 폭력이 거의 매일같이 일어나게 될 것이다. 사람들이 스스로 삶을 지키기 위해 무리를 지어 범죄조직을 구성하는 경우도 늘어날 것이다. 노동자들의 조직화도 확대될 것이고, 몇십 년 동안 계속 하락하기만 하던 노조 가입률이 급반등할 것이다. 이와 관련해 많은 중남미 국가가 오래전부터 보여주었던 대로 단체협상에 나서는 노조 협상대표의 힘은 노동자들이 경제적 힘을 거의 다 박탈당했다고 느낄 때에 가장 세다는 점에 주목할 필요가 있다.

사람들이 눈앞에서 벌어지고 있는 상황에 대해 더욱 혼란스러워하고 분노하게 되면서 누군가를 탓하고자 하고 희생양을 찾고자 하는 사람들의 충동이 더욱 더 강하게 표출될 것이다. 그리고 그런 경우에 흔히 혐의자로 지목되는 기업 경영자, 금융인, 투기꾼, 외국인 등이 그러한 충동의 표적이 될 것이 틀림없다.

역사가 반복되는 것이라면, 특히 인플레이션이 초현실적인 수준으로 가속화되기 시작하는 상황에서는 정치인과 정책담당자들이 위와 같은 광기를 종식시키는 노력에 나설 수밖에 없을 것이다. 그러나 과거에 비슷한 재앙에 부닥쳤던 다른 나라들의 경우에 흔히 그랬듯이 미국에서도 정치인이나 정책담당자들의 그러한 초기 노력은 기본적인 경제현실을 거의 또는 전혀 고려하지 않는 가운데 선전활동 또는 임금과 물가에 대한 통제와 같은 효과 없는 임시변통의 조치에 초점을 맞춘 것일 가능성이 높다. 상황이 악화된 정도에 따라서는 정부가 보다 공격적인 조치를 추가로 취할 수도 있을 것이다. 예금인출이나 전자결제에 대한 제한, 외화로 표시된 저축이나 증권을 강제로 국내통화 표시로 전환시키는 조치, 외환거래에 대한 통제, 개인이 보유하고 있는 금과 은, 기타 유형재화의 몰수 등이 그러한 공격적인 조치로 채택될 수 있다. 최악의 경우에는 미국이 다른 나라들에 대한 채무의 전부 또는 일부를 이행하지 않을 수도 있다.

상황이 그러한 지경에 이르면 국내에서도 국제사회에서도 긴장과 갈등이 최고조에 이르고, 세계의 무역도 급격히 위축될 것이다. 무역전쟁이니 관세율 인상이니 하는 말이 도처에서 공공연히 나돌 것이고, 많은 나라가 달러화 가치의 하락에 대응해 경쟁적으로 자국의 통화를 평가절하하는 '이웃나라 가난하게 만들기'에 나설 것이다. 기본적인 생활필수품의 심각한 품귀현상, 두 자릿수의 실업률, 사회적 갈등이 전 세계로 확산되면서 중동, 아시아, 중남미 등지에서 혁

명운동이 일어날 것이다. 미국을 비롯한 세계 모든 나라의 정부가 시민적 자유를 제약하는 동시에 국내에서는 물론이고 국제적으로도 돈, 상품, 사상의 흐름을 억제할 것이고, 더 나아가서는 계엄령을 선포하는 나라도 생겨날 것이다.

위기와 절망이 여러 해 계속된 뒤에는 마치 세계 전체가 완전한 종말에 이른 것 같을 것이다.

3부
파급영향

09 | 경제적 영향

지금이 최악이라고 말할 수 있는 한 아직 최악의 상황은 아니다. – 윌리엄 셰익스피어

1999년에 개봉된 영화 〈더블 제퍼디(Double Jeopardy)〉의 줄거리는 대충 이렇다. 한 여자가 실종된 남편을 살해한 혐의로 감옥에 갇힌다. 감옥에서 여자는 남편이 버젓이 살아있으며, 그 부도덕한 남편이 저지른 200만 달러 규모의 보험사기 범죄에 자기가 말려든 것이라는 사실을 알게 된다. 남편의 배신에 분노한 여자는 감옥에서 풀려나면 남편을 실제로 죽여서 복수를 하겠다고 맹세한다. 미국의 헌법이 동일한 범죄에 대해서는 두 번 이상 재판에 붙일 수 없도록 규정하고 있기 때문에 자기가 남편을 죽이더라도 처벌받게 되지는 않을 것이라고 믿고서.

이 영화의 전제가 전적으로 타당하다고 볼 수는 없다. 여자의 남편이 이미 죽은 것으로 돼있다 하더라도 여자가 남편을 죽이는 것은 완전히 별개의 범죄이므로 사실이 드러나면 처벌받게 될 것이다. 어쨌든 미국의 수정헌법 제5조에 규정된 더블 제퍼디, 즉 이중위험을 금지하는 원칙은 미국 법률체계의 특징적인

요소다. 그러나 형사재판의 피고인에 대한 이러한 보호장치가 그 형사재판과 관련된 민사재판에까지 적용되는 것은 아니다. 형사재판에서 무죄선고를 받은 사람도 민사재판에서 혐의가 인정된다면 비록 금전적인 처벌이기는 하겠지만 처벌을 받을 수 있다. 게다가 사법관할권 두 곳의 법률을 동시에 어긴 사람에 대해서는 두 곳 모두에서 법률적 책임을 물을 수 있으며, 따라서 그런 사람은 두 곳 모두에서 재판을 받을 수 있다는 것이 미국 대법원의 견해다. 물론 이런 예외적인 경우는 비교적 적은 수의 개인들에게만 해당된다.

그러나 잘못되고 무책임하며 부패한 정책이 몇십 년간 누적된 결과로 초래되는 '금융적 처벌'의 경우에는 수많은 사람이 경제적 불운의 채찍질을 거듭 당하지 않도록 보호해주는 장치가 거의 없다. 불황과 초인플레이션이 겹쳐서 일어날 앞으로의 재앙은 어리석거나 부주의한 사람에게는 거의 피해갈 수 없는 이중위험이 될 것이다. 그러한 재앙이 실제로 닥치면 미국인들은 아메리칸 드림이라는 것의 허구적인 성격을 뼈저리게 깨닫게 될 것이다.

생계유지를 위해 돈을 벌고 특정한 생활방식을 유지해나가는 것에서부터 돈을 빌리고 투자하고 지출하는 것, 사회적 안전망과 금융적 안전망을 비롯한 각종 안전망을 제대로 작동하도록 관리하는 것까지 우리가 당연시하던 것들 가운데 다수가 의문의 대상이 될 것이다. 문제를 더욱 심각하게 만드는 것은 그런 과정 전체가 긴 시간에 걸쳐 지루하게 계속된다는 점이다. 가까스로라도 살아남는 데 성공했다고 믿은 사람들이 사실은 그렇지 않음을 갑자기 깨닫게 될 것이다.

재앙의 첫 단계에서는 빚은 많은데 저축을 비롯한 자산은 그리 많이 갖고 있지 못한 사람들, 또는 이미 빈곤선 아래에서 살고 있는 3700만 명 이상의 미국인들이 재앙이 초래하는 고통과 궁핍의 대부분을 떠안게 될 것이다. 그러나 얼마 지나지 않아 그들의 바로 위에 있는 계층, 즉 "가계소득이 빈곤선에 해당하는 소득수준과 그 두 배에 해당하는 소득수준의 사이에 있는 계층"이라고 〈뉴욕 타임스〉가 규정한 5400만 명의 취약한 미국인들도 경제적 쓰나미에 휩쓸릴 것이다.

경제난이 전면적인 불황으로 전환되면 고용의 증가가 점점 더 느려지다가 결국은 거의 멈춘 것이나 다름없는 상태가 될 것이고, 가장 힘들고 하기 싫은 일거리도 찾아내기가 어려워질 것이다. 그런데 실업률 상승의 원인이 반드시 기업들이 직면하는 불확실성이나 소비수요의 감소에만 있는 것은 아닐 것이다. 〈월스트리트 저널〉이 지적한 바 있듯이 중국과 인도, 그리고 옛 소련 국가들이 자본주의 경제로 돌아서면서 모두 15억 명에 이르는 이들 나라의 노동자들이 지구적 노동력에 편입되고 있는 것도 미국의 노동시장에 추가적인 압력으로 작용할 것이다.

국내의 요인들도 물론 노동시장을 압박할 것이다. 노후용 자금과 연금을 충분히 준비해놓지 못한 사람들은 65살에 은퇴하려던 계획을 포기할 수밖에 없어 죽는 날까지 노동을 해야 하는 처지가 될 것이다. 그들은 노년에 자기가 의지하려고 했던 약속들이 기업의 파산, 상황에 편승한 약속파기, 약속을 한 자의 무능력이나 약속 이행에 대한 태만함 등으로 휴지조각이 됐다는 사실을 대개는 너무 늦게야 알아차릴 것이다. 노사간 합의의 중요한 부분이었던 그 밖의 다른 회사 쪽 의무도 쉽사리 폐기될 것이다. 기업이 생존을 위해 선택할 수 있는 대안이 제한된 상태에서는 회사 쪽의 그러한 결정이 아주 쉽게 정당화될 것이다.

노동시장에서 구직자가 급속히 증가하는 가운데 노인뿐만 아니라 그동안에는 노동을 하지 않던 배우자와 10대 청소년도 일자리를 찾아 나서게 될 것이다. 그들도 가족의 생계유지에 도움이 되는 추가적인 소득원의 역할을 해야 한다는 압력을 받을 것이기 때문이다. 거대한 경제와해가 시작되는 단계에는 경제적 완충판을 갖고 있었던 사람들도 불황과 격심한 인플레이션이라는 이중의 타격을 받게 되면 자기가 버텨낼 수 있으리라고 확신하기 어려울 것이다. 명민하거나 운이 좋아서 부를 축적한 사람들의 사정도 그리 낫지 않을 수 있다. 그런 사람들도 현금에 투자를 한 경우가 아니라면, 다시 말해 주식이나 채권과 같은 자산에 투자했다면, 게다가 빚을 내어 그렇게 투자했다면 경제와해의 첫 단계에 자기가 보유하고 있는 자산의 가치가 대폭 줄어드는 일을 당할 것이다. 그들 가운데 다수는 순자산 기준으로 볼 때 사실상 아무것도 갖고 있지 않은 빈털터리가 될 것이다. 그들이 갖고 있는 자산의 가치는 지속적으로, 그리고 대개는 가속적으로 떨어질 것이다. 지나치게 많은 빚을 졌거나 무모한 투기를 한 사람들이 자산매각에 나서게 되는 것을 비롯해 신용팽창에 의해 부추겨졌던 호황의 후유증이 자산가격의 하락을 더욱 부채질할 것이다. 그러는 가운데 사람들은 멀리 내다보지 못하고 흥청망청했던 시절이 초래한 결과에 시달릴 것이다.

노년에 이른 사람들은 저축해놓거나 투자해놓은 것 가운데 아직 남아있는 것을 보다 안전한 곳으로 옮기고자 하는 게 당연하다는 점을 고려하면, 인구구성의 변화로 인해 자산매도 압력이 강화되는 장기적인 추세가 시작된다는 점도 시장에 부담이 될 것이다. 위험에서 안전으로 이동하는 움직임이 끊임없이 계속되고 확산된다는 점도 역시 그럴 것이다. 어쩔 수 없는 자산처분, 자산의 재분배, 손실에 대한 두려움이 뒤섞이면서 자산매도가 자산매도를 부르는 악순환이 생겨나 '헛된 거품'의 관에 마지막 못질을 할 것이다. 많은 미국인이 주택지분 담보대출, 대환대출, 대출만기 연장 등을 거듭하다가 결국은 앞으로도 오랜 세월을 채권자인 금융회사에 이익을 갖다 바치는 그들의 노예로 살기보다는 주택, 휴가용 별장, 자동차 등의 열쇠를 금융회사에 넘겨버리는 것이 낫다는 판단을 하게 될 것이다.

여하튼 경제사다리의 가장 낮은 곳에 위치한 사람들이 가장 많이 다치게 될 것이 틀림없고, 가난한 사람들과 부자들 사이의 격차, 심지어는 가난한 사람들과 부자이긴 하나 그리 대단한 부자는 아닌 사람들 사이의 격차도 최근 몇십 년 동안에 비해 훨씬 더 빠른 속도로 확대될 것이다. 경제가 '영구적 고원경기'와 같은 상황이라는 주장까지 나오던 시기에도 인플레이션율을 뺀 실질치 기준으로는 정체됐던 임금상승률이 경제상황이 뚜렷하게 악화되면서부터는 다른 경제지표들에 비해서도 점점 더 급격하게 하락할 것이다. 이웃사람들에게 뒤처지지 않으려고 형편에 비해 지출을 너무 많이 해온 소비자들은 그렇게 해서 유지해온 생활수준을 계속 유지해나가느라 힘들어할 것이다. 대공황 시절의 경험이 되풀이된다고 본다면, 그렇게 애쓰는 사람들 가운데 재무적 위기에 몰린 사람들은 단기차입을 할 것이고, 심지어는 빚으로 사들인 주택이나 자동차와 같이 자기가 소중하게 여기는 것들을 지키기 위해 음식이나 옷과 같은 기본적인 생활 필수품의 구입을 포기하는 사람들도 생겨날 것이다.

쉽게 결정하기 어려운 선택을 해야 할 사람들도 있을 것이다. 먹을 것을 사야 하는가, 아니면 전기요금을 내야 하는가? 낡고 헤진 구두를 버리고 새 구두를 사야 할 것인가, 아니면 일하러 가기 위해 필요한 자동차 연료를 사야 하는가? 방과 후 집에 돌아온 아이를 돌봐줄 사람을 고용하기 위해 돈이 필요하니 아침식사나 점심식사를 건너뛰어야 하는가? 여하튼 미국인들은 거의 모든 계층에서 소비지출을 줄이게 될 것이다. 소비지출을 할 돈이 없거나, 갖고 있는 돈이 줄어드는 것이 걱정될 것이기 때문이다. 어려운 시기가 오래 계속되면 씀씀이가 헤펐던 소비자들도 그동안에는 하지 않았던 행동, 다시 말해 훗날을 위해 저축을 하는 행동을 하게 될 것이다.

그나마 여력이 있는 기업들은 제품의 가격을 좀더 깎아주거나 구매자에게 인센티브를 제공하는 등의 방법으로 소비자들의 행태가 변하는 것을 막아보려고 할 것이 틀림없다. 기업들은 예를 들어 손해를 감수해야 할 정도로 구매대금 환불액을 늘리거나, 현금구매에 대해 대폭의 할인가를 적용하거나, 제품의 보증기간을 엄청나게 길게 늘리거나, 그 밖에 온갖 종류의 공짜혜택을 소비자에게 주겠다고 할 것이다. 사람들이 더 이상 빚을 내서는 안 되는 세상이 됐는데도 특별 우대금리로 장기신용을 제공해서 제품판매를 촉진해보려고 하는 기업들도 있을 것이다. 일부 기업들은 신용구매 대금을 갚지 않을 위험이 있는 고객들을 염두에 두고, 대금을 제때제때 갚아야만 작동이 되도록 전자장치를 부착한 자동차나 가전제품을 상품으로 내놓는 극단적인 방식까지 동원할지도 모른다.

그러나 흥청망청 낭비하던 미국인들이 소비를 할 줄 모르는 사람들로 바뀜에 따라 기업들의 그러한 노력은 비용만 많이 들고 효과는 단기간에 그치는 것으로 판명될 것이다. 그 결과의 하나로 한때 '상점들의 천국'이었던 미국에서 수많은 상점이 문을 닫는 일이 벌어질 것이고, 그 가운데 다수는 문을 닫는 김에 아예 폐업을 할 것이다. 일반 소비자들을 직접 상대하는 기업들만 경제활동 위축의 영향을 받는 것은 아닐 것이다. 자본재 제조업체와 서비스 기업들은 물론이고 은행을 비롯한 금융회사들도 파산위기에 몰릴 것이다. 간신히 살아남은 기업들은 가차 없는 비용삭감에 나서야 할 것이고, 이전보다 적은 수의 종업원만으로 생산과 영업을 꾸려가면서 더 적은 규모의 매출과 이익을 감수해야 할 것이다.

재앙이 경제위축에서 걷잡을 수 없는 인플레이션으로 확산되면 부의 파괴와 사람들의 궁핍화가 전개되는 새로운 국면이 시작될 것이다. 위기의 이 두 번째 국면은 대체로 채권자, 부자, 그리고 기회가 있을 때 이런저런 방식으로 뭔가를 축적해놓은 사람 등을 주로 덮칠 것이다. 특히 초인플레이션의 영향이 극적인 형태로 폭넓게 파급될 것이다. 위기의 첫 번째 국면에서 파괴되지 않고 살아남은 현금, 사업, 금융자산이 위기의 두 번째 국면에서 또 다시 위험한 상태에 빠지게 될 것이다.

초인플레이션의 시기에는 구매능력이 전혀 없는 백만장자를 흔히 볼 수 있게 된다. 금융자산을 아무리 많이 갖고 있는 사람이라도 즉각 태도를 바꾸지 않으면 자신의 구매력이 파괴돼버린다는 사실을 깨닫는 데는 그리 많은 시간이 걸리지 않을 것이다. 결국은 모든 사람이 물가가 더 오르기 전에 수중에서 현금을 털어내기 위한 행동에 미친 듯이 나설 것이다. 경제환경과 사람들의 태도에 이처럼 극적인 변화가 일어나면 곧바로 불확실성이 고조되면서 큰 혼란이 일어나게 된다.

언제든 쉽게 이용할 수 있는 신용, 적시생산 체제에 의한 자재구매와 재고관리, 간소한 물류시스템, 효율화된 지구적 거래망 등에 의존해온 기업들은 비효율의 중첩, 사회적 혼란, 언제든지 발생할 수 있는 경제의 탈선 등이 특징인 세계에는 자사의 비즈니스 모델이 전혀 들어맞지 않는다는 사실을 알게 될 것이다. 아직 문을 닫지 않은 기업들 가운데 일부의 소유주나 경영자들은 일차산품에 대한 투자나 차익거래와 같은 투기적 활동에 시간과 에너지를 빼앗기거나 아예 그런 활동에 자신의 모든 시간과 에너지를 다 투입하는 위험한 행태를 보일 것이다. 그런 기업들이 구매자가 되거나 판매자가 되는 과정에서 시장의 가격이 대단히 유동적으로 급변하게 될 것이고, 그러면 다른 기업들은 살아남기 위해 그만큼 더 애를 써야 할 것이다.

낯선 종류의 기업활동과 기괴한 시장왜곡 행동들이 뒤범벅이 되면서 시장의 수요와 공급 사이에 이미 생겨난 괴리가 점점 더 증폭되고, 이에 따라 품귀현상이 부문별로 계속되거나 보다 널리 확산되는 동시에 낭비가 대단히 커질 것이다. 정부의 강제에 의한 일반적인 할당, 또는 그때그때 필요에 따라 제도화된 할당이 흔해질 것이며, 특히 수입에 의존해야 하는 석유 등 에너지의 경우에는 할당이 불가피해질 것이다. 특히 석유화학 제품에 대한 의존도가 높은 농업부문에서는 석유의 공급이 제약되면서 다양한 농산품의 가격이 일제히 오르고 그 공급이 줄어들 가능성이 높다.

역사를 돌이켜보면 물가가 급등하는 상황에서는 화폐를 갖고 있지 않으려는 태도가 보편화되곤 했다. 앞으로도 초인플레이션의 상황이 전면적으로 펼쳐지면 현금을 갖고 있는 사람들이 바로 그와 같은 태도를 취하게 될 것이다. 사람들은 생활필수품을 많이 사들이든, 어느 정도 내재적 가치를 갖고 있는 것에 투자를 하든 간에 갖고 있는 현금을 가능한 한 신속하게 지출하려고 할 것이다. 사람들의 이러한 태도는 수요와 공급 사이의 불균형을 더욱 확대시킬 것이고, 식량을 비롯한 생활필수품은 물론이고 그 밖의 다양한 유형자산을 사들여 집 안에 쌓아두는 행동으로 이어질 것이다. 가격이 더 오를 것으로 예상하고 시장에서 구매한 물건들이 집집마다 창고에 가득가득 쌓일 것이고, 이로 인해 인플레이션의 불은 더욱 거세게 타오를 것이다. 이와 같은 상황에서 물물교환에 대한 선호도가 높아지고, 세금과 관료적 절차를 비롯한 정부의 간섭에서 자유로운 지하경제가 번성하게 되는 것은 결코 우연의 일치가 아닐 것이다.

연방정부를 비롯한 각급 정부는 그동안 스스로가 주역이 되어 빚어낸 문제들을 해결해보려고 하겠지만 결국은 실패할 것이고, 그런 뒤에는 경제법칙에 훨씬 더 어긋나는 파멸적인 '해법'으로 그 문제들을 다뤄보려고 할 것이 틀림없다. 정부의 각 부서와 의회의 의원들도 상황을 반전시키기 위해 인플레이션과 통화량 증가에 관한 통계를 실제보다 낮게 집계하거나, 왜곡하거나, 그 실상을 숨기는 방법에서부터 임금과 물가에 대한 통제를 시도하는 방법, 국민 개개인이 금융회사에 맡겨둔 자기 돈을 꺼내 쓰는 데 제한을 두는 방법에 이르기까지 온갖 수를 다 써보려고 할 것이다. 그러나 그들은 거의 휴지조각이 된 통화의 공급을 줄이는 일은 결코 하지 않을 것이다. 그들이 취하는 조치들은 1970년대 초에 취해진 조치들이 그랬듯이 아무런 효과도 내주지 않을 것이다. 1970년대 초에 닉슨 행정부는 걷잡을 수 없이 가속화되는 인플레이션을 잡기 위해 경제 전반에 걸쳐 임금과 물가에 대한 통제를 시작했고, 그 통제는 이후 2년간 유지됐다. 그러나 그러한 조치는 결국 쇠고기, 금속, 건축자재는 물론이고 심지어는 변기까지지도 품귀현상을 빚게 만들었고, 이로 인해 일부 건축 프로젝트들이 일시적으로 중단되기도 했다.

그러한 상황에서는 금액이 고정된 소득이나 연금에 의존해 살아가야 하는 사람들이 정부정책의 표적이 되기 쉽다. 초인플레이션을 통해 이것저것 빼앗겼지만 아직 남아있는 것들 가운데 적어도 일부는 또 다른 방식으로 몰수당할 수 있다. 여기서 또 다른 방식이란 연금 등에 적용되는 ‘생계비 조정’에 상한선을 설정하는 조치일 수도 있고, 퇴직대비 기금이나 계좌의 돈을 달러화 표시의 장기국채로 강제로 전환시키는 조치일 수도 있다. 또한 일부 중남미 국가들이 채택한 바 있었던 조치, 즉 개인이 은행을 비롯한 금융회사에 맡겨둔 자기 돈을 인출할 때 일정한 빈도와 금액 이상으로는 인출할 수 없도록 규제하는 법률을 의회가 제정할지도 모를 일이다.

그러나 이러한 시도는 다른 나라들의 통화, 기본적인 생활필수품, 귀금속과 일차산품과 같은 실물의 재화, 부동산 등으로 달러화가 흘러가는 것을 막는 데는 효과가 거의 없을 것이다. 이미 너도나도 자산처분에 나서는 국면을 지나면서 그러한 자산들의 가격이 몇십 년 만의 최저치로 떨어진 상태일 것이므로 위와 같은 조치가 시기적으로 적절하다고 말할 수 있을지는 모르겠다. 그러나 설령 초인플레이션이 시작돼 자산의 명목가치가 상승세로 돌아선다고 하더라도 주택소유자에게는 그러한 자산의 명목가치 상승이 별다른 도움이 되지 못하는 경우가 점점 더 늘어날 것이다. 왜냐하면 많은 주택소유자가 호황의 시기에 금융회사로부터 받은 주택담보대출의 원리금 상환부담을 비롯한 갖가지 재정적 부담에 짓눌리고 있을 것이기 때문이다. 따라서 개인 실질소득의 하락이 마침내 그 위력을 발휘하면서 주택압류가 본격화될 것이다.

주택담보대출의 채권자인 금융회사들도 나름대로 여러 가지 재무적, 법률적 문제와 경영상의 곤경에 부닥쳐 숨이 막힐 지경인 상태에서 압류주택의 재고가 빠른 속도로 늘어나는 것이 달갑지 않을 것이다. 그래서 일부 금융회사들은 압류주택의 재고가 너무 많이 늘어나서 자사가 정치적인 공격의 대상이 되는 것을 막기 위해 주택담보대출 채무자에게 마치 봐주는 듯한 태도를 취하거나 가급적 주택압류를 하지 않으려고 하는 모습을 보일 것이다. 그런가 하면 절박한 곤경에 시달리다 못해 금융회사들이 언제나 두려워했던 인플레이션의 가속화를 오히려 반기거나 바라는 금융회사들도 있을 것이다. 걷잡을 수 없는 인플레이션이 온통 부채로 가득 찬 구렁텅이에 채무자들과 함께 빠져 있는 그들 자신도 구제해줄 것이라는 기대를 하게 되기 때문이다.

직장에서 쫓겨나 실업자가 된 사람들은 그런 경우에 전통적으로 의지처가 돼주던 금융회사들이 다 문을 닫아건 탓에 어쩔 수 없이 친척이나 친구를 찾아가 돈을 꿔달라고 하거나 도움을 요청하게 될 것이다. 또한 경제적으로 어려운 시기에 흔히 번성하는 고리대금업자를 찾아가는 사람도 적지 않을 것이다. 전반적인 삶의 질은 20세기 말의 수준에도 훨씬 못 미치는 수준으로 떨어질 가능성이 높다. 사람들의 태도가 거칠어지고, 사람들 사이의 관계가 악화될 것이다.

일상적인 삶의 조건이 전반적으로 나빠지는 가운데 사회분위기도 침울해질 것이다. 웅덩이가 파인 도로, 깨진 창문, 오염된 해변, 잔디가 무성하게 자란 빈 집, 길가에서 구걸하거나 눈물을 흘리는 사람, 집을 잃고 노숙자가 된 어른과 아이 등을 도처에서 볼 수 있는 세계에서는 사람들이 부정적인 정서에 빠지기 쉽다.

미국인들이 당연히 계속 유지되리라고 믿었던 완충판이 더 이상 존재하지 않게 된다면 더욱 그러할 것이다. 그런데 사회안전망, 팽창적인 재정정책, 공격적인 통화정책이 모두 효과가 없는 것으로 드러난 상태에서는 그러한 완충판이 더 이상 유지되기 어려울 것이다. 그때쯤이면 조세수입의 감소에 따라 정부가 불가피하게 추진하게 된 급격한 예산감축으로 인해, 또는 금융회사들의 대출축소 움직임으로 인해 공적부조 프로그램과 정부의 핵심적인 공공서비스 가운데 사라지거나 파산하는 것이 늘어날 것이다.

일부 지역에서는 시설에 비해 학생 수가 너무 많아진 학교들이 학급당 수업시간이나 학기의 기간을 줄일 것이고, 공적자금이 지원되는 아동보육시설과 무료진료소를 비롯해 궁핍한 사람들에게 생명줄이나 다름없는 시설들이 문을 닫을 것이다. 대학에 대한 공적인 자금지원이 줄어들고 대학에 진학하는 연령대의 학생들이 가정의 경제사정 때문에 진학을 포기하게 되면서 공립과 사립을 불문하고 문을 닫는 대학이 늘어날 것이다. 경제적으로 어려운 시기에는 정신적인 것을 추구하는 것보다는 생활비를 버는 것이 더 긴급하게 필요한 일이 되기 때문이다.

경찰을 비롯해 사회질서를 유지하는 데 필요한 공공서비스를 제공하는 기관들이 인원을 줄이고, 초과근무를 줄이거나 없애고, 시설과 장비를 더 이상 늘리지 않을 것이다. 그러나 그동안 법을 잘 지키던 시민들 가운데 삶의 형편이 절박한 나머지 자신의 어두운 측면을 겉으로 드러내는 사람들이 늘어나면서 범죄가 기승을 부리게 될 것이다. 궁핍한 처지에 몰린 사람들이 복지제도를 비롯해 납세자들이 낸 돈이 지원되는 공적부조 프로그램에 기댈 수 없게 될 것이다. 이 때문에 그들은 이미 과도한 부담을 지고 있는 자선조직이나 '비공식 지원망'의 문을 두드리는 수밖에 다른 도리가 없을 것이다. 예를 들어 매주 금요일에 학교 에서 기부된 음식을 하교하는 학생들의 가방에 채워 넣어줌으로써 주말에 학생 들과 그들의 가족이 굶지 않게 해주는 '백팩 클럽(backpack club)'이라는 비공 식 지원망이 현재 미국에서 가동되고 있는데, 경제적으로 어려운 시기가 닥치면 이와 같은 비공식 지원망의 역할이 더 커질 것이다.

1930년대 초에는 일자리를 찾아 가족이 뿔뿔이 흩어지거나 가족 전체가 다 른 먼 곳으로 이사를 하는 경우가 많았다. 이사를 한 가족들 가운데 일부는 대공 황이 시작될 때 미국의 대통령이었던 허버트 후버의 성을 따서 '후버빌 (Hooverville)'이라고 불리던 판자촌에서 살았다. 그들은 버려진 나무상자나 폐 기차량 등을 이용해 만든 엉성하고 남루한 집에서 살아야 했다. 21세기에 들어 와 일어났다가 꺼진 주택 붐 덕분에 이제는 살던 곳을 떠나 다른 곳으로 이사하 는 사람들이 그때에 비해서는 더 나은 집에서 살 수 있게 되긴 했다. 한때 주택 시장이 뜨겁게 달아올랐던 지역들에 압류를 당했거나 분양되지 않아 그대로 비 어있거나 버려진 아파트와 단독주택이 수없이 널려있기 때문이다.

그러한 아파트나 단독주택에서 살 수 있게 된 것 자체는 대공황 시절에 비 해 나아진 점이겠지만, 그러한 곳에서 살게 된 사람들의 불안과 고통은 대공황 시절과 전혀 다를 게 없을 것이다. 그렇게 객지생활을 하게 된 사람들 가운데 다 수는 제대로 먹지도 못하고 건강을 돌보지도 못해 갖가지 질병에 걸려 몸이 쇠 약해질 것이다. 게다가 보건, 위생, 질병관리의 상태가 나빠지면서 결핵과 같은 재래의 질병은 물론이고 중증급성호흡기증후군(사스)과 같은 신종 전염병까지 언제든지 발생할 수 있는 토대가 갖춰질 것이다. 그러한 전염병은 수많은 사람의 생명을 위협할 뿐만 아니라 사람들로 하여금 자기가 격리조치의 대상이 될 수 있다는 두려움과 불안감을 갖게 할 것이며, 이런 효과는 경제붕괴를 더욱 가속화시키는 작용을 할 수 있다.

덫에 걸려 절박한 상태로 몰린 수많은 보통의 미국인이 전면적인 경제적 재앙이 폭넓게 미치는 파급영향에 제대로 대처하기가 어렵다는 사실을 알게 되면서 괴로움, 원망, 죄의식, 좌절감 등에 사로잡힐 것이다. 시간이 흐르면서 그러한 감정이 분노로 표출되는 빈도가 점점 더 잦아질 것이다. 그러다가 이제 더 이상 잃을 것이 없다는 생각을 하게 되면, 그동안 수치심과 자포자기에 빠져 있던 사람들이 이제는 복수를 하고 싶어 하는 심리를 갖게 될 것이다.

낮은 임금과 열악한 근무조건으로 인한 노동자들의 파업, 끝없이 줄지어 늘어선 사람들, 세금인상과 실직에 항의하는 행진, 식량이나 연료의 가격 상승이나 사회복지 혜택의 박탈을 계기로 일어나는 소요 등이 흔히 볼 수 있는 현상이 될 것이다. 항의시위가 점점 더 자주 일어나게 되면서 행동에 나서기를 주저하던 사람들까지도 항의시위에 가담하게 될 것이고, 이에 따라 사회분위기는 갈수록 더 악화될 것이다. 어디를 바라보아도 두려움과 불안감이 팽배해 있을 것이다.

10 | 금융적 영향

금융이란 돈을 이리저리 돌리다가 결국은 사라지게 만드는 기술이다. – 로버트 사노프

제럴드 와일드(Gerald Wilde) 박사는 1994년에 펴낸 저서 《목표위험(Target Risk)》에서 '위험항상성(risk homeostasis)' 이론을 펼쳤다. 위험항상성 이론이란 인간은 인지된 위험에 대한 노출의 정도를 대체로 일정한 수준으로 유지하려고 한다는 주장이다. 와일드 박사는 독일 교통부의 의뢰로 수행된 연구의 결과를 예로 들었다. 이 연구를 수행한 학자들은 잠김방지제동장치(ABS; Antilock Braking System)가 장착된 차종으로 운행차량을 교체하고 있는 뮌헨의 한 택시회사에서 일하는 택시기사들의 사고율이 어떤 변화를 보이는지를 관찰했다.

기존의 이론대로라면 운행차량이 ABS가 장착된 차종으로 바뀌면 택시기사들이 차량이 완파되는 큰 사고를 내는 빈도는 물론이고 가벼운 접촉사고를 내는 빈도도 줄어들어야 했다. 그러나 실제로는 운행차량이 ABS가 장착된 차종으로 바뀐 뒤에도 사고율이 그 전에 비해 그다지 낮아지지 않았다. 게다가 눈이나 비가 내려 도로가 평상시보다 미끄러운 상황에서는 ABS가 장착된 차량을 몰게

된 택시기사들이 기존의 일반적인 브레이크가 장착된 차량을 모는 택시기사들보다 오히려 사고를 더 많이 냈다. 이런 결과가 나온 이유는 '보다 안전한' 차량을 몰게 된 택시기사들의 행태가 기존의 차량을 몰 때와 달라진 데서 찾을 수밖에 없었다. 관찰결과에 따르면 보다 안전한 차량을 몰게 된 택시기사들은 특히 "이전에 비해 굽은 길에서 핸들을 더 급하게 돌리고, 차선을 덜 지키며, 앞차와의 거리도 더 좁히는 경향"을 보였다고 한다.

여러 가지 규칙, 규제정책, 위험관리 도구, 고성능 컴퓨터, 정교한 분석장비 등이 이리저리 얽혀있는 오늘날의 금융도 이와 비슷한 반응을 불러온다. 오늘날의 금융에 도입된 갖가지 서로 연관된 안전조치들은 금융인프라를 안정적이고 탄력성 있게 만들기보다는 오히려 대담하고 무모한 행동을 하도록 사람들을 부추기는 기능을 해왔고, 사람들로 하여금 이판사판의 도박과 같은 투기에 나서게 하는 유인이 많이 존재하는 경우에는 특히 그랬다. 그 결과로 은행과 증권회사를 비롯한 각종의 금융회사들도 점점 더 위험한 행태를 보이게 됐다. 이렇게 개인도 금융회사도 위험을 점점 더 많이 짊어지는 추세는 많은 사람이 가능하다고 생각했던 수준보다 훨씬 더 금융시스템을 취약하게 만들었다.

겉보기에는 유익하게 보이던 그 밖의 다른 변화들도 예기치 못한 결과를 낳은 경우가 많다. 핌코(PIMCO)의 윌리엄 그로스 전무는 2005년에 이렇게 말했다. "금융혁신과 파생상품이 시장의 더 많은 행위주체들 사이에 위험을 분산시킬 수 있게 해준다고 하지만, 다른 한편으로 유동성을 증가시켜 행위주체들로 하여금 차입을 더 많이 하도록 하고, 그들이 시장에서 빠져나갈 때에는 더 빨리 빠져나가도록 해서 시스템 차원의 위험을 더 넓게 확산시킨다." 사실 어떠한 종류든 금융시스템은 신뢰라는 빈약한 토대 위에 구축된 피라미드식 구조물이라는 점에서는 다를 게 없다. 게다가 금융시스템이 계속 유지되면서 원활하게 작동하기 위해서는 많은 가정이 충족돼야 하며, 그 가운데는 검증되지 않은 가정도 적지 않다. 그런데 그러한 받침대들 가운데 무너지는 것이 많아지다 보면 파괴적인 결과가 초래될 수 있다. 역사를 돌이켜보면 금융위기와 금융패닉은 흔히 경기침체와 불황의 서막이었고, 때로는 전면적인 경제붕괴의 전주곡이기도 했다.

2000년 봄에 주식거품이 붕괴하고 6년이 지난 시점에는 금융시스템 전체가 불안정해지고 있음을 알려주는 비교적 뚜렷한 징후가 많아졌다. 그러자 주택의 현금인출기화, 파생상품, 증권화를 비롯한 갖가지 형태의 현대적 금융연금술이 인기를 누리던 시기에 당연시됐던 것들 가운데 다수가 갑자기 의문의 대상이 됐다. 그때까지는 전 세계의 통화금융 여건이 완전히 바뀌면서 시장환경이 점점 더 척박해지고 있었음에도 불구하고 사람들이 여전히 어떤 종류든 유동자산이 대체로 그 가치를 계속 유지할 것이라고 생각했다. 금융회사에 넣어둔 자기 돈을 꺼내 쓰는 게 불가능해질 수 있다고는 누구도 생각하지 못했다.

거래당사자들 사이의 금융적 관계에서부터 오늘날의 금융시스템을 구성하는 요소들 사이, 증권들 사이, 금융상품들 사이, 시장들 사이, 국가들 사이, 경제권들 사이의 금융적 관계에 이르기까지 모든 종류의 금융적 관계가 갖고 있는 성격에 대해서도 사람들은 집단적으로 비슷한 가정을 했다. 사람들은 경기순환 전체 또는 경기순환 가운데 적어도 하강국면에 해당하는 절반은 과거의 유물일 뿐이라고 생각했다. 또한 종종 경제 전체를 뒤흔들곤 하던 극적인 금융위기는 1998년을 마지막으로 해서 자취를 감추었으며 그 뒤로는 더 이상 그런 금융위기는 고려할 필요가 없다고, 특히 연준을 비롯한 규제당국들이 만반의 대비태세를 갖추고 있으므로 그런 금융위기는 이제 걱정하지 않아도 된다고 많은 사람이 믿었다.

그러나 빚, 환상, 왜곡, 과잉을 토대로 해서 그 위에 세워진 경제와 금융의 사상누각이 무너지기 시작하면 그 모든 것이 바뀔 것이다. 그동안 서로 연결돼 있던 현상들이 각기 독립된 현상으로 바뀔 것이고, 그동안 서로 상관관계가 없었던 시장들이 앞서거니 뒤서거니 하며 같이 움직이게 될 것이다. 그리고 모두 몇 조 달러 규모에 이르는 수많은 투자결정을 이끌던 이런저런 투자전략들이 토대로 삼았던 역사적 패턴은 미래를 전망하는 데는 점점 더 가치가 없는 것이 될 것이다.

사람들이 서로 상대방의 합리성과 정직성을 믿는 태도는 약화될 것이다. 또한 은행, 투자자, 규제당국이 각각 책임성 있게 행동하는지에 대해 사람들이 의심스러워할 것이다. 그동안에는 썩은 사과가 몇 개 들어가더라도 파이 전체는 먹을 만하게 만들어질 것이라고 생각하는 사람이 많았을지 모른다. 그러나 평온한 바다가 안전하지 못할 뿐 아니라 두려움까지 불러일으키는 폭포로 바뀌듯이 경제와 금융의 흐름이 역전되면 사람들이 그동안 당연하게 생각했던 것 가운데 다수가 사실은 원래부터 잘못된 것이었음이 판명될 것이다.

사람들은 자산의 유동성이라는 것이 얼마나 부질없는 것인지를 알게 될 것이다. 서로 똑같은 위험을 안고 있고, 위험관리에 서로 비슷한 모형이나 방법을 사용하고 있으며, 따라서 구조적, 조직적, 정서적 압박에 서로 그다지 다르지 않게 대응해온 경제주체들이 일제히 탈출구로 몰려들 경우에 특히 그럴 것이다. 증권화가 가져다주는 모든 편익에도 불구하고 증권화는 결국 양날의 칼이라는 사실이 드러날 것이다. 증권화는 위험을 분산시키기는커녕 오히려 전 세계에 걸쳐 있는 금융이라는 바다를 온통 유독성 물질로 오염시켜온 원인임이 분명해질 것이다. 주택담보대출 채권을 비롯한 각종의 위험자산을 자산담보부증권(ABS; Asset Backed Security)으로 재구성해서 다 털어냈다고 하던 은행들이 그들 자신의 탐욕 때문이었든, 아니면 그러한 증권화 게임에서 수지가 맞을 만한 요소는 좀 남겨두라는 최종투자자들의 압력 때문이었든 간에 사실은 위험자산 가운데 가장 위험한 부분은 털어내지 않고 그대로 보유하고 있었다는 사실도 드러날 것이다.

노련하다고 알려졌던 금융회사들도 투기판에 무모하게 뛰어들었거나, 언제든 갑자기 관리가 불가능해질 수 있는 대규모 파생상품 포지션을 취했거나, 가장 신용도가 낮은 차입자들에게 대출을 해주었거나 하는 식으로 온갖 이롭지 못한 행동을 했다는 사실을 사람들이 알아차리게 될 것이다. 춤을 추던 헤지펀드들은 음악이 끝났을 때 보면 스텝이 엉킨 상태일 것이다. 지방정부, 보험회사, 소규모 은행을 비롯한 기관투자가들 가운데 특히 자신이 말려든 위험을 제대로 인식하지 못한 곳들은 결국 유독성 금융폐기물이 버려지는 쓰레기 처리장이 돼버리고 말았음이 분명해질 것이다.

사람들은 또 다시 뒤늦게야 세상이 장밋빛으로만 보이게 하는 안경을 벗어던질 것이다. 그리하여 사람들은 위험이 이론적으로는 분산됐다고 하지만 실제로는 눈치 채지도 못하는 사이에 소수의 금융회사들에 집중됐음을 알아차리게 될 것이다. 그런 금융회사들 가운데는 미국에서 가장 규모가 큰 금융회사들도 있을 것이고, 또 그 가운데 일부는 미국 전체의 지급결제 인프라에서 중요한 역할을 담당하고 있는 금융회사들일 것이다. 미국인들은 매우 다양한 형태의 수많은 위험이 쪼개지고, 분리되고, 뒤섞이고, 연결되고, 재배분되면서 미국의 금융 전체가 파악할 수도, 관리할 수도 없는 것이 됐다는 사실을 차츰 깨닫게 될 것이며, 특히 여건이 악화되는 시기에는 이런 깨달음이 절실하게 와 닿을 것이다. 다시 말해 과거에는 구조가 단순한 신용위험일 뿐이었던 것이 어느 사이에 신용위험, 금리위험, 거래상대방위험, 경영위험 등이 혼합된 치명적인 폭발물이 돼버렸다는 사실을 미국인들은 뒤늦게 깨닫게 될 것이다.

증권화와 관련된 구조적 장치는 1990년대에 본격적으로 생겨나기 시작한 데 이어 주택담보대출과 주택담보대환대출 붐이 일어난 21세기 초에 가장 활발하게 움직였다. 그런데 증권화는 위와 같은 문제들 외에 또 다른 유해한 부작용들도 초래할 것이다. 정책담당자들이 명시적으로 동의해서 그랬는지의 여부는 분명치 않지만, 어쨌든 증권화는 흥청망청한 신용창출 잔치를 벌이는 것을 가능하게 했다. 또한 금융회사들은 증권화를 통해 주택, 자동차, 신용카드와 관련된 대출채권을 이렇게 저렇게 덩어리로 만들어 팔아먹을 수 있게 됐으므로 차입자들을 관리해야 할 유인을 잃게 됐다. 그들로서는 오히려 차입을 원하는 자가 있으면 그게 누구든 상관하지 않고 돈을 빌려주는 것이 이익이 되는 입장이 됐다. 1990년대에는 이례적으로 오랫동안 심각한 경기침체가 오지 않았다. 그러므로 그 뒤로는 상황이 악화되기만 하면 채무불이행 상태에 빠지는 개인과 기업이 끝없이 줄지어 생겨날 것이 분명했다. 그런데 증권화는 기본적으로 주기적인 성격을 가진 문제를 제거해주기보다는 오히려 오물이 뒤섞인 구정물을 흘러넘치게 해서 금융이라는 지하수를 오염시키는 기능을 해왔다.

비유동적인 채권이나 위험을 판매가 가능한 증권으로 전환시키는 증권화라는 과정은 금융서비스 산업의 기능과 성격이 바뀌는 데 중요한 요인으로 작용했고, 앞으로 금융시장이 붕괴할 경우에 초래될 피해를 더욱 심각한 것으로 만드는 작용을 해왔다. 무역이 세계적으로 급증하면서 온갖 경제적 충격이 무역을 통해 쉽사리 세계의 곳곳으로 전파되는 통로가 많이 만들어진 상황에서 금융서비스 기업들과 실물경제 사이의 연결관계는 그러한 경제적 충격이 일으킨 압력을 더욱 신속하게 확산시키는 역할을 할 것이 틀림없다. 예를 들어 가장 규모가 크고 차입비율이 높은 세계적인 금융회사들은 넓은 범위에 걸쳐 각종의 시장

에서 위험에 노출된 정도에 따라 부과되는 증거금이나 보증금 요건을 충족시켜
야 하며, 이 때문에 어느 한 영역에서 애로가 생기면 필연적으로 그 영향이 널리
파급된다. 그들은 또한 보유자산의 포트폴리오를 적극적으로 운용하는 방식으
로 위험을 관리하며, 이 때문에 소규모 위험이나 지역적인 위험이 빠른 속도로
폭넓게 전파되기 쉽다.

　파국적인 상황이 전개되면 미국인들이 금융권과 실물경제권 모두에서 어
느 사이에 차입비율이 놀라울 정도로 높아졌으며, 양쪽 모두에서 차입자금 가운
데 상당부분이 생산적인 투자에 쓰이지 않고 소비나 투기에 쓰였다는 사실을 분
명하게 알아차리게 될 것이다. 미국인들은 또한 그동안 계속된 거대한 규모의
차입이 대부분 돈을 빌려주기를 영구히 계속하고 싶어 하지는 않는 대출자들
(수많은 해외 채권자들)이나 돈을 빌려주기를 영구히 계속할 능력이 없는 대출
자들(스스로도 재무적 압박을 크게 받고 있는 은행들)로부터 돈을 빌린 것이라
는 사실을 깨닫게 될 것이다. 신용의 사이클이 갑자기 역전되면 주식시장, 채권
시장, 통화시장, 일차산품시장 등이 즉각적으로 그 영향을 받게 될 것이다. 특히
자금공급이 갑자기 중단되어 압박을 받게 된 포지션의 청산이 크게 늘어나게 될
때에 그러한 영향의 타격이 클 것이다. 부동산 거품의 붕괴가 가져오는 파급영
향에 신용여건의 악화가 겹치면 그로 인한 피해가 매우 클 것이다.

　그런데 개인과 기업, 그리고 공공부문의 행정당국만이 위험에 노출되는 것
이 아니다. 자산담보부증권과 지방정부채권을 비롯해 모두 몇 조 달러에 이르
는 각종의 채권을 보증한 정부지원회사(GSE), 은행, 보험회사도 타격을 입을 수
있다. 패니메이와 프레디맥도 예외가 아니다. 이 두 정부지원회사는 과도하게
빚을 진 주택소유자들이 대거 채무이행이 불가능한 상태에 빠지면서 어려움을
겪게 될 것이다. 변동금리 주택담보대출의 원리금 상환부담액 증가율이 두 자

릿수에 이르게 되면 수십만, 아니 어쩌면 수백만의 주택소유자들이 휘청거리게 될 수 있다.

모기지 분야의 양대 거물인 패니메이와 프레디맥의 신용등급이 하향조정될 경우에는 그들이 발행해 놓고는 차입자금을 이용해 되산 1조 달러어치 이상의 주택저당채권담보부증권(MBS)을 포함해 그들이 보증하거나 발행한 증권의 가격이 하락압력을 받게 될 것이다. 이는 다시 추가적인 신용등급 하향조정으로 이어지고, 그러면 다시 그들이 보증하거나 발행한 증권의 가격에 가해지는 하락압력이 더욱 커질 것이다. 시장이 붕괴하고, 시스템 차원의 위기에 대한 두려움이 고조되고, 경제가 위축되면 금리의 변동폭도 커지게 될 것이고, 결국은 미국 재무부의 에밀 헨리(Emil Henry) 차관보가 2006년에 거론했던 '지급불능의 초대형 태풍' 시나리오가 현실화될 것이다. 그 태풍은 이미 흔들리고 있던 부동산시장을 떠밀어서 아예 절벽 아래로 굴러 떨어뜨리려고 하면서 패니메이와 프레디맥에 커다란 타격을 입힐 것이다.

거의 전적으로 시장이 주도하는 금융이라는 영역에서는 이와 유사한 여러 가지 악순환 구조들로부터 일련의 충격파가 잇달아 발생해 걷잡을 수 없이 퍼질 가능성이 있다. 혼란스러운 상황과 되풀이되는 신용등급 하향조정도 그러한 충격파를 불러일으키는 원인이 될 수 있다. 게다가 연쇄적인 재앙이 이런 정도에서 그치리라는 보장은 없다. 시장의 불안정한 변동과 계속 이어지는 기업의 파산도 기업경영자와 소비자들의 심리에 파괴적인 영향을 끼칠 수 있다. 이런 상황이 전개되면 긴축과 청산거래의 속도가 더욱 빨라져서 결국은 경제적 협공의 성격을 띤 악순환이 계속될 것이다.

덩치가 큰 주요 기업이나 금융회사의 신용에 토대를 둔 대규모 거래들이 금융시스템 전체에 혼란을 초래할 것이다. 그러한 상황에서는 규모가 크거나 금융활동을 다양하게 벌이는 게 유리하다는 말은 잔인한 농담 정도로나 들릴 것이다. 특정한 몇 개의 대규모 금융회사는 망하게 놔둘 경우에 경제적 무정부상태를 초래하는 원인이 될 수 있으므로 망하도록 방치되지 않을 것이라는 가정이 유일하게 그러한 말을 뒷받침하겠지만, 이런 가정도 점점 더 타당성을 잃게 될 것이다.

사모투자 부문에서는 은행을 비롯한 관련 금융회사들이 너무 많은 돈이 들어오자 그 돈을 가지고 비유동적인 자산을 사들이거나 경제상황의 변화에 민감하게 영향을 받는 기업에 대출해준 경우가 엄청나게 많았고, 이로 인해 사모펀드의 부실화나 파산이 한번 일어나면 가속적으로 확산될 가능성이 높다.

이런 점들을 모두 감안하더라도 모든 사람에게 혼란을 초래할 것으로 가장 먼저 꼽아야 할 것은 시장의 마비, 금융회사의 파산, 경제의 전반적인 와해 등이 전개되는 속도일 것이다. 과거에도 공황이 거의 순식간에 닥친 경우가 종종 있었다. 역사를 돌이켜보면 경제붕괴의 속도는 차입비율이 얼마나 높은가, 기업들의 재무구조가 얼마나 취약한가, 경제여건과 통화금융 부문의 상황이 얼마나 나쁜가, 불법적인 활동이나 심각한 경영실패가 있었는가 등에 의해 결정됐음을 알 수 있다. 이러한 요인들이 일제히 문제가 된다면 그때에는 상황이 급격히 악화되기 쉽다.

어빈 스프라그는 저서 《구제조치: 은행의 도산과 구제에 대한 한 내부자의 이야기(Bailout: An Insider's Account of Bank Failures and Rescues)》에서 "때로는 은행의 파산이 매우 빠른 속도로 일어난다"며 "특히 사기사건이나 뱅크 런이 발생하는 경우에는 그 속도가 엄청나게 빠르다"고 지적했다. 1984년에 파산한 콘티넨털일리노이은행의 경우에는 "불과 며칠 만에 무릎을 꿇었다"고 당시의 은행산업 내부자가 말했다고 한다. 그 이유는 이 은행이 지나치게 공격적인 대출영업을 하는 동시에 그에 필요한 자금을 조달하기 위해 예금보험의 보호를 받지 못하는 종류의 수신상품을 통한 대규모의 예금유치와 단기차입에 너무 많이 의존한 데 있었다.

많은 사람이 일제히 패닉에 빠지게 되면 흔히 유익한 요소로 이야기되던 더 빨라진 통신, 고성능 컴퓨터, 투자포트폴리오의 실시각 가치평가, 공격적인 투자방법 등이 그 전과 같이 유익한 요소로만 간주되지는 않을 것이다. 경제적 참상이 더욱 심각해지면, 노련하다는 투자자들이 좋았던 시기에 엄청난 규모의 차입을 해서 그 돈으로 판매가 불가능한 자산을 구입하거나 시장에서 쉽게 매각될 수 없는 비유동적인 투자포지션의 손실위험을 유동적인 증권으로 헤지하는 등의 '악마와의 거래'를 했다는 사실을 사람들이 알아차리게 될 것이다. 그러나 그런 거래를 한 투자자들은 어떤 일이 벌어지고 있는지를 알게 됐다고 해도 얼른 발을 빼고 도피할 수 없는 처지일 것이다.

규제당국의 구제조치에 기대를 걸었던 사람이나 기업들은 그런 기대가 헛된 것이었다는 각성을 하게 될 것이다. 경제와 시장의 붕괴, 기업파산의 확산, 국제적 갈등의 폭발, 사회적 혼란 등이 뒤섞인 열폭풍이 휘몰아치면 규제당국은 과도한 대응을 하게 되거나 관료적 마비의 상태에 빠질 것이다. 연준에 대해서도 불필요한 긴축에 나서서 경제를 목 졸라 죽게 만든 다음에 통화공급의 물꼬를 활짝 열어서 초인플레이션을 초래했다는 비난과 동시에 충분한 대응조치를 취하지 않았다는 질책이 쏟아질 것이다. 그때쯤이면 연준의 선조 격인 미국제일은행(First Bank of the United States, 미국의 건국 초기에 의회의 인가로 설립된 은행으로 1791년부터 1811년까지 정부자금을 관리하는 역할을 수행했다―옮긴이)과 미국제이은행(Second Bank of the United States, 미국제일은행의 후신으로 설립돼 1816년부터 1836년까지 운영됐다―옮긴이)이 각각 20년간의 인가기간이 끝난 뒤에 문을 닫았던 것과 비슷하게 연준도 자신의 생명이 다했음을 스스로 인식하게 될지도 모른다.

정치적 리더십이 무기력해지고 규제당국의 무능력함이 드러나는 가운데 연준이 사실상 사라질 것으로 전망되기까지 하면 이미 폭넓게 번진 신뢰의 위기가 더욱 심각해질 것이다. 점점 더 많은 미국인이 어떻게 상황에 대처하며 살아가야 할지, 갈수록 가치가 줄어드는 예금을 은행에서 인출하는 데는 지장이 없을 것인지를 크게 걱정하게 될 것이다. 경제, 금융, 정치의 영역이 점점 더 무거운 압박을 받게 되는 가운데 사람들의 좌절감, 분노, 불안감, 배신감도 점점 더 커질 것이다. 이런 분위기는 진실을 파헤치려는 움직임을 확산시킬 것이고, 어떤 방식으로든 책임을 져야 할 자들을 가려내 단죄하려는 움직임을 부추길 것이다.

한편으로는 금융위기가 전개되는 과정에서 투명성이 새로이 강조되면서 금융회사들이 이전에 저지른 사기행위, 부패행위, 부정한 자기거래 등이 대거 노출될 것이지만, 그 복잡한 내용을 제대로 파악할 수 있는 사람은 그리 많지 않을 것이다. 은닉됐던 손실, 회계조작, 부풀려진 평가, 대규모 부외부채, 가격산정의 오류, 규제를 피할 수 있는 외국에 설립된 자회사, 가공의 이익, 내부자거래 등에 관한 보도는 물론이고 기업 내부의 극소수 개인들이 종업원, 투자자, 은행, 채권자 등을 희생시키면서 자기의 이익을 도모하다 보니 껍데기만 남게 된 기업들에 관한 보도도 날마다 터져 나올 것이다. 이런 것들을 비롯한 각종의 사실들이 새롭게 폭로되면서 기업, 정부, 개인을 가릴 것 없이 모두의 처지가 불과 몇 년 전까지 추측했던 수준보다 훨씬 더 악화될 것이다. 한스 크리스티안 안데르센이 쓴 동화 《벌거숭이 임금님》에는 벌거벗은 임금님이 행차하는 모습을 어린이가 구경하는 장면이 나온다. 그 어린이와 비슷하게 미국인들은 아무런 실체도 없는 벌거숭이 기업들을 바라보면서 어리둥절해 할 것이다.

은행을 비롯한 수많은 금융회사가 그동안 완전히 잘못 경영돼오면서 놀라울 정도로 많은 약탈을 당해왔다는 사실이 폭로될 것이다. 또한 몇십 년간 지속된 방종과 과잉의 후유증으로 생겨난 신용거품이 붕괴하고, 형편이 어려워진 많은 채무자가 채무원리금 상환을 중단하거나 담보로 잡힌 자기 재산을 아예 포기하는 상황 속에서 많은 금융회사가 죽지 않고 그저 살아남기에도 힘겨워할 것이다. 시간이 더 흐르면 자동차회사를 비롯한 실물기업의 부실화된 금융자회사를 포함한 수많은 금융회사가 어쩔 수 없이 문을 닫게 될 것이고, 이로 인해 실업률은 더 올라가고 시장의 혼란은 더 심해질 것이다.

연방예금보험공사의 예금보호 대상인 은행들의 손실이 늘어나면서 그나마 남아있던 준비금을 더욱 깎아먹게 되면 예금대지급이 지연되기 시작할 것이며, 정부는 연방예금보험공사의 예금보호 규모를 줄이거나 예금보험공사가 예금을 보호해주는 제도 자체를 폐지하는 방향으로 단계적인 조치를 취하게 될 것이다. 악성부채, 수상한 거래, 무모한 투자 등에 관한 소문이나 언론보도가 이미 기울기 시작한 은행들에 대한 사람들의 신뢰를 더욱 허물어뜨릴 것이다. 패닉에 빠진 예금자와 투자자들이 아직 돈을 꺼낼 수 있을 때 꺼내려고 전국의 은행지점과 증권사 지점들에 몰려들 것이다. 그러나 유감스럽게도 금융붕괴의 과정이 결정적인 국면에 이르기도 전에 자기 돈이 묶여버려 꺼낼 수가 없게 됐음을 알게 되는 불운한 사람도 많을 것이다. 인플레이션으로 파괴되거나 파산절차를 비롯한 이런저런 절차에 묶이지 않은 돈 가운데서도 일부는 정부의 인출제한 조치, 은행이나 증권사들의 일시휴업이나 그들을 덮친 유동성 압박 등으로 인해 인출이 불가능해질 것이다.

결국은 은행예금 계좌, 머니마켓펀드 계좌, 뮤추얼펀드 계좌와 같은 다양한 금융계좌들이 동결되거나 인출가능 금액에 엄격한 제한이 가해질 것이다.

금융계좌의 주인이 현금 대신에 정부의 차용증서와 같은 것을 대신 받아야 하는 경우도 있을 것이다. 직불카드와 신용카드의 사용에도 제한이 가해질 것이다. 사람들이 거의 전적으로 전자결제에 의존하는 시대에 이런 조치가 취해지다 보면 그 충격과 파급영향이 대단히 클 것이다. 느닷없이 예금보호의 대상에서 제외된 예금자를 비롯해 금융회사에 계좌를 갖고 있는 사람들의 원금손실률이 대공황 때의 기록인 19퍼센트를 훨씬 넘어설 것이다.

자신의 경제적 후생이 크게 악화되고 장기적인 미래전망이 암울해지는 것이 예금자들만의 사정은 아닐 것이다. 평생을 절약하고 저축하면서 살아온 사람들, 그 가운데서도 특히 장애자가 되는 경우나 은퇴한 뒤에 일정한 금액 또는 물가상승률만큼 증가되는 금액을 정기적으로 지급받게 돼있던 사람들도 위협을 받게 될 것이다. '부자였던 사람들'이라고 부르는 것이 더 정확할지는 모르지만 여하튼 '부자들'도 무사하지는 못할 것이다. 부자들도 자기의 재산을 다른 안전한 곳으로 일찌감치 옮겼거나 재앙의 각 국면에 민첩하게 잘 대응한 경우가 아니라면 경제와 금융의 아마겟돈에 갇혀 십자포화를 얻어맞는 처지가 될 것이다.

미국자산을 소유하고 있는 외국인들은 미국자산의 가격과 달러화의 가치가 급격히 하락하면서 가하는 타격을 그대로 받으면서 손실을 입게 될 것이다. 그들이 아수라장에서 벗어나기 위해 취하는 조치들과 세계적 불균형이 '조정'되는 과정은 오히려 무질서해서 그들의 손실규모를 더욱 키울 것이다.

미국인들은 물론이고 세계의 다른 나라 사람들에게도 대학살과 같은 금융붕괴의 재앙은 지루하게 이어지며 결코 끝나지 않는 소모전과 같은 것이 될 것이다.

11 | 사회적 영향

도덕규범은 환경의 여건에 스스로 적응한다. – 윌리엄 듀랜트

사법당국에서 일하는 관리나 범죄학자 가운데 많은 사람이 1990년대에 뉴욕 시에서 범죄율이 전례 없이 큰 폭으로 떨어진 데는 '깨진 유리창 이론(the broken-window theory)'에 입각한 정책이 중요한 역할을 했다고 주장한다. 깨진 유리창 이론은 간단히 말해 '무질서는 더 많은 무질서를 부른다'는 것이다. 맬컴 글래드웰(Malcolm Gladwell)은 1996년에 〈뉴요커〉를 통해 발표한 글과 2000년에 펴낸 저서로 베스트셀러가 된《티핑 포인트(The Tipping Point)》에서 뉴욕 시의 경찰당국이 취한 전략적 정책에 대해 설명했다. 뉴욕경찰의 그 정책은 같은 시의 운수청에서 먼저 시도해 성공을 거둔 정책을 본뜬 것이었다. 운수청은 지하철을 타면서 요금을 안 내거나 교통시설에 소소한 손상을 입히거나 하는 작은 범죄가 더 큰 중대한 범죄로 이어질 수 있다고 보고 그러한 작은 범죄를 철저히 단속해 교통분야의 범죄율을 낮추는 데 성공했다.

뉴욕이 전보다 안전한 곳이 된 것이 뉴욕경찰의 그러한 노력 덕분일까?

1990년대에 미국 전체를 휩쓴 경제적 붐과 뉴욕경찰의 '무관용 정책(zero-tolerance policy)' 가운데 어느 것이 보다 안전해진 뉴욕과 상관관계가 더 높은 지는 따져봐야 한다고 생각하는 사람들도 일부 있을 것이다. 사회학자 스티븐 복스(Steven Box)라면 아마도 뉴욕이 보다 안전하게 된 데는 경제적 붐의 역할 이 더 컸다고 주장할 것 같다. 왜냐하면 그는 1977년에 펴낸 저서《불황, 범죄, 처벌(Recession, Crime, and Punishment)》에서 실업, 빈곤, 치열한 경쟁 등과 불 법행위 사이에 강한 연관관계가 있다고 주장했기 때문이다. 그는 미국을 비롯 한 여러 나라에서 이루어진 조사를 토대로 "물질적 환경의 악화는 더 많은 범죄 로 이어진다"는 결론을 내렸다.

　법을 준수하던 사람이든 아니든 개인이 범죄행위나 일탈행위를 하게 되는 데는 물질적 환경 외에 다른 여러 가지 관계나 환경도 영향을 미치는 것이 틀림 없다. 그러나 여하튼 앞으로 경제적, 금융적 재앙이 닥치면 그러한 여러 가지 요 인들이 두루 결합하면서 강력한 자극이 되어 사람들 사이에 좌절감과 분노를 불 러일으키고, 살아남기 위해 필요한 것이라면 무엇이든 다 하겠다는 태도를 부추 길 것이다. 낙관주의가 사그라지고, 실업률이 치솟고, 경제활동이 위축되고, 가 용자금이 바닥날 지경이 되고, 치안을 비롯한 사회적 서비스와 사회안전망에 대 한 예산지출이 줄어들면서 궁핍과 절망이 확산되는 동시에 사회는 결속력을 잃 고 해체되는 양상을 보일 것이다.

　반사회적 행동 가운데는 음식, 적절한 주거시설, 보건의료와 관련이 있는 삶의 기본적인 수요를 충족하려는 충동에서 초래되는 것이 많을 것이다. 그러 나 불확실성으로 인한 불안감과 두려움에서 오는 스트레스가 일으키는 반사회 적 행동도 있을 것이다. 더 작은 집에 더 많은 가족이 살아야 하는 경우도 많을 것이다. 경제적으로 독립하지 못한 어른, 노인, 그리고 먼 친척까지도 한 집에서 살다보면 가정에 마치 압력솥 속에 갇힌 것과 같은 분위기가 형성되어 이따금 마찰이 빚어지기도 할 것이다. 그 결과로 가정 내 폭력과 학대가 이전보다 훨씬 더 절박하게 대응을 필요로 하는 문제가 될 것이다.

경제적 부담의 증가와 미래전망의 악화로 인해 결혼율과 출산율이 떨어지는 반면에 이혼율은 높아질 것이다. 이런 추세는 갖가지 재화와 서비스에 대한 수요를 더욱 억제하고, 소비자신뢰지수를 기록적으로 낮은 수준까지 떨어뜨릴 것이다. 경제와해가 본격화되면 일자리를 비롯한 각종 돈벌이의 기회를 둘러싼 경쟁이 매우 치열해지면서 사회를 분열시키는 작용을 하게 될 것이다. 이로 인해 특히 빈부격차가 더욱 확대될 것이다.

노년층 인구가 빠른 속도로 늘어나면서 그들의 목소리가 점점 더 높아질 것이고, 연금과 의료서비스를 비롯한 은퇴후 복지급여의 수준이 훼손되지 않도록 그들 자신이 갖고 있는 사회적 영향력을 행사하려고 할 것이다. 그들은 사회 전체적으로 보아 빠른 속도로 늘어날 그러한 은퇴후 복지급여의 부담을 전통적인 노동연령층에 속하는 사람들에게 점점 더 많이 떠넘길 것이다. 또한 경제상황이 점점 더 악화되면서 연령층과 무관하게 모든 사람이 갈수록 줄어드는 일자리를 놓고 더욱 더 치열한 경쟁을 벌이게 될 것이다. 이로 인해 점점 더 많은 경제적, 사회적 문제를 놓고 세대간 갈등이 고조될 것이다.

일자리를 구하지 못했거나 가족 또는 친구의 지속적인 도움을 확보하지 못한 사람들은 사회안전망에 뚫린 구멍도 그동안 크게 넓어졌다는 사실을 알아차리게 될 것이다. 연방정부를 비롯한 각급 정부는 그동안의 방만한 지출과 예산 낭비에서 비롯된 후유증을 겪는 가운데 세금을 인상하려고 하면 납세자들의 강력한 저항에 부닥치게 될 것이고, 이 때문에 지원을 가장 절박하게 필요로 하는 개인이나 가족들을 돕기 위한 것을 제외하고는 모든 복지프로그램을 폐지하거나 그 내용을 약화시키려고 할 것이다. 다른 한편으로 민간 자선조직들의 기부금 수입도 급격하게 줄어들 것이다. 그들의 활동을 지원하던 사람들도 경제적 압박을 크게 받다보면 어려운 이웃을 돕는 데 돈을 덜 쓰게 될 것이기 때문이다. 점점 더 많은 지원요구를 받게 되는 반면에 기부금 수입은 크게 줄어들게 되는 비영리 조직들 가운데서 파산하는 곳도 많을 것이다.

새로이 펼쳐지는 엄혹한 경제환경에 잘 대처하지 못해 집을 잃고 길거리에 나앉아 굶주리면서 당황해하는 미국인의 수가 점점 더 많아질 것이고, 이와 동시에 거리에서 구걸하는 행위도 전례 없는 수준으로 늘어날 것이다. 그 밖의 다른 사회적 병증들도 폭넓게 늘어날 것이며, 특히 희망을 잃은 사람들이 마약이나 술에서 위안을 찾고자 하는 경우에는 특히 그러할 것이다. 극소수이겠지만 일부 개인들은 사회적 틀의 붕괴를 자기의 가장 원시적인 본능을 드러낼 기회로 삼아 야만적인 폭력과 살인을 저지르게 될 것이다.

모범적인 시민이었던 사람들조차도 자신과 가족을 돌보기 위해서는 법을 어기는 것밖에 다른 도리가 없게 될 것이다. 사람들이 저지르는 불법행위 가운데는 공공장소에 놓여있는 노트북 컴퓨터를 주인이 자리를 비운 사이에 훔치거나, 상점을 들치기하거나, 슈퍼마켓에서 값을 치르지 않고 식료품을 슬쩍 갖고 나오거나 하는 작은 범죄도 많을 것이다. 어쨌든 범죄가 기승을 부리게 될 것이고, 특히 재물을 훔치거나 빼앗는 범죄가 크게 늘어날 것이다.

한편으로는 경제상황을 악용하는 약탈자가 수없이 나타나 힘없고 가난한 사람들을 괴롭힐 것이다. 그 가운데는 차입자들에게 가혹한 대출조건을 적용한 뒤에 빚을 갚지 못하는 차입자에게 고통스러운 결과를 맛보게 하는 약탈자도 있을 것이고, 돈을 빌려주는 대가로 차입자에게 온갖 엉뚱한 서비스의 제공을 요구하는 약탈자도 있을 것이다. 권한이 있는 자리, 특히 공공부문의 그러한 자리에 앉아있는 약탈자들에게는 부패가 만병통치약으로 여겨질 것이다. 그들은 특혜를 베풀어주거나 자신의 영향력을 발휘해주는 대가로 현금으로든 물건으로든 뇌물을 받으려고 할 것이다.

그러는 가운데 조직범죄자들은 재빠르게 활동범위를 넓히면서 사회의 구조적 와해를 활용해 이득을 취하려는 움직임을 보일 것이다. 그들은 고리대금업, 성매매, 마약거래, 도박, 신분위장 범죄, 절도를 비롯한 갖가지 불법활동에 적극적으로 뛰어들 것이다. 대공황 시기에도 마피아를 비롯한 범죄조직들이 조직력과 영향력의 강화라는 측면에서 크게 발달했다. 당시에 대중적으로 인기가 없는 금주법이 시행된 것도 범죄조직들에게 도움이 됐다. 왜냐하면 금주법의 규제를 우회하고자 하는 사람들을 돕는 일이 그들에게 이익을 가져다주었기 때문이다. 어쨌든 앞으로 닥칠 경제붕괴의 과정에서도 대공황 때와 대체로 비슷한 상황이 전개될 것이 거의 틀림없다. 이미 미국에 자리를 잡은 아시아계, 동유럽계, 중남미계 범죄조직들만이 아니라 미국의 자생적인 범죄조직들도 활동범위를 넓히면서 영향력을 강화해나갈 것이다.

게다가 그들의 활동은 이전에 비해 저항을 훨씬 덜 받을 것이다. 왜냐하면 경찰을 비롯한 치안당국도 정부의 다른 부서들과 마찬가지로 예산의 압박을 받을 것이기 때문이다. 치안당국도 초과근무, 고용, 훈련, 봉급인상, 기술적 장비 확충 등을 위한 지출을 줄이는 도리밖에 없을 것이다. 그러한 상황에서는 삶의 환경이 훨씬 더 위험해질 것이고, 문제가 아주 심각해진 뒤에야 개선을 위한 노력이 생겨날 것이다. 이미 삶의 환경이 열악하다고 여겨지는 지역은 물론이고 주택거품이 붕괴하는 과정에서 버려진 주택단지와 그 주변에 새롭게 생겨나게 될 빈민촌의 주거여건이 특히 나쁠 것이다.

형사사법제도 전체가 예산과 인원이 부족한 가운데 수많은 소송과 재판을 처리해야 하는 상태가 되는 것도 질서유지에 장애가 될 것이다. 형사소송 사건 가운데 적어도 일부는 호황의 시기에 저질러졌으나 그때에는 보이지 않게 은닉됐던 사기 등의 범죄와 관련된 사건일 것이다. 경제상황이 나빠지면서 이전에 체결된 계약은 물론이고 제품보증과 보험계약을 비롯한 온갖 종류의 계약이나 약속과 관련된 채무에서 벗어나려고 하는 움직임이 일어날 것이고, 이로 인해 민사법원과 형사법원은 모두 폭증하는 소송을 처리하느라 과중한 업무부담에 짓눌릴 것이다.

많은 사람이 무력감을 극복하기 위해 집단을 이루어 수의 힘에 기대려고 할 것이다. 앞에서도 지적했듯이 오랜 기간에 걸쳐 약화돼온 노동조합은 다시 극적으로 활성화될 것이다. 노동조합 외에 경제적인 상부상조를 포함한 공동체적 연대를 추구하는 조직과 회원들끼리 서로의 관심사와 이익을 돌보는 친목단체가 인기를 회복하고 영향력을 키워갈 것이다. 힘을 과시하고자 하는 충동과 더불어 억눌린 좌절감의 압력과 변화에 대한 욕구가 항의시위, 파업, 행진을 포함한 수많은 집단행동을 불러일으킬 것이다. 소요도 일어날 것이고, 역겨운 폭력사태도 자주 일어날 것이다. 처음에는 평화로운 운동으로 시작된 사람들의 시민적 행동이 다른 사악한 의도를 가진 자들의 선동으로 인해 도중에 변질되는 경우도 점점 더 늘어날 것이다.

상황이 이와 같이 전개되면 기존질서는 여러 측면에서 공격을 받게 될 것이다. 그러나 정치권과 정부가 응답해주기를 기대하는 사람들은 아마도 곧바로 정치권과 정부의 리더십이 고갈됐음을 알아차리게 될 것이다. 정치인들은 보신을 위해 각자 숨을 곳을 찾기에 바쁠 것이고, 정부의 정책담당자들은 공포와 불안감에 휩싸이며 마비되는 증상을 보일 것이다. 결국 정치권과 정부는 관료적 진공상태에 빠져 옴짝달싹하지 못하게 될 것이다. 각종의 위기가 빠른 속도로 꼬리를 물고 이어지면서 무기력증, 우유부단함, 책임전가가 확산되는데다가 적어도 연쇄적인 위기의 초기에는 맹목적인 낙관주의까지 가세하면서 현실의 암울한 상황을 무턱대고 부정하는 태도가 만연할 것이다. 한편으로는 강력한 리더십과 적극적인 대응조치에 대한 요구가 강화되고, 다른 한편으로는 보조, 구제, 추가급여, 특별대우에 대한 요구가 강화되면서 이 두 가지 요구 사이의 갈등이 끊임없이 이어질 것이다.

아마도 역설적인 현상이겠지만, 그와 같은 상황에서는 권위에 대한 사람들의 태도가 확산되는 사회적 분열을 반영해 점점 더 양극화될 것이다. 어떤 사람들은 강력한 중앙의 권위가 수립될 필요가 있다고 주장하면서 그러한 중앙의 권위에 충성을 다 바치겠다는 광적인 맹세를 하고, 미국을 비롯한 전 세계 모든 나라의 정부에 비타협적인 태도를 취하라고 촉구할 것이다. 그런가 하면 또 어떤 사람들은 그와 반대로 효과가 없거나 무책임한 정책을 몇십 년 동안 계속 펴온 정부와 그 실패한 리더십 때문에 현실의 상황이 그렇게 나빠지게 된 것이라고 주장하고, 극적인 변화와 어떤 형태로든 대중적 궐기가 필요하다는 생각을 점점 더 강하게 밝힐 것이다. 이 가운데 어느 쪽이 더 애국적인 태도인가, 또는 민중의 의지에 부합하는가를 놓고서도 갑론을박이 벌어질 것이다. 친정부 쪽과 반정부 쪽 사이의 견해차이는 점점 더 양극화되는 대중정서의 흐름을 반영하는 것일 터이므로 그와 같은 갑론을박은 보기 흉한 대치와 충돌로 이어질 것이다.

미국이 이라크를 침공한 뒤로 미국인들 사이에 본격적으로 자리 잡기 시작한 당파적이고 비타협적인 태도는 경제가 하강하는 과정에서 점점 더 강화될 것이다. 민주당을 지지하는 사람이든 공화당을 지지하는 사람이든 많은 미국인이 문제의 해결을 위해 정치적인 입장을 뛰어넘어 힘을 합치기보다는 서로 상대편을 탓하고 상대편을 희생시켜 단기적으로나마 이익을 취하려고 하는 습관에 빠저들 것이다. 사실 연방정부를 공화당에 내준 뒤 여러 해에 걸쳐 야당으로 지내온 민주당이 운수의 극적인 반전 덕분에 집권하게 되면 바로 그렇게 된 것 때문에 대담해져서 공화당 정부가 남겨놓은 흔적을 모조리 지워버리는 것을 최우선 과제로 삼을 가능성이 있고, 심지어는 그렇게 할 경우에 파괴적인 결과가 초래될 우려가 있다고 해도 그렇게 할 가능성까지 있다. 민주당의 일부 강경파는 더 나아가 과거 공화당 정부의 행적에 대해 대규모 조사와 탄핵은 물론이고 형사재판까지도 밀어붙이려고 할 것이다.

시간이 흐르면서 정치권은 관용의 태도가 완전히 사라지고, 대의정치의 정상적인 절차가 방해를 받고, 과격한 주장이 난무하는 곳이 될 것이며, 집권여당에 속하는 정치인들은 어려운 상황을 어떻게든 잘 극복해보려고 하는 사람들과 교감하기보다는 스스로 희생을 당하고 권리를 빼앗겼다고 생각하는 사람들의 정신적, 심리적 상처를 들쑤시려고 할 것이다. 더 나아가 집단적인 불안감을 악용하고 강력한 리더십과 극적인 변화에 대한 욕구를 역이용하고자 하는 전제주의적이고 위험한 종류의 포퓰리즘이 배양되기에 적합한 환경이 그러한 현실상황으로 인해 조성될 수도 있다.

유사점보다는 차이점을 강조하는 분리주의와 배타주의라는 나쁜 사고방식도 경제현실에 의해 부추겨진 뒤에 아예 자리를 잡게 될 것이 거의 틀림없다. 모두를 '우리'로 아우르는 사고방식보다는 '우리와 저들'이라고 편을 가르는 사고방식이 더 강한 힘을 발휘하게 될 것이다. 경제상황이 악화되는 과정에서 이런 사고방식이 득세하게 되면 문제만 더 꼬이게 될 뿐이다. 경제적 여유가 없는 상황에서는 사람들 사이의 관계 하나하나가 어느 한 사람의 이득은 다른 사람의 손실인 관계로 비치게 마련이고, 이 때문에 많은 미국인이 조금이라도 자기와 다른 사람이 있다면 사실상 그게 누구인지를 가리지 않고 무조건 거부해야 한다고 생각하게 될 것이다. 왜냐하면 나와 다른 사람은 나의 생존을 위협하는 존재라는 다원주의적 심리가 작용하게 되기 때문이다.

편협함과 더불어 다른 인종, 문화, 종교에 대한 거의 광적인 증오가 미국사회의 모든 층위에 점점 더 많이 스며들 것이다. 반유대인 정서, 반무슬림 정서, 반기독교 정서가 아마도 거의 똑같은 정도로 증폭될 것이다. 일반적으로는 외국인, 특정해서는 이주노동자도 쉽사리 이러한 정서의 표적이 되는 양상이 미국사회에서 분명해질 것이다. 미국이 외국에서 생산된 제조업 제품과 외국에서 빌려온 돈에 오랜 기간 의존해왔다는 사실도 외국인에 대한 미국인들의 분노를 증폭시키는 작용을 할 것이고, 이에 따라 미국인들 사이에 편집증적인 외국인 혐오의 감정이 폭넓게 확산되고, 비유적인 의미에서나 말 그대로의 의미에서나 미국 국경의 문을 닫아걸려는 움직임이 강화될 것이다.

어디에서든 미국 중심의 관점을 조금이라도 거부하는 세력이 눈에 띄면 미국인들은 증거도 없이 그 세력에 '바람직하지 않은 자들', '전복을 기도하는 자들', 심지어는 '적의 전투원들'이라는 딱지를 붙일 것이다. 그렇게 되면, 한때 자유의 여신상이 전 세계의 모든 사람을 손짓해 부르는 나라였던 미국에서 더 이상 외국인 방문자들이 환영을 받고 있다고 느끼지 못할 것이다. 미국으로 이주하려는 사람들이나 미국에 잠시 체류하려는 사람들도 미국으로부터 점점 더 냉랭한 대접을 받을 것이다.

악화되는 상황이 노사관계에도 해로운 영향을 끼친다고 해서 놀랄 일이 아닐 것이다. 경영자들이 기업의 생존을 도모하기 위한 전략으로 노사간 합의를 파기하고, 부가급여를 줄이고, 재무상의 위험을 노동자들에게 전가하는 등의 조치를 취하겠지만, 그러한 조치는 상황을 개선하는 데 도움이 되지 않을 것이다. 심각한 재무적 곤경에 빠진 기업들은 경영진과의 협상에 임하는 노동자들의 태도가 녹록하지 않게 됐다는 사실을 알아차리게 될 것이다. 비단 경영진뿐만 아니라 주주들도, 그리고 역내 기업이 파산할 경우에 큰 손실을 입게 되는 지역사회도 노동자들의 태도가 그렇게 변했다는 사실을 알아차리게 될 것이다. 증권화가 시장을 휩쓸고 공격적인 금융영업의 시대가 열리기 전에는 어떤 기업이 곤경에 빠지면 관련 채권금융회사와 투자자로서는 그 기업이 살아남아 계속 발전해나가도록 돕는 것이 자신에게도 이익일 수 있었지만, 이제는 더 이상 그렇지 않을 것이다. 오히려 대규모 해고, 공장이나 사업부문의 급작스러운 폐쇄, 관리도 제대로 이루어지지 않는 유휴시설 등이 실물경제를 어지럽히는 가운데 파산법원이 기업들의 운명을 결정하게 될 것이다.

식량, 물, 연료, 의약품을 비롯한 생활필수품의 품귀현상과 정전, 심지어는 지역적인 기근의 양상까지도 되풀이해서 나타날 것이다. 게다가 무역전쟁과 군사적 갈등을 비롯해 국내경제나 세계경제의 정상적인 작동을 가로막는 사태가 가져오는 파급영향이 경제적 참상을 더욱 심화시킬 것이다. 경제와해가 좀더 진행된 뒤에는 사재기 현상이 혼란을 가중시킬 것이다. 투기꾼들은 물론이고 그동안 수요의 붕괴로 타격을 입은 기업의 경영자들도 그러한 비참한 상황을 오히려 이익창출의 기회로 삼으려는 행동에 나서면서 문제를 더 꼬이게 만들 것이다.

정부의 정책이 바람직하지 못한 방향으로 왜곡되면서 다리와 터널이 무너지고, 상하수도 시스템에 장애가 생기고, 유지관리가 소홀해져 도로가 거의 못 쓰게 되는 등 사회간접자본 시설이 붕괴하게 되면서 미국인들은 마치 포위공격을 당하는 듯한 혼란스러운 압박감을 더욱 크게 느끼게 될 것이다. 공공부문과 민간부문 양쪽 모두의 의사결정자들이 이것저것 가리지 않고 마구 비용절감에 나서는 잘못된 조치를 취하게 되면서 그렇지 않아도 노후화된 공공시설에서 사고가 자꾸 일어나고 환경적 재앙도 거듭 발생하게 될 것이고, 이런 양상은 미국인들이 느끼는 압박감을 더욱 증폭시킬 것이다.

응급의료시설을 비롯한 병원들은 자금조달이 어려워지는 상황에서 건강보험의 보호를 거의 또는 전혀 받지 못하는 환자를 점점 더 많이 진료해야 하는 입장이 될 것이고, 이에 따라 어쩔 수 없이 그런 환자에 대해 진료를 거부하거나 진료의 내용을 제한하는 조치를 취하게 될 것이다. 많은 사람이 이미 영양섭취도 충분히 하지 못할 정도로 가난하게 살고 있는 상황에서 적절한 의료서비스까지 받지 못하게 되면서 사람들의 건강상태가 전반적으로 크게 나빠질 것이다. 이로 인해 기대수명이 줄어들고, 유아사망률이 몇 세기만의 최고 수준으로 오르고, 전염병이 만연하게 될 것이다.

확산되는 절망감과 불길한 예감에 짓눌린 미국인들 가운데 삶의 의미를 되찾고 정신적인 도움을 얻기 위해 종교를 비롯한 영적인 대안으로 눈을 돌리는 사람들이 점점 더 늘어날 것이다. 신비주의 집단을 비롯해 사후의 평안을 내세우는 종교집단들이 거창한 약속을 늘어놓을 것이다. 그러나 주류의 종교들과 함께 그러한 종교집단 가운데 일부도 결국은 세속을 덮친 분열적이고 파괴적인 전제주의의 흐름에 중독될 것이다.

많은 사람이 일상의 삶에서 느끼는 압박감에서 벗어나기 위해 가상현실 게임을 비롯한 현실도피적인 오락을 찾을 것이다. 삶의 어두운 이면을 찬양하거나 암울한 현실과 정반대되는 상상을 반영한 오락물들이 가장 큰 인기를 누릴 것이다. 과거에도 경제혼란의 시기에 흔히 그랬듯이 무자비한 범죄자와 정의로운 미녀가 대중의 흥미를 끄는 드라마의 등장인물이 될 것이다. 마약이나 알코올에 빠지는 등 나쁜 습관에 젖어들거나 난잡한 파티를 즐기는 등 거친 방종에 물드는 미국인이 적지 않을 것이다. 또한 일상의 고단한 삶에서 일시적으로나마 벗어날 수 있는 도피처를 발견하지 못한 사람들 가운데 일부는 다른 탈출구를 찾다 못해 극단적인 선택을 하게 되어 자살률이 급등하는 슬픈 일이 벌어질 것이다.

어떤 사람들은 탈출구를 찾는 대신에 비참한 현실의 배후에서 그러한 현실을 만들어낸 장본인으로 여겨지는 자들을 찾아내어 응징하는 데 자신의 에너지를 집중할 것이다. 마녀사냥, 자경단, 자의적 판결을 내리던 '성실법원(15세기 말부터 17세기 전반까지 영국의 웨스트민스터 궁전 내 성실(토실, Star Chamber)에서 열렸던 특별 형사법원—옮긴이)' 등과 유사한 비밀조직에 관한 소문이 난무하고 그러한 소문과 비슷한 내용의 언론보도가 이어지면서 정부의 권위를 존중하는 시민들의 태도가 크게 약해질 것이다. 시민적 소요가 늘어나고, 세계질서를 보다 극적으로 폭넓게 변화시켜야 한다는 주장이 인터넷 등을 통해 유포되기 시작하면 정부가 단속에 나설 것이고, 이에 따라 치안당국의 국내 정탐활동이 크게 강화될 것이다. 각 지역의 공무원과 정치조직들은 반체제적인 발언을 하는 사람들을 감시하고 선동자가 누구인지를 가려내라는 지시를 받게 될 것이다. 표현의 자유를 비롯한 기본적인 인권을 제한하는 법안이 각급 의회에 제출될 것이다. 정부를 공공연히 비판하는 사람에게는 가혹한 처벌이 내려질 것이다.

각 지역 경찰의 예산이 크게 제약을 받게 되면서 치안분야에서 지방정부가 연방정부에 도움을 요청하는 경우가 갈수록 늘어날 것이다. 재정상의 압박에도 불구하고 연방정부는 점점 더 많은 수의 현역병과 예비군을 전국의 어디든 문제가 발생한 지역에 파견할 것이고, 이렇게 파견되는 부대에는 질서회복에 대한 절대적인 권한이 부여될 것이다. 합법적 이주든 불법적 이주든 미국으로 이주하는 외국인들은 점점 더 미국의 국가안보에 위협이 되는 요소로, 따라서 수용

될 수 없는 요소로 간주될 것이다. 이에 따라 범법자와 말썽을 일으킬 수 있는 외국인을 잡아 가두고, 대규모로 유입되는 외국인 이주자를 관리하기 위한 강제 수용소가 미국 안의 여러 곳에 설치될 것이다.

이런 조치에 대한 저항이 일어나는 지역의 경우에는 외국에서 파견한 비밀 요원이나 테러리스트가 미국 땅에 발을 붙이지 못하게 해야 한다는 명분 아래 무력행사를 비롯한 공격적인 조치를 취하는 것이 정당화될 것이다. 심지어는 온건한 수준의 반정부 내지 반체제 움직임에 대해서도 극적인 대응이 이루어지는 경우가 종종 있을 것이다. 사회의 해체가 계속되다 보면 혁명이나 분리독립에 관한 이야기가 나돌게 될 수도 있고, 계엄령이 선포될지 모른다는 두려움도 커질 것이다. 그렇게 되면 한때 자유인들의 땅이자 용감한 사람들의 고향이었던 미국이 더 이상 그런 나라가 아니게 될 것이다.

12 | 국제적 영향

끝없이 공급되는 돈이야말로 전쟁의 원동력이다. — 키케로

조사결과에 따르면 일본의 소비자들 가운데 거의 80퍼센트는 미국의 캘리포니아에서 생산되는 쌀은 일본에서 생산되는 쌀보다 품질이 나쁘다고 생각한다. 일본 소비자들의 이러한 인식은 이 나라의 중요한 전통적 주곡인 쌀의 무역에 대한 이 나라 정부의 규제조치를 정당화해주는 요인이 되고 있다. 그러나 2003년에 161명의 일본인에게 눈을 가리고 일본산 쌀과 일본인이 선호하는 수입종 쌀을 각각 맛보게 한 뒤에 당도, 점착성, 씹히는 느낌, 향기 등의 특성을 평가해보도록 한 조사의 결과를 보면 별 차이가 없었다. 새크라멘토에 있는 캘리포니아 주립대학의 경영학 교수이자 이 조사의 과정을 감독한 일본인 학자인 켄 치넨(Ken Chinen)은 "사람들의 인식이 관건이지 쌀은 그저 쌀일 뿐"이라고 말했다.

물론 중요한 국익과 관련이 있다고 여겨지는 것을 보호하는 측면에서는 어떤 것에 대해서도 그렇게 간단하게 말할 수 없다. 사실 '떠오르는 태양의 나라'

는 외국산 쌀의 수입을 억제하기 위해 수입쿼터, 관세, 특이한 기준, 성가신 검사절차, 시장접근 제한, 경직적인 정부조달 정책 등을 이용해왔다. 그러나 일본만 이런 조치들을 취하는 것은 아니며, 앞으로 국내시장을 보호하기 위한 장벽을 설치하는 움직임이 세계적으로 강화될 것이 틀림없다.

이와 같은 추세는 몇십 년간 계속돼온 세계화의 행진에 극적인 반전이 일어난다는 뜻이다. 세계적으로 경제성장이 둔화되고 금융적, 사회적 혼란이 확산되는 상황이 모든 나라의 정부로 하여금 해외에서 더욱 심화되는 혼란이 국내에 유입되지 못하게끔 차단하는 정책을 채택하도록 함으로써 그러한 반전이 일어날 것이다. 그러나 그와 같은 각국 정부의 노력에도 불구하고 미국에서 일어나는 수요의 붕괴는 세계 전체에 폭넓게 파급영향을 끼칠 것이고, 특히 소비욕구를 끝없이 계속 유지할 것처럼 보이던 미국 소비자들의 소비지출에 지나칠 정도로 의존하게 된 아시아와 같은 지역이 그러한 파급영향의 타격을 가장 크게 받을 것이다. 2001년부터 2005년까지 미국과 함께 세계 GDP 증가의 절반을 차지했던 중국은 부동산 거품과 기업투자 거품이라는 두 가지 거품이 동시에 붕괴하면서 나름대로의 경제적 경착륙을 겪어야 할 것이 거의 틀림없다.

미국은 세계경제라는 식탁의 상석에 해당하는 자리를 잃게 될 것이고, 그렇게 되면 오랜 세월에 걸쳐 시장개방과 자유무역으로의 행진을 이끄는 원동력이었던 미국이 고립되면서 보호무역주의로 퇴각할 것이다. 미국의 대중은 불안, 공포, 불신, 피해망상 등의 심리에 의해 부추김을 받아 국경에 법률적 장벽뿐만 아니라 철조망과 콘크리트 장벽도 설치하라고 점점 더 큰 목소리로 요구할 것이다. 반미정서가 전 세계를 휩쓰는 가운데 미국에서는 사람들이 쉽게 넘나들 수 있게 돼있는 국경에 대한 부정적인 태도가 확산되는 동시에 다른 나라들이 수출하는 재화와 서비스를 소비해주던 세계의 시장으로서의 미국시장은 무너질 것이다. 미국이 오랜 세월 유지해온 가부장적인 오만과 세계의 경찰, 경제적 전제권력, 유대기독교 도덕률의 집행자 등을 자임하는 태도를 다른 나라들이 봐주는 것도 그들 자신에게 그렇게 하는 것이 이익이 되거나 그렇게 하는 수밖에 다른 도리가 없을 때에나 가능한 일이었다.

미국에서 맹목적인 소비자주의가 무너지고, 경제가 급격히 하강하고, 나라 전체의 금융시스템이 안에서부터 파괴되고, 정부의 재정이 위기에 빠지고, 군사적 지출이 지탱될 수 없는 수준으로 늘어나게 되면 다른 나라들이 새로운 현실, 즉 미국의 헤게모니가 종식되는 현실을 무시해야 할 필요성을 더 이상 느끼지 않게 될 것이다.

경제적, 금융적 충격은 부자와 가난한 자, 동맹자와 적, 생산자와 소비자, 선진국과 개발도상국을 넘나들며 두루 파급영향을 미칠 것이다. 자신이 포위공격을 당하고 있다고 생각하는 피포위의식이 폭넓게 자리를 잡게 되면서 살아남거나 남을 이기는 것이 모두의 주된 목표가 되고, '모두가 각자 알아서 살아남기'가 지배적인 원칙이 될 것이다.

미국은 1990년대의 호황이 끝나고 주식시장에 거품이 일어났다가 붕괴한 직후에 이미 자국의 운명에 대한 통제력을 상실하는 양상을 보이기 시작했고 특히 경제와 금융의 영역에서 그랬지만, 앞으로 시간이 흐르면서 그와 같은 양상은 더욱 더 분명해질 것이다. 예를 들어 국제 에너지시장에서는 세계의 분쟁지역들에서 활동하는 투기적 이익집단이나 국가들이 국제 에너지시장의 가격과 수요공급을 점점 더 많이 좌우하고 있다. 국제 금융시장에서는 일본, 유럽, 중국의 통화금융정책 변화가 미치는 영향이 미국 연준의 활동이 미치는 영향보다 더 크게 나타나고 있다.

이라크전쟁을 비롯한 미국의 각종 군사적 활동은 이미 연 5000억 달러 이상의 지출을 요구하기에 이르렀으며, 앞으로 미국은 이와 같은 군사적 활동의 부담을 더 이상 감당할 수 없는 처지가 될 것이다. 또한 미국의 군사적 활동은 반미주의를 확산시킬 것이고, 이에 따라 점령지역 등에서 미국에 대해 군대를 철수하고 그곳에 대한 책임은 다른 주체에게 넘기라고 요구하는 목소리가 확산될 것이다. 국제무대에서 미국이 수행하는 역할이 줄어들면서, 다른 나라들이 자국의 이익을 위해 미국에 의존하던 때에는 무시되거나 과소평가되던 수많은 논쟁거리에 대한 재평가가 이루어질 것이다.

2001년에 뉴욕의 세계무역센터가 테러공격을 받고 무너진 뒤에 미국의 요구에 따라 추진된 세계적인 무역협상, 즉 도하라운드가 2006년 여름에 붕괴하는 과정에서 그러한 변화의 조짐이 분명하게 드러났다. 도하라운드가 붕괴한 결과로 농업보조금에 대한 격심한 논쟁이 이어지는 동시에 각국이 관세와 관련된 조치를 잇달아 취했으며, 국제 무역협상이 달성해야 할 목표가 무엇인지에 대한 미국과 다른 나라들 사이의 입장차이가 더욱 확연해졌다고 〈이코노미스트〉는 지적했다. 지구적인 다자간 무역협정을 밀어붙이려는 미국에 저항하고 대신 자급자족과 지역별 동맹으로 얻을 수 있는 편익에 초점을 맞추는 것이 유리하다는 사고방식이 갑자기 확산됐다. 그렇지 않아도 애초의 유럽연합 구상, 즉 회원국들 사이의 국경에 사람과 물자가 오갈 수 있는 통로가 많이 뚫려 있고 회원국들이 공통의 통화를 사용하는 유럽을 건설한다는 구상과 여러 측면에서 비슷한 여러 개의 자족적이고 보호무역주의적인 무역블록으로 세계가 나누어지는 것이 가장 적절한 국제무역 질서라는 생각이 꽤 퍼져있다.

지구적 의제설정자로서 미국이 수행하는 역할이 점점 덜 존중받게 되는 가운데 국제적 이해관계와 관련해 일어나고 있는 위와 같은 재평가와 재조정은 이미 전개되고 있는 또 하나의 변화에 주목하게 한다. 〈월스트리트 저널〉은 2006

년 7월에 '미국과 러시아 사이의 힘의 균형 변화가 이번 주요국 정상회의의 틀이 될 것'이라는 제목의 글에서 주요 8개국(G8) 정상회의가 열리기 전에 미국의 부시 행정부가 러시아에 사용후 핵연료의 저장을 허용하기로 결정한 것은 "여러 측면에서 도전을 받고 있는 미국과 국제무대에서 점점 더 목소리를 높이고 있는 러시아 사이의 힘의 균형에 일어나고 있는 변화를 반영하는 것"이라고 지적했다.

미국은 과거에 불승인 또는 억지의 대상이었던 국가간 동맹들에 대해 영향력을 행사할 수 있는 능력도 잃어가고 있다. 러시아와 중국, 베네수엘라와 북한, 심지어는 이라크와 이란도 각각 공통의 경제적, 사회적, 종교적, 환경적 이해관계에 따른 동맹의 기반을 찾아내고 있으며, 이러한 움직임이 미국에 잠재적인 위협이 되고 있다. 아시아가 장기간에 걸쳐 상대적으로 더 나은 경제적 실적을 낸 것이 서구에서 동양으로의 영향력 이동을 촉진했다고 지적하는 논평가도 많다. 중국의 거대한 소비 붐에 주로 힘입어 일차산품의 가격이 오르면서 이란, 베네수엘라, 러시아와 같은 자원생산 국가들 쪽으로 힘의 균형이 좀 더 기울기도 했다.

정권이 불안정해진 나라들 가운데는 G8과 같은 선진국 집단을 보조하는 역할을 더 이상 수행하지 않으려고 하는 경우가 많다. 그런 나라들은 대신 지구적 권력관계의 중심무대에서 자국의 적절한 위치라고 생각되는 자리를 설정하고 그 자리를 차지하려고 한다. 그들은 자국의 전략적 국익을 스스로 지킬 권리를 내세운다. 그들은 외세가 자국의 소중한 자원을 착취한다고 주장하면서 국유화나 몰수 등의 조치를 통해 자국의 자원에 대한 통제력을 되찾으려고 한다.

경제적으로 깨어나서 발전한 나라들, 특히 그 가운데서 달러화나 달러화 표시 자산을 많이 축적한 나라들은 에너지 자원을 비롯한 원료를 대규모로 안정

적으로 공급해줄 일차산품 공급처를 확보하기 위해 해외투자나 해외시장 개척
에 나섰다. 그러나 이러한 그들의 노력은 미국의 반발을 불러일으켰다. 예를 들
어 2005년에 중국석유천연기집단공사(中國石油天然气集團公司, CNPC; Chinese
National Petroleum Corporation)는 미국의 에너지 기업인 유노컬(Unocal)을 인
수하려고 했다가 미국에서 대중적 항의가 일어나고 이에 따라 백악관이 나서서
인수를 포기할 것을 종용해오자 자발적으로 인수를 포기하는 결정을 내렸다.
그로부터 몇 달 뒤에는 아랍에미리트연합의 두바이 정부가 소유하고 있는 두바
이 월드(Dubai World)라는 기업이 미국에 있는 항만시설 6개에 대한 관리를 맡
고 있는 영국의 P&O(Peninsular and Oriental Steam Navigation Company)라는
기업을 인수하기로 한 것을 놓고 미국에서 안보논란을 비롯해 한바탕 소란이 일
어났다.

이런 일이 있고 나서 워싱턴의 정책담당자와 의원들은 미국에 대한 외국인
투자, 특히 외국의 국유기업이 관련된 외국인투자를 점검하는 절차를 강화함으
로써 외국인투자자들이 지켜야 할 것이 제대로 지켜지고 있는지를 미국의 정부
당국이 보다 확실하게 감시할 수 있게 하는 내용의 법안을 경쟁적으로 내놓았
다. 그러나 무역과 투자를 둘러싼 마찰만이 논란거리가 되는 것은 아니다. 중국
경제가 두 자릿수의 성장률을 보이며 팽창하면서 중국에서 생산된 제품이 미국
의 수입에서 차지하는 비중이 점점 더 커지자 미국을 비롯한 여러 나라가 중국
에 위안화를 평가절상하라는 압력을 가했다. 그들은 중국이 위안화의 가치를
달러화에 비해 지나치게 낮은 수준으로 유지하는 환율정책을 펴고 있다고 생각
한 것이다.

이런 어려운 문제들 가운데 다수는 물론 갈수록 확대되는 경상수지 적자와
재정수지 적자를 비롯한 미국의 구조적 결함과 대외불균형에서 그 원인을 찾을

수 있다. 해외에서 보유하고 있는 몇 조 달러어치의 달러화도 문제가 되고 있다. 특히 그 보유자들은 대부분 달러화 자체에 대해 태생적인 이해관계를 갖고 있지 않다는 점에서 그렇다. 미국은 지난 30년의 기간 가운데 거의 대부분의 해에 수출 등의 활동으로 해외에서 벌어들인 돈보다 더 많은 돈을 수입 등을 위해 해외에 지급해 경상수지 적자를 기록했다. 이는 미국 제조업 기반의 약화, 해외에서 수입해야 하는 에너지 자원에 대한 미국의 수요 급증, 외국산 제품에 대한 미국인들의 불건전한 선호 등이 낳은 결과다. 2005년에 미국의 수입은 금액 기준으로 국내총생산의 16퍼센트를 넘었다. 30년 전에 이 비율이 6퍼센트에도 못 미쳤던 것과 비교하면 그동안 미국의 수입이 크게 늘어났음을 알 수 있다. 미국의 무역수지 적자는 2006년 2분기 현재 국내총생산의 6.6퍼센트까지 확대됐으며, 이는 위험한 수준이라고 하지 않을 수 없다. 미국인들은 너무 오랫동안 능력 이상의 소비를 했고, 그와 같은 과도한 소비를 위해 엄청난 규모의 차입에 의존해야 했으며, 그 차입의 대부분은 다른 나라들로부터 돈을 빌리는 것이었다.

미국에 대한 다른 나라들의 태도가 바뀌면서 더욱 더 많은 외국인들이 국제적인 준비통화이자 회계단위로서 달러화가 수행해온 역할이 앞으로도 과연 계속 유지돼야 하느냐는 의문을 제기할 것이다. 특히 전 세계에 유통되는 달러화가 어떻게 창출되고 유통되게 됐는지를 아는 사람들은 더욱 강하게 그런 의문을 제기할 것이다. 달러화를 계속 보유하는 것이 유리하다고 보고 그동안 그렇게 했던 사람들과 2005년 말 현재 미국의 주식, 채권, 공장을 비롯해 모두 13조 달러어치에 이르는 각종 미국자산을 보유하고 있는 사람들은 생각을 다시 하게 될 것이다. 다른 나라 사람들은 그들의 국가경제가 수출 주도의 성장전략을 통해 급성장하는 과정에서는 그러한 성장전략에 대한 보완책으로 달러화의 가치를 떠받치고 미국에 투자를 했지만 경쟁이 격심해지고, 보호무역주의가 고조되고, 소비수요가 붕괴하는 세계에서는 그렇게 해야 할 유인을 더 이상 느끼지 못할 것이다.

이미 2006년에 상전벽해와 같은 큰 변화가 일어날 조짐이 나타났다. 오랜 기간 달러화 표시 증권을 계속해서 대규모로 사들이기만 하던 다른 나라들 가운데 일부가 보유증권을 다변화하면서 달러화 표시 증권을 내다팔기 시작했다. 〈월스트리트 저널〉은 그해 3월 중에 미국정부가 발행한 증권을 해외에서 순매입한 금액이 전달에 비해 86퍼센트나 줄어들어 3년만의 최저치를 기록했으며, 특히 해외의 중앙은행들은 1년 만에 순매도 세력이 됐다고 보도했다. 또한 많은 언론이 중동과 아시아 지역의 국가들이 대외준비자산의 구성을 조정함으로써 달러화에 타격을 입힐 가능성이 점점 더 커지고 있다고 지적했다. 미국정부의 재무부채권 발행잔액 가운데 40퍼센트 이상, 미국기업의 채권 발행잔액 가운데 25퍼센트, 미국기업의 주식 가운데 12퍼센트가 외국인의 수중에 들어있다. 따라서 달러화로부터의 이탈이 폭넓게 확산된다면 미국 국내의 증권시장에서 그렇지 않아도 어두운 증권가격의 향후 전망이 더욱 어두워질 것이다.

중동과 아시아 지역뿐만 아니라 그 밖의 다른 지역에서도 적지 않은 나라들의 정부가 달러화 보유비중을 줄이고 귀금속을 비롯한 다른 자산의 보유비중을 높이는 방향으로 대외준비자산을 다변화하는 움직임을 보이고 있다. 예를 들어 2006년에 러시아의 블라디미르 푸틴 대통령은 모두 2770억 달러에 이르는 대외준비자산 가운데 금의 비중을 5퍼센트에서 10퍼센트로 확대하라고 중앙은행에 지시한 것으로 전해졌다. 또한 세계금위원회(World Gold Council)에 따르면 대외준비자산 가운데 1.4퍼센트만을 금으로 보유하고 있는 중국에서 관리들이 외환당국에 금 보유비중을 확대하라고 촉구하고 있다고 한다. 그런가하면 이란과 베네수엘라와 같은 반미 성향의 석유생산국들의 주도 아래 원유의 기준

가격을 표시하는 통화를 달러화에서 유로화로 바꾸거나, 더 나아가 아예 배럴당 금의 양으로 원유의 기준가격을 표시하자는 주장을 둘러싼 논의가 끈질기게 계속되는 동시에 확산되고 있다.

미국에 대한 외국인들의 태도가 점점 더 부정적인 쪽으로 바뀌면서 달러화도 그동안 누렸던 우월한 지위를 급속하게 잃어버리고 있다. 달러화는 폭넓게 보유되고 있어 이용하거나 환전하기가 쉽지만 그것 자체가 어떤 내재적인 가치를 갖고 있는 것은 아닐 뿐만 아니라 급작스럽게 평가절하될 수도 있기 때문이다. 이에 따라 과거에는 누구나 갖고 싶어 하던 자산이었던 달러화가 이제는 애물단지가 되고 있다. 이러한 새로운 깨달음이 더욱 확산되면 많은 관찰자가 오래전부터 두려워해오던 일이 실제로 벌어질 것이다. 그것은 바로 기존의 지구적 불균형 구조가 급속하고 무질서하게 해체되면서 달러화의 가치가 곤두박질하는 것이다.

달러화에 대한 이러한 장기적인 전망에는 의문을 제기할 여지가 거의 없고, 특히 미국의 관리들이 결국은 통화공급의 물꼬를 한껏 열지 않을 수 없을 것이라는 점을 고려하면 더욱 그렇지만, 단기적으로는 달러화의 가치가 다른 통화들에 비해 상당히 높은 수준으로 오를 수도 있다. 예를 들어 달러화 가치의 하락을 기대하는 방향으로 대규모의 투기가 일어나 시장의 변동성이 확대되면서 담보의 기준이 상향조정되어 주요 금융회사들이 일제히 증거금 추가납부를 요구하고 나서고, 연준이 갑자기 긴축정책으로 돌아서고, 해외의 경제성장세가 주춤거리게 되고, 모두 몇 조 달러 규모에 이르는 달러화 표시 차입과 채권발행 잔액을 비롯한 부채의 원리금 상환을 위해 온갖 종류의 자산을 대거 달러화 현금으로 바꾸는 움직임이 일어나는 등의 현상들이 적절히 결합된다면 단기적으로는 달러화에 대한 수요가 증가할 수도 있다.

　그러나 이와 같은 현상들은 오랫동안 지속될 수 없을 것이다. 왜냐하면 달러화의 공급이 크게 늘어나면서 그 구매력이 파괴되는 추세가 그런 현상들을 압도하게 될 것이기 때문이다. 결국은 연준이 눈에 띄는 모든 것을 사들이며 통화공급을 확대하는 가운데 누구나 달러화를 수중에서 털어낼 수 있다면 최대한 털어내려고 할 것이다. 미국 재무부채권이나 패니메이와 프레디맥이 발행한 채권과 같이 이전에는 안전한 투자대상으로 여겨졌던 것들을 포함한 온갖 종류의 달러화 표시 자산이 사실은 미국정부의 보증을 받지 못한다는 점이 뒤늦게 분명해지면서 엄청난 매도압력을 받게 될 것이다.

　아직 미국에 남아 있는 미국인 부자들과 미국에 남아 있다가 위험에 노출된 외국인들이 탈출구가 완전히 닫히기 전에 서둘러 빠져나가려고 하면서 미국에서 자본도피가 극적으로 증가할 것이고, 이에 따라 시장이 격심한 충격을 받게 될 것이다. 각종의 재무적인 문제, 은행의 도산, 소송, 규제당국의 자의적인 명령 등이 봇물처럼 터져 나오고, 재정의 규율과 관련이 있는 것은 모조리 저버린 것처럼 보이는 미국정부에 대한 우려가 고조될 것이다. 이에 따라 더 늦으면 미국과 달러화에서 벗어나지 못할 수도 있다는 두려움이 더욱 증폭될 것이다.

　미국이 금융부채 가운데 일부를 이행하지 않을 수도 있고, 더 나아가 과거에는 트리플 에이 신용등급을 자랑하던 자국의 국채에 대해 아예 채무불이행을 선언할 수도 있다는 생각을 많은 사람이 하게 될 것이다. 또한 세계 각국의 법정통화를 그 나라 정부의 재정이 파탄 난 상태에서도 내재적 가치가 유지되는 금, 은, 부동산과 같은 유형자산으로 바꾸려는 움직임이 일제히 일어나면서 패닉의 상황을 더욱 심화시킬 것이다. 금융분야에서 일어난 시스템 차원의 압력과 도미노처럼 이어지는 은행들의 파산이 자본을 보존하는 것을 최우선적인 관심사로 부각시킬 것이라는 점은 굳이 말할 필요도 없을 것이다.

불안감의 고조는 시장들 사이, 금융시스템들 사이, 경제들 사이, 나라들 사이의 연결관계도 파괴할 것이다. 각국 정부가 전염효과를 차단하려고 하는 과정에서 많은 사람이 이전보다 더 엄격해진 정부의 통제를 받게 되거나 아예 탈출구가 막혀버렸음을 알아차리게 될 것이다. 이미 불법이주, 불공정 무역관행, 허술한 국경을 통한 불법입국 등으로 인해 미국에 많이 확산된 외국인 혐오의 분위기가 이제는 미국에서 빠져나가려는 외국인들의 움직임으로 인해 더욱 심화될 것이다. 미국의 정치인들은 대중의 정서에 영합해 외국인에 대한 통제를 강화하자고 소리 높여 외칠 것이다. 그런 상황에서는 외국에서 온 과학자, 학생, 단기비자 소지자 등이 미국에 안주하지 못하고 떠나는 수밖에 다른 도리가 없을 것이므로 대대적인 두뇌유출이 일어나 미국경제의 탄력성이 더욱 약해질 것이다.

무역과 금융의 흐름에 대한 규제를 강화하라는 주장이 이어지면서 미국은 물론이고 다른 나라들도 악명 높은 스무트-홀리 관세법(Smoot-Hawley Tariff Act)과 같은 보호무역 법률을 수도 없이 제정할 것이다. 대공황의 초기에 제정된 스무트-홀리 관세법은 일련의 경제적 보복정책으로 이어지면서 당시의 심각한 불황이 세계 전체에 걸쳐 오랫동안 계속되는 경제적 재앙으로 전환되는 과정에 한몫했다고 많은 논평자가 지적한 바 있다. 역사가 되풀이되는 것이라면, 그럼에도 불구하고 앞으로 경제가 붕괴하는 상황에서는 스무트-홀리 관세법의 교훈은 잊힌 상태일 것이다. 절박한 분위기 속에서 대중의 분노가 고조됨에 따라 결국은 무역, 금융, 투자, 이주에 대한 규제가 강화될 것이 거의 틀림없다.

정부당국은 물론이고 일반 시민도 미국인이든 외국인이든 국경을 넘는 사람들의 움직임을 예의주시할 것이고, 정치인들은 반드시 필요한 여행을 빼고는 국경을 넘는 여행을 규제하라고 목소리를 높일 것이다. 그리고 많은 나라가 누구든 국내에서 해외로 돈을 직접 갖고 나가거나 그 밖의 다른 방법으로 돈을 해외로 보내는 것이 쉽지 않게 만드는 조치를 취할 것이다. 각국 정부의 관리들은 몇십 년간에 걸쳐 잘못 구상됐거나, 무모하게 도입됐거나, 부패의 결과로 채택된 정책의 부작용을 제한하기 위한 절박한 노력의 하나로 외환거래에 대한 규제에 나설 것이다. 달러화의 가치가 급격하게 떨어진 덕분에 값이 싸진 미국의 사회간접자본 시설이나 부동산을 비롯한 그 밖의 미국자산을 사려고 하는 외국인이나 외국기업은 외국인투자에 대한 미국정부의 규제에 가로막힐 것이다. 미국을 비롯한 각국 정부의 이러한 규제 노력은 세계의 모든 나라와 시장에 파급영향을 일으켜 전 세계의 지급결제와 거래청산의 메커니즘에 혼란을 초래할 것이다. 이 모든 상황은 기업인들의 자신감과 소비자들의 지출을 계속해서 위축시킬 것이다.

폐쇄와 규제가 항다반사인 세계에서는 시스템 차원의 금융적 압력이 포트폴리오 단위로 이루어지는 위험관리와 각종의 차익거래 등을 통해 이 시장에서 저 시장으로 전파되게 하는 연결고리, 여행객이나 야생동물의 이동을 통해 질병이 이 나라에서 저 나라로 쉽게 확산되게 하는 연결고리, 어떤 종류든 바람직하지 못하다고 여겨지는 교환이나 거래가 촉진되게 하는 연결고리 등은 모두 의심의 대상이 되며, 각국 정부는 자신이 의심하는 바에 따라 그런 연결고리들을 다루게 된다.

고립주의와 보호무역주의가 득세하면 석유와 천연가스를 비롯한 각종 일차산품 조달처를 둘러싼 다툼은 물론이고 우호적이지 않은 나라에서 가져와야 하는 생산요소를 둘러싼 다툼도 늘어날 것이며, 이런 다툼이 가열되다 보면 위험한 충돌로 이어질 수도 있다. 전략적 산업에서 사용되는 원자재의 공급과 식량, 물, 에너지와 같은 기본적인 필수품의 공급이 항상 수요에 못 미치는 세계가 펼쳐지면서 그런 것들의 적절한 공급을 확보하는 일이 점점 더 중요해질 것이다. 자연환경의 오용, 남용, 오염을 둘러싼 논란도 점점 더 일상화될 것이다. 이러한 여러 가지 긴장이 전 세계에 걸쳐 고조되다보면 전면적인 군사적 충돌이 일어날 수 있고, 게다가 사소한 도발만으로도 전면적인 군사적 충돌이 일어날 수 있다.

어떤 경우에는 문화나 종교의 차이에서 비롯된 갈등에 경제적 상황이 편리한 구실로 이용될 것이다. 그런가 하면 사람들 사이에 퍼진 좌절감이나 대중의 공격적인 감정이 다른 나라나 다른 문화를 향해 분출되도록 조작함으로써 국민의 시선을 국내 문제로부터 멀어지게 만들려는 나라들도 있을 것이다. 테러활동에 이용되는 기술의 비용이 저렴해지고 미국의 보복이 안겨주는 위협의 정도가 약화됨에 따라 더욱 대담해진 테러집단들이 더 자주 더 큰 규모의 가공할 만한 공격행위를 저지를 것이고, 이로 인해 마구잡이 폭력의 위협이 전례 없는 수준으로 커질 것이다.

혼란스러운 상황은 함부로 행동하는 불량배 국가들로 하여금 공격적인 무력시위나 통상방해 활동을 하도록 부추길 것이다. 국제사회의 해묵은 갈등도 새롭게 가열되어 긴급한 현안이 될 것이다. 중국은 대만에 대해 점점 더 호전적인 태도를 취할 가능성이 높고, 이란이 공공연하게 중동지역 안의 이웃나라들을 식민지화하는 작업에 나설지도 모른다. 이스라엘의 동맹국 수는 점점 더 줄어들겠지만, 그런 상황에서도 이스라엘은 전 세계에 아직 남아있는 동맹국들을 점점 더 많은 분쟁에 끌어들이려고 할 것이다. 미국 시카고대학의 정치학 교수인 존 미어샤이머(John Mearsheimer)를 비롯한 일부 관찰자들은 언젠가는 미국과 중국이 '심각하게 대치하는 관계'가 되는 것이 '불가피'하다고 내다보기도 한다.

적지 않은 분쟁들이 거의 전적으로 이데올로기적인 분쟁인 것으로 드러날 것이다. 문화적, 종교적 차이를 빌미로 한 '말로 하는 전쟁'이 점점 더 '유혈의 전쟁'으로 바뀔 것이다. 오랜 기간에 걸쳐 억눌린 채 들끓던 분노의 감정이 겉으로 폭발하면서 인류의 가장 저열한 본능이 표출돼 대규모 학살과 같은 참극이 초래될 수도 있을 것이다. 생물학무기나 핵무기로 무장한 테러리스트들이 제트기, 크루즈미사일, 벙커파괴폭탄 등으로 무장한 군대와 맞서면서 충돌이 일어나고 그로 인한 파괴가 확산될 것이다. 많은 사람이 무슬림사회와 서구사회 사이의 갈등이 고조되는 현상을 두고 제3차 세계대전의 시작을 알리는 것이라고 해석할 것이다.

이와 같은 상황이 더욱 진전되면 세계를 불안하게 만드는 국제적인 긴장과 계속 확산되는 경제붕괴가 하루하루의 일상적 삶을 무겁게 짓누를 것이고, 이에 따라 많은 미국인이 그러한 피폐한 삶이 끝나려면 얼마나 더 기다려야 하는가, 아니 그런 삶이 끝나기는 할 것인가 하는 생각을 하지 않을 수 없게 될 것이다.

4부

대비

13 | 계획

'수평적 사고(lateral thinking)'라는 개념은 창의성에 관한 통찰력 있는 저서를 많이 낸 것으로 유명한 에드워드 드 보노(Edward de Bono)가 만들어낸 것으로 알려져 있다. 수평적 사고란 목적의식적인 사고방법과 새로운 관점을 통해 어려운 문제를 푸는 과정을 가리킨다. 드 보노는 1968년에 펴낸 저서 《새로운 사고: 수평적 사고를 통한 새로운 발상(New Think: The Use of Lateral Thinking in the Generation of New Ideas)》에서 흉악한 대금업자에게 거액의 빚을 지고 있는 상인이 그 빚과 자기 딸을 놓고 대금업자와 내기를 하지 않을 수 없게 된 상황을 예로 들었다. 상인의 딸로 하여금 검은색 공과 흰색 공이 들어있는 가방에 손을 집어넣어 공 하나를 꺼내도록 한 뒤 그 공이 검은색이면 상인의 딸이 대금업자의 아내가 되는 대신에 대금업자에게 진 상인의 빚은 전액 탕감되고, 그 공이 흰색이면 상인의 딸이 대금업자의 아내가 되지 않아도 상인의 빚이 전액 탕감된다는 것이 그 내기의 내용이다.

그런데 상인의 딸은 대금업자가 몰래 가방 안에 검은색 공만 2개를 넣어두었다는 사실을 눈치 챘다. 상인의 딸은 딜레마의 상황에 직면하게 된 것이다. 가방에서 2개의 공 가운데 어느 것을 꺼내도 그녀는 대금업자에게 시집을 가야 한다. 그렇다고 해서 가방에서 공을 꺼내기를 거부하면 아버지인 상인이 감옥에 갇히게 된다. 하는 수 없이 상인의 딸은 가방에 손을 집어넣고 공 하나를 움켜쥔다. 그러나 그녀는 가방 밖으로 손을 빼자마자 공을 들여다보지도 않고 실수한 척하면서 그 공을 떨어뜨려서 바닥에 널려 있는 여러 개의 흰색 공과 검은색 공 사이에 섞여버리게 한다. 그러고는 현명하게도 대금업자에게 이렇게 말한다. "가방 안에 남아있는 공의 색깔을 직접 확인해보세요. 그러면 제가 방금 어떤 색 공을 꺼냈는지를 아실 거예요."

익숙하지 않은 상황, 예기치 못한 사태, 끊임없는 혼란이 점철되는 시기, 다시 말해 경제적, 사회적 상황이 급속하게 악화되고, 금융시스템이 취약한 곳부터 와해되기 시작하고, 시장이 요동치고, 금리가 계속 오르고, 테러와 지정학적 갈등이 비극적인 일상이 되는 시기에는 상인의 딸과 같이 창의적인 지략을 발휘할 줄 알아야 한다.

앞으로의 현실상황은 사려 깊은 계획과 의사결정을 요구할 것이다. 그동안 몇십 년 동안 계속된 신중하지 못한 소비지출과 턱없는 낙관주의는 당연히 분별, 신중함, 주의력으로 대체돼야 한다. 미국인들은 오늘을 위해서만 살고 내일은 잊어버리거나 빚을 너무 많이 지고 저축은 너무 적게 하는 대신에 고난과 역경이 오랫동안 계속될 것에 대비해 몸을 웅크리고 스스로를 다잡아야 할 것이다. 경제라는 파이 전체가 빠른 속도로 줄어드는 상황이 전개될 것이므로 축소지향의 사고를 해야 할 것이다. 간소화하고 통합하고 규모를 줄여야 하며, 불필요하거나 생존을 위협하는 것이 있다면 그게 무엇이든 다 제거해야 한다.

역사적으로 보아 가계지출에서 가장 큰 비중을 차지하는 항목은 주거비, 식료품비, 교통비다. 상황이 더욱 악화되는 경우에는 이 세 가지 항목만 문제가 되는 것이 아니겠지만, 다가올 위기의 초기단계에는 당연히 이 세 가지 항목에 가장 주의해야 한다. 필수적인 지출로 여겼지만 사실은 그렇지 않은 외식이나 빈 방의 냉난방을 줄이거나 중단하는 것 정도를 절약이라고 생각하는 사람들도 있을 것이다. 그러나 대부분의 미국인은 이보다 훨씬 더 어려운 선택, 다시 말해 고통스러운 희생을 감내해야 하는 선택을 해야 할 것이다.

앞으로 닥칠 위기의 심각성을 과소평가해서 필요한 대비조치를 취하지 않는 사람은 무일푼의 처지가 될 수도 있다. 누구나 지출계획에서부터 생활습관과 생활수준에 대한 태도에 이르기까지 돈 문제와 관련된 모든 것을 면밀하게 살펴야 한다. 각 개인과 각 기업은 매일같이 이런 질문을 스스로에게 던질 줄 알아야 한다. "비용을 더 적게 들이는 방법은 없을까?" "더 효율적인 다른 방법이 있지 않을까?" "이것이 정말로 필요한 것일까?"

지출하거나 돈을 벌거나 저축을 하는 것에 대해 스스로 자신의 태도를 바꿔야 한다. 어려운 시기에는 사고방식을 획기적으로 돌려서 수동적 수용의 태도를 자신의 생존에 전적으로 초점을 맞춘 적극적인 태도로 바꾸어야 한다. 그렇게 해서 어떤 결정을 내리게 되면 그 결정을 가차 없이, 그리고 효율적으로 실행해야 한다. 예를 들어 끈질기게 흥정하고 설득하기, 사전조사를 철저하게 하기, 계절적 주기 또는 주문이나 판매와 관련된 주기를 적절히 활용해 물건을 싸게 사기 위해 구매시점을 늦추기, 거절하는 법을 익히기 등은 적어도 경제와해의 초기단계에서는 도움이 될 수 있으니 그렇게 하기로 결심하고 실천하는 것도 바람직하다.

앞으로 닥칠 상황은 대부분의 사람에게 정신적, 심리적, 정서적으로 커다란 부담을 안겨줄 것이다. 불황에서부터 시스템위기, 초인플레이션, 더 나아가 전면적인 경제붕괴까지 겪어야 하기 때문이다. 전반적인 경제활동이 급속히 위축되고 물가가 급락하는 환경 속에서는 구매는 늦추고 판매는 적극적으로 하는 것이 가장 적절한 태도다. 반대로 재화와 서비스의 물가가 급등하고 통화의 가치가 급락할 때에는 거꾸로 판매는 늦추고 구매는 적극적으로 하는 것이 옳다.

너도나도 서둘러 차입의존도를 낮추려고 하고 사람들의 위험선호 성향에 급격한 변화가 일어날 때에는 '현금이 최고'라는 모토를 명심하고 실천해야 한다. 그러나 초인플레이션이 극성을 부릴 때에는 현금을 단 하루라도 보유하면서 놀리는 것은 커다란 잘못일 것이다. 초인플레이션의 상황에서는 보유하고 있는 현금을 가급적 빨리 지출해서 내재적인 구매력을 어느 정도 유지할 수 있는 귀금속, 일차산품, 부동산과 같은 유형자산을 서둘러 사두거나, 구입을 늦추면 품귀현상과 함께 가격이 더 오를 수 있는 식량, 연료, 의약품과 같은 필수품을 서둘러 사두는 것이 낫다.

그러나 정보전달의 시차와 세계경제의 혼란스러운 상황이 어떤 태도를 취하는 것이 더 나은가를 판단할 수 있게 해주는 징후를 알아볼 수 없게 가려버리는 경우에는 시나리오별로 각각 어떤 태도와 조치가 적절한가를 아는 것만으로는 충분하지 않다.

그런 경우에 도움이 될 만한 전략이 몇 가지 있다. 그 가운데 하나는 "최악의 상황을 가정하고 최선의 상황을 희망하되 일어날 수 있는 모든 상황에 대비하라"는 것이다. 누구나 이 영원한 격언을 마음에 담아두는 것이 현명할 것이다. 많은 사람이 무책임하고 성급했던 과거의 후유증에 갇혀 있을 때 나만이라도 현실의 난관을 극복해내려면 엄청난 용기와 끈기와 결의가 필요할 것인데 이런 것들은 다른 사람이 아닌 나 자신의 내면에서 끌어낼 수밖에 없다. 불안정한 상황이 계속되고 미래와 관련해 불확실성이 팽배한 시기에는 만약의 경우를 가정해보는 사고방식이 요구되고, 이전에는 좀처럼 보기 어려웠거나 있을 수 없었던 사태를 예견할 줄 아는 능력이 필요해진다. 또 하나의 열쇠는 신축적이고 개방적인 마음가짐이다. 그동안에는 일어날 확률이 낮았던 사태의 발생을 전망할 줄 알려면 특히 이런 마음가짐이 요구된다. 경제적, 금융적, 사회적, 국제적 영역이 온통 요동치는 상황에서는 어느 곳에서도 쉽게 균열이 생겨날 수 있다.

거의 모든 시나리오에서 최선의 전략은 채무를 줄이고 가용재원을 늘리는 것이다. 특히 자금차입이나 자산축적과 관련된 터무니없는 위험을 제거해야 한다. 보유자산의 구성은 개인적인 상황과 경제에 대한 전망에 따라 달리 결정돼야 한다. 더 나아가 각 개인과 기업은 미래에 필요하게 될 것을 예상해보는 데 그치지 말고 미래의 가용재원도 예상해보고, 그것이 부족하다고 여겨질 경우에는 그것을 어떻게 더 확보할 수 있을지를 생각해봐야 한다. 이렇게 하는 것은 물론 쉬운 일이 아닐 것이다. 그러나 물자부족이 만연한 가운데 예산도 빠듯한 상태에서 재화와 서비스를 부족하지 않을 정도로 확보하기란 극소수를 제외하고는 불가능하다는 점을 생각해야 한다.

누구나 생각과 판단을 분명하게 하고, 필요한 정보를 놓치지 않고, 자신의 생활태도를 짜임새 있게 단속하고, 효율적인 계획을 세우는 것 외에 다른 도리가 없을 것이다. 대부분의 경우에 훌륭한 계획을 세우는 것은 당연히 필요한 일이며, 특히 금융이나 투자와 관련이 있는 사안에 대해서는 더욱 그렇다. 민첩한 행동의 장점을 지나치게 믿는 것은 매우 위험할 수 있고, 피할 수 있는 오류를 피하지 못해서 초래되는 비용은 치명적일 수 있다.

소비지출이나 저축과 관련된 문제를 재검토하고, 건강유지를 위해 필요한 것을 챙기고, 보험에 가입해두고, 장기적인 안전을 도모하는 방향으로 포트폴리오식 계획을 짜보는 것도 미래에 대한 효과적인 대비전략이 될 수 있다. 이상적으로 말하면 그러한 계획은 세 가지 요소를 갖춰야 한다. 그것은 소비지출을 점검하고 통제할 수 있게 해줄 현실적인 예산, 개인적 재무구조를 적절하게 조정하는 데 초점을 맞춘 재무계획, 자기의 재산 전체를 보호하고 늘려가는 데 로드맵의 역할을 해줄 투자전략이다.

미래에 대한 대비전략에는 중첩되는 요소들도 있을 수 있다. 예를 들어 소비지출과 관련된 계획의 경우에는 저축에 대한 고려가 반영돼야 할 것이고, 사용되지 않는 개인적 자산을 매각하거나 가내부업을 시작하는 것과 같은 추가적인 자금창출 전략도 생각해봄직하다. 또한 경제와해의 초기단계에는 소득세, 재산세, 판매세를 비롯한 각종 세금이 인상될 것이니 이에 대한 대비책도 계획에 포함시켜야 한다.

그러나 앞으로 닥칠 어려운 시기를 잘 헤쳐 나가려면 훌륭한 계획의 기법을 익히고 구사하는 것만으로는 충분하지 않다. 위험에 대한 육감을 길러야 할 필요도 있다. 다시 말해 상황이 좋지 않은 방향으로 전개될 조짐이 있을 때 그러한 조짐을 신속하게 알아차리게 해줄 일종의 개인적인 레이더를 자기 안에 갖추도록 노력해야 한다. 유비무환이라는 말이 어느 때보다 타당할 것이다. 통상적이지 않은 것, 극단적인 것, 익숙하지 않은 것에 주목하면서 지역, 국가, 세계의 뉴스를 주의 깊게 살피는 것도 잠재적 위협요소를 간파해내는 데 상당히 도움이 된다. 아서 코넌 도일의 추리소설인 《실버 블레이즈의 모험》에서 명탐정 셜록 홈스가 보여주는 태도처럼 짖어야 할 개가 짖지 않는 행동으로 말해주는 것에 귀를 기울이는 것이 매우 중요하다. 정곡을 찌르는 탐색적인 질문을 던질 줄 아는 능력과 혼란스러운 시기가 안고 있는 위험 가운데 적어도 일부는 제거하기 위한 노력을 신중하게 기울일 줄 아는 능력도 큰 가치가 있을 것이다.

기업의 경영자는 물론이고 종업원도 자기가 소속된 부문이나 산업의 추세를 놓치지 말아야 한다. 그러므로 전문적인 간행물, 뉴스방송, 웹사이트를 면밀하게 살펴봄으로써 전략, 흐름, 정책, 인력 등과 관련된 정보나 첩보를 놓치지 않는 것이 필요하다. 파산, 속임수, 범죄행위 등이 극적으로 늘어날 때에는 소문도 소중한 정보원이 될 수 있다. 이념적, 도덕적 스펙트럼의 양쪽 끝부분에 있는 사람들의 서로 상반되는 동시에 극단적인 의견을 두루 들어보는 것도 새로운 통찰을 얻는 데 도움이 될 수 있다. 이러한 것들을 통해 얻는 자료의 대부분은 정보로서의 가치가 없는 것이겠지만, 그런 자료 속에 가치가 있는 것이 들어있는 경우도 종종 있다.

인터넷을 통해 널리 알려진 정보원의 문을 두드려보는 것만으로도 유용한 정보를 얻을 수 있게 됐다는 점은 그나마 다행스러운 일이다. www.bbc.co.uk, www.economist.com, http://drudgereport.com, http://rense.com, www.stevequayle.com, www.whatreallyhappened.com과 같은 해외의 언론이나 대안 매체 사이트도 그러한 정보원으로 삼을 만하다. 〈월스트리트 저널〉이나 〈뉴욕 타임스〉와 같은 신문과 그 웹사이트도 깊숙이 들여다보면 거기서 매우 유용한 정보를 얻을 수 있다.

오늘날에는 뉴스포털과 블로그를 비롯한 디지털 채널을 통해서도 뉴스와 정보를 얻을 수 있다. 이러한 디지털 채널은 검색엔진 또는 나중에 다시 설명하겠지만 블로그라인스(Bloglines)와 같은 애그리게이터(aggregator)를 이용하면 쉽게 접근할 수 있다. 공포와 불확실성이 지배하는 환경 속에서는 전 세계 7개 대륙에서 전개되는 상황이나 사건을 실시각으로 추적하면서 예를 들어 분 단위로 최신의 정보를 확인해보는 것이 크게 도움이 될 수 있다. www.google.com, www.yahoo.com, www.msn.com과 같은 검색사이트나 여러 가지 다양한 콘텐츠를 제공하는 웹사이트를 활용하고, 특히 그런 사이트가 서비스하는 '긴급속보 알림' 기능도 이용해서 관심사에 관한 최신의 정보를 실시각으로 얻는 노력을 기울여보면 필요한 정보를 놓치지 않고 챙긴다는 것이 반드시 크게 어려운 일은 아님을 알 것이다.

그런데 유감스럽게도 인터넷에는 정보라기보다는 선전물에 해당하는 콘텐츠와 흔히 나름의 속셈을 가진 사람들이 수정하거나 조작한 정보도 엄청나게 많다. 다만 인터넷에서 접할 수 있는 대안의 관점이나 수구적 관점은 물론이고 심지어는 기괴한 관점도 진실을 보이지 않게 가리는 역할을 하기보다는 현실에서 전개되는 상황이나 사건의 핵심을 파악해내는 데 도움이 되는 경우가 많다는 점에 유의해야 한다. 그러한 관점들은 마치 어떤 하나의 장면을 여러 측면에서 들여다볼 수 있게 해주는 여러 개의 카메라 렌즈와 같다. 사실 경제적 조건, 금융적 조건, 사회적 조건, 국제적 조건이 거의 모든 곳에서 일제히 해체되는 상황에서는 무엇이든 액면 그대로 받아들이지 않는 것이 매우 중요하다. 우리가 지금 알고 있는 세계는 포위공격을 받다가 무너지는 성과 같이 무너질 것인데 그 과정에서 진실이 첫 희생자가 될 수도 있기 때문이다.

판단을 흐리게 하는 잡음이나 소음도 당연히 많이 들려올 것이다. 예를 들어 현실에서 전개되는 상황에 대한 대중매체의 묘사는 아마도 조울병 환자의 증상처럼 들쭉날쭉할 것이다. 정치인을 비롯해 기득권을 지키려는 사람들은 공공연하게, 또는 배후에서 은밀하게 검열을 실시하려고 할 것이고, 이와 동시에 모든 것이 통제되고 있으며 터널의 끝을 알리는 빛이 비추기 시작했다는 식의 선전을 거의 끊임없이 퍼뜨리려고 할 것이다. 아울러 경제와 금융의 요동, 과거에 저질러진 사기행위의 폭로와 범죄의 증가, 급속하게 험악해지는 사회분위기 등이 피에 대한 맹목적인 굶주림의 표출에 가까운 언론보도를 부추길 것이다.

귀 기울여 듣고, 주의 깊게 읽고, 자세히 주목하고, 분명하게 생각하는 것도 도움이 될 것이다. 그렇게 하는 사람은 어떠한 선택지들이 있는지를 알게 되기 때문에 취약한 입장이 아닌 강력한 입장에서 무슨 협상이든 할 수 있을 것이며, 이런 입장에 설 수 있다는 것은 가용재원이 제약된 환경에서는 결정적인 장점으로 작용할 것이다. 사람들에게 여유가 별로 없는 상황에서 불안, 공포, 부정, 패닉이 난무할 때에는 누구나 자기 자신의 정서와 다른 사람들의 정서를 냉정하게 있는 그대로 인식하는 것이 특히 유용하다. 트레이더와 마찬가지로 기꺼이 독립적으로 행동하고, 필요하다면 주저하지 않고 곧바로 방향을 바꾸고, 쓸데없는 걱정을 하거나 당황하지 않으면서도 오류를 인정하고, 동료들의 압박이나 원망을 극복하고, 남들보다 앞서가기 위해 자기만족에 대한 욕구를 버리는 것도 중요하다.

많은 사람이 대체로 혼자가 되거나 긴밀한 신뢰집단에만 의존하게 될 것이다. 증권회사 직원, 은행원, 회계사를 비롯한 전통적인 조언자들은 극적으로 변하는 엄혹한 경제적 현실에 대해 눈을 감고 있을 것이다. 게다가 그런 사람들은 각자 나름대로의 법률적, 재무적, 개인적 걱정거리에 사로잡혀 있을 것이기 때문에 다른 사람에게 시의적절하고, 일관되고, 불편부당한 조언을 해줄 여유가 없을 것이다.

경제적 상황이 사회의 응집도를 훼손하고 상황에 편승하는 범죄가 점점 더 확산될 것이므로 그러한 범죄를 통해 이득을 취하려는 자들을 경계하지 않으면 안 될 것이다. "나중에 후회하기보다는 안전한 길을 택하는 것이 낫다"라는 슬로건이 갈수록 더 힘을 발휘하는 슬픈 현실이 펼쳐질 것이다. 자기 자신이나 자기 돈에 영향을 끼칠 수 있는 것에 대해서는 조심해야 할 것이고, 무엇이든 일관성을 상실하거나 누락된 것이 없는지 눈을 부릅뜨고 살펴야 할 것이다. 그 어느 때보다도 상황 자체가 사람들로 하여금 각자 자기가 갖고 있는 것이 무엇이고 갖고 있지 않은 것이 무엇인지, 자기가 지금 어디에 있고 어디를 향해 가고 있는지, 자기에게 반드시 필요한 것이 무엇이고 없어도 되는 것이 무엇인지, 미쳐버린 것처럼 보이는 세상에서 어떻게 살아남아야 하는지를 신중하고도 철저하게 살피고 생각해보게 할 것이다.

고용돼 직장에서 일하고 있는 사람들은 실직하지 않기 위해 필요한 행동과 처신을 다 해야 할 것이다. 이는 곧 기업이 요구하는 바에 맞춰서 움직이고, 자기가 속한 기업과 산업, 그리고 경제 전체에서 일어나는 일을 놓치지 않고 살피고, 자기의 기술과 기능을 더욱 연마하고, 대인관계를 원만하게 꾸려나가야 한다는 것을 의미한다. 그러나 모두가 다 그렇게 한다고 해도 앞으로 닥칠 경제적 재앙의 초기단계에서는 직장에 다니던 사람들 가운데 다수가 하나둘 직장에서 쫓겨나 길거리에 나앉게 될 것이다. 수요의 감소, 금리의 상승, 무역전쟁의 증가, 암울해진 미래전망 등이 고용을 축소시켜 실업률을 치솟게 할 것이다.

그러한 상황에 부닥치는 것이 피할 수 없는 운명인 것처럼 여겨질 수도 있겠지만, 때로는 상황이 그렇게 악화될 수 있다고 가정해보는 것이 미래를 내다보고 계획을 세우는 데 가장 좋은 방법이 될 수 있다. 경제적 재앙이 닥치면 가장 철저하게 파괴될 소비재부문, 주택산업, 금융산업에서 일하는 사람들의 경우에는 특히 그렇게 가정해보는 것이 좋을 것이다. 이미 위태로운 상태에 있는 기업과 산업들, 특히 항공운송이나 자동차 관련 부문은 과거에 결정되어 전해져 내려온 유산비용(legacy costs)과 감당하기 어려운 연금채무를 끌어안고 있으므로 일터나 사업상의 거래처로 삼기에는 대단히 위험하다.

복잡한 금융공학과 애초부터 오래 유지할 목적으로 구축된 게 아닌 금융조직이 초래하는 부작용과 후유증이 끊임없이 파괴적 에너지의 원천이 될 것이다. 사실 그 어느 기업이나 산업도 자체적인 이유에서, 또는 주요 납품업체나 신용제공회사를 비롯한 거래상대방의 파산에 따른 도미노 효과로 인해 파산의 위기에 몰릴 수 있다. 그러한 상황에서는 개인적 재무방정식의 수입 쪽에 인적관계 확대를 위한 부단한 노력, 이력서의 업데이트와 보강, 예비적인 새 일자리 탐색, 구인시장에서 운영되는 인재적성평가 프로그램 참여, 자신의 기술과 능력을 개선하고 확장하는 구체적인 노력 등을 포함시켜야 한다. 관심분야에 대한 교육과 훈련을 더 받거나 새로운 직업이나 부차적 직업의 가능성을 탐색하는 노력도 역시 필요하다.

그러나 고용과 관련된 현실의 환경은 크게 악화될 것이 분명하며, 따라서 유사시에 소득을 확보할 수 있기 위해 사업가 정신을 길러둬야 할 필요성이 점점 더 커질 것이다. 사회적, 금융적 안전망이 축소되는 가운데 경제적 재앙이 오래 계속되면 생존을 위한 경쟁이 더욱 치열해질 것이므로 각자가 어느 정도는 자립할 수 있는 방도를 갖는 것이 점점 더 중요해질 것이다.

앞으로 미국인들의 복리와 안전을 위협할 요소들은 또 있다. 미국에서는 오늘날의 노동자들 가운데 대다수가 앞으로 사회보장제도의 혜택을 거의 받지 못할 것이며, 민간 연금제도가 존재하지만 앞으로는 이것 역시 과거와는 많이 다를 것이다. 공식적인 은퇴연령은 앞으로 몇십 년간에 걸쳐 적어도 10살 정도는 더 낮아질 가능성이 높다. 게다가 자신의 미래에 대해 스스로 책임질 준비를 해놓지 못한 사람들에게는 공식 은퇴연령이란 단지 직장에 다니는 삶의 두 번째 국면이 시작됨을 의미하는 중간이정표에 지나지 않을 것이다. 의료보험은 실제 수요에 못 미칠 것이고, 의료보험에 가입돼있지 않은 사람들은 그 수가 점점 더 줄어드는 민간 자선단체 또는 개인적으로 아는 사람의 도움을 받거나 자기가 알아서 제 몸을 돌보는 수밖에 다른 도리가 없을 것이다. 비용을 거의 또는 전혀

들이지 않고도 건강관리에 관한 전문적인 지식이나 그 밖의 유용한 정보를 구할
수 있게 해주는 인터넷을 이용하는 것만이 유일한 대안의 방법이 될 것이다.

앞으로 닥칠 위기에 잘 대처하려면 자산을 축적하면서 장기적으로 경제적
독립을 확보할 수 있는 방향으로 예산편성과 투자를 통합적으로 조정해나가기
위한 계획을 수립해야 할 것이다. 또한 자신의 경제적 복리와 안전에 대한 갖가
지 위협요소 각각에 대해 자동으로 발동되는 보호장치를 갖춰두어야 할 필요도
있다. 자동차보험, 건강보험, 재산보험, 생명보험 등이 바로 그러한 보호장치가
될 수 있지만, 이런 것들 각각에 대해서도 그 내용을 경제환경의 변화에 비추어
다시 살펴봐야 할 것이다. 보험은 법적 구속력이 있는 보장의 내용도 중요하지
만 기본적으로는 거액의 손실을 초래할 사건이나 사고가 일어날 가능성에 대비
한 안전장치로 삼아야 할 것이다. 따라서 손실의 규모가 작은 사건이나 사고에
대해서는 보험회사의 보장책임을 면제하는 공제조항을 충분히 설정하고 그에
따라 보험료 부담이 경감되도록 하는 것이 중요하다. 이렇게 해서 절감된 보험
료는 긴급상황에 대비한 예비자금으로 저축해놓는 것이 바람직하다.

보험회사들이 재무적 압박을 받다보면 청구된 보험금에 대해 이런저런 트
집을 잡아서 지급을 하지 않으려고 할 것이다. 어떤 경우에는 보험계약이 체결
된 뒤 확정되기 전에 계약의 내용이 전면적으로 수정될 수도 있고, 특정한 보장
조항의 지리적 적용범위가 축소될 수도 있다. 이에 따라 많은 보험계약이 보험
가입자의 보험료 부담에 비해 실제 보장의 수준이 낮아질 것이다. 보험회사들
의 적자가 확대되고, 투자수익 실적이 저조해지고, 거래상대방위험이 커지다보
면 파산위험에 몰리는 보험회사가 늘어날 것이다. 그러한 상황에서는 보험회사
들이 보험료를 인상하고, 보장의 내용을 축소하고, 기존 보험계약을 이행하는
경우에도 보험금 청구의 내용을 이전보다 훨씬 더 까다롭게 따질 것이다.

미래에 대비해 계획을 세울 때에는 앞으로 새롭게 펼쳐질 현실을 고려해야 한다. 보험계약의 내용이 새로운 상황에 부합하는지, 나 자신이 계약의 모든 내용을 잘 알고 있는지, 보험료 납부를 제때제때 잘 했는지, 보험회사로부터 보험료 수납에 대한 확인을 받았는지, 보험회사의 재무적 건전성에 이상이 없는지를 주의 깊게 살펴야 한다. 가족의 자산과 부채는 물론이고 가족의 재무적, 경제적, 사회적 관계들을 전략적으로 분산시키는 것도 필요하다.

결국은 달러화 보유자들이 갖고 있던 달러화를 지출해 보다 안전한 다른 통화나 귀금속, 일차산품, 부동산을 비롯한 각종의 유형자산을 사들이는 방식으로 '달러화로부터의 도피'를 하게 될 것이다. 따라서 미국인들은 달러화의 가치가 앞으로 본격적으로 붕괴하게 될 것임을 염두에 두고 그렇게 되기 전에 필요한 대비조치를 취해놓아야 한다. 미래에 대비한 계획을 세울 때에는 사람들이 이처럼 보유자산의 구성을 조정할 가능성을 고려해야 한다. 아울러 안전한 계좌를 미리 개설해두고, 생활필수품을 어느 정도 집안에 쌓아두고, 필요한 보험에 가입해두는 등의 실제적인 대비조치도 필요하다면 검토해야 할 것이다.

정치적 변화도 언제든지 각 개인의 재무적 상태에 커다란 타격을 입힐 수 있는 위협요소다. 온갖 종류의 세금이 다 인상되는 상황이 전개된다고 하더라도 적어도 납세자들이 본격적으로 들고일어날 조짐을 보이기 전에는 정부가 경제적, 사회적 질서의 붕괴에 대응해 시민적 자유를 제한하는 등의 역행적 규제조치를 취하고 나설 가능성이 높다. 그러한 역행적 규제조치는 비용이 많이 드는 것이기 때문에 오히려 추가적인 세금인상의 원인이 될 것이다. 어쨌든 현금보유와 예금인출에 대한 제한에서부터 저축계좌나 뮤추얼펀드에 예탁된 돈의 강제적인 환전, 은행을 비롯한 금융회사들에 대한 일시적 영업중단 조치, 금이나 은 등 특정한 종류의 자산에 대한 소유금지 조치나 몰수, 여행에 대한 규제,

심지어는 계엄령에 이르기까지 이례적인 조치가 취해질 가능성이 날이 갈수록 높아질 것이다.

적절한 계획을 세우기 위해 필요한 것을 마지막으로, 그러나 그렇다고 해서 덜 중요하지는 않은 한 가지를 더 들자면, 지진이나 허리케인과 같은 자연재해든 인위적인 재해든 일어날 가능성이 있는 모든 재해에 대해서도 대비해야 한다. 중요한 컴퓨터 자료파일은 백업을 해두되 가능하다면 멀리 떨어진 곳에 있는 저장장치에 백업을 해두어야 한다. 중요한 서류, 각종 계좌의 번호, 의료관련 정보, 보험금 청구를 할 때 필요한 신분증명서와 보험계약 내역 등은 안전하면서도 언제나 쉽게 들여다볼 수 있는 곳에 보관해두어야 한다. 극심한 변화와 부단한 요동의 시기가 앞으로 펼쳐질 것이며, 그런 시기에 쓰러지지 않고 살아남기 위해서는 필요한 정보를 놓치지 말고, 언제나 대비태세를 갖추고 있고, 적절한 계획을 수립해놓고 늘 재점검해야 한다.

14 │ 투자

매달 조금씩 돈을 저축해보라. 연말에 가서 보면 그렇게 해서 모아진 돈이 얼마나 적은지를 알게 될 것이다. — 어니스트 해스킨스

1979년 말에 형제인 벙커 헌트(Bunker Hunt)와 허버트 헌트(Herbert Hunt)는 환호작약했을 것이다. 은의 가격이 석 달도 안 되는 사이에 두 배로 올라 온스당 34달러가 된데다 은을 공매도한 사람들이 극심한 압박을 받고 있었기에 은의 가격은 더 오를 기세였다. 이미 억만장자인 헌트 형제의 재산은 하루가 다르게 더 불어나고 있었다. 이렇게 된 것은 그들이 은을 매집해 모두 4천만 온스의 은을 소유하고 있었을 뿐만 아니라 몇 달 전에 사우디아라비아의 부족장 2명과 함께 설립한 회사를 통해 9천만 온스의 은을 사들여 추가로 공동소유하고 있었기 때문이었다. 게다가 그들은 만기가 다음해 3월로 정해져있는 9천만 온스 규모의 은에 대한 선물계약도 통제하고 있었다.

그러나 다음해 1월 7일과 21일 두 차례에 걸쳐 코멕스(Comex; Commodity Exchange of New York, 뉴욕 일차산품거래소)가 거래규칙을 바꾸었다. 코멕스는 우선 한 거래자가 보유할 수 있는 선물 포지션의 규모를 1천만 온스 이내로

"

제한하는 조치를 취했고, 이어 청산주문만 받겠다고 발표했다. 이와 더불어 연준이 공격적인 통화긴축에 나섬에 따라 은의 재고를 유지하는 데 들어가는 비용의 부담이 크게 늘어났다. 이에 따라 1월 중순에 온스당 50달러라는 기록적인 수준으로 올랐던 은의 가격이 그로부터 2개월 뒤에는 온스당 21달러로 주저앉았다. 헌트 형제는 그때까지 1억 3500만 달러 규모의 증거금 추가납입 요구를 받았지만 응할 수가 없었다. 이로써 은이라는 귀금속에 대한 헌트 형제의 거대한 투자극은 막을 내렸다. 그로부터 8년 뒤에 그들은 은을 매집해 은시장을 조작하려고 했다는 혐의로 유죄판결을 받았고, 특히 벙커 헌트는 개인파산까지 신청해야 했다.

30년 전에 벌어졌던 이 같은 헌트 형제 사건에 대해 그것은 기묘한 변칙현상이었을 뿐이라고 말하는 사람도 있을 것이다. 하지만 앞으로 닥칠 격동의 시기에도 규칙의 변경, 시장을 교란시키는 사건, 시장의 폐쇄 등이 일어나 엄청나게 불어난 종이상의 이익이 똑같은 규모의 손실로 돌변하는 일이 얼마든지 일어날 수 있다. 1987년에 주식시장이 붕괴한 직후에는 그 전에 운 좋게도 주가가 하락할 것이라고 예상하고 주식이나 지수선물에 대한 풋옵션 또는 공매도를 통해 그러한 방향으로 베팅을 해놓은 사람들 가운데 일부가 투자포지션을 현금화하지 못하는 처지가 된 일이 있었다. 그 이유는 시장의 거래가 일시적으로 중단된 점과, 전화통화 수요가 폭증해 전화선이 불통상태가 되어 증권회사에 신속하게 주문을 전달하지 못하게 된 점에 있었다.

최근에는 대체로 등한시되고 있지만, 시장이 요동치고 금융회사들이 파산위기에 몰리고 신용 붐의 붕괴가 초래하는 부작용이 심각해지는 상황에서는 자산의 비유동화를 비롯해 거래당사자와 관련된 위험, 기술적 위험, 시스템 차원의 위험 등에서 유래하는 각종의 문제가 투자규모의 크고 작음을 떠나 모든 투자자에게 점점 더 큰 걱정거리가 될 것이다. 앞으로 닥칠 위기의 시기는 여러 측면에서 전설적인 카우보이이자 저술가, 철학자였던 윌 로저스(Will Rogers)의 경구를 떠올리게 한다. 그는 1929년에 주식시장이 붕괴한 직후에 다음과 같이 정신이 번쩍 나게 하는 말을 했다. "나는 '자본수익률(the return on capital)'을 염려하기보다는 '자본의 회수(the return of capital)'나마 가능할는지를 염려하고 있다."

사실 과거의 오류와 과잉이 시정되기 시작하면서부터는 오래 묵은 지혜 가운데 적어도 일부는 분명히 그 진가를 보여줄 것이다. 예를 들어 분산투자는 반드시 필요할 것이다. 다만 투자에 관한 전문적인 조언자들이 흔히 말하는 이유에서 분산투자가 필요한 것은 아닐 것이다. 여러 단계에 걸쳐 경제와 금융이 붕괴하는 과정에서 각종 자산의 가격은 급변하더라도 동시에 같은 방향으로 움직일 것이고, 이 때문에 위험을 여러 자산에 분산시켜 놓는다고 해서 투자수익률의 변화가 반드시 평탄해지지는 않을 것이다. 예상치 못한 돌발적 시장교란이 자주 일어나는 세계에서는 이보다는 오히려 재무적 안전을 도모하는 데 초점을 맞추는 방식의 분산투자를 해야 할 것이다. 또한 증권을 비롯한 각종 자산에 대한 공정한 가격이 형성될 수 있다고 가정하는 것은, 아니 그러한 가격을 형성시키는 시장이라는 것이 존재한다고 가정하는 것 자체가 심각한 판단오류임이 확인될 것이다.

그러나 오래된 관념 가운데 버려야 할 것도 있다. 미국인들은 무엇보다 '매수 후 보유' 전략의 시대는 끝났다는 사실을 받아들여야 할 것이다. 단순히 살아남기만을 위해서라도 신축적인 태도를 갖고 예민한 감각을 발휘하되 스스로에게는 엄격한 트레이더처럼 돼야 한다. 그렇다고 해서 모든 사람이 재무적 자유를 달성하기 위해 투기, 단타매매, 차익거래를 해야 한다는 말은 아니다. 자산의 유동성이 사라지고, 가격의 변동성이 커지고, 잡음이 많이 들리는 혼란스러운 상황에서는 가장 숙련된 사람들만이 그러한 상황을 활용할 수 있을 것이다. 다만 누구든 상황이 좋아지기를 기다리면서 갖고 있는 것을 그대로 갖고 버텨보는 식의 게임전략은 재검토해야 할 것이다.

시장상황의 변화는 약세장에 대비하도록 요구할 것이 분명하다. 그렇다면 흥분보다는 신중함이 낫고, 상승세에 올라타지 못할지도 모른다는 두려움보다는 하락세를 두려워하고 미리 대비조치를 취해놓는 것이 낫다. 또한 '하락시 매수'보다는 '상승시 매도'에 치중하는 것이 낫다. 이렇게 하지 않으면 원치 않는 것을 잔뜩 끌어안고 있게 되기 쉽다. 갖고 있는 것을 언제 어떻게 팔아야 하는지를 미리 확실하게 파악해둘 수 있다면 그렇게 하는 것이 크게 도움이 될 것이다. 그런대로 감수할 수 있는 작은 손실은 일찌감치 감수해버리는 것이 나중에 완전히 망할 가능성을 줄일 수 있는 방법이며, 이것이 으뜸가는 투자법칙임을 명심해야 한다.

약세장에서 장세의 반전을 바라면서 버틴 투자자들에게 주가의 일시적인 급등이 마치 강세장의 개막을 알리는 신호로 받아들여지는 경우를 흔히 볼 수 있다. 보다 큰 그림에 시선을 맞추는 투자자라면 갖고 있는 주식을 팔아치우거나 보유주식의 구성을 바꾸는 기회로 그러한 주가의 일시적인 급등을 활용할 수 있을 것이다. 낙담케 하는 말로 들릴지도 모르지만, 어려운 시기를 잘 헤쳐 나가고 싶은 사람이라면 저가매수의 기회를 노리다가 그런 기회가 오면 즉각 반사적으로 매수에 뛰어들게 하는 충동도 억제해야 하지만 섣부르고 위험할 수도 있는 낙관과 안주의 심리도 끊임없이 경계해야 한다. 앞으로 닥칠 재앙은 그동안 만들어지는 데 몇십 년이 걸린 것인 만큼 그것이 소진되는 데도 오랜 시간이 걸릴 것이 틀림없다.

어느 때보다도 이제부터 미국인들은 스스로에게 속지 않도록, 그리고 근거도 없이 낙관하지 않도록 조심해야 한다. 스스로 취약한 처지에 있다는 느낌 때문에 동화와 같은 해피엔딩의 이야기나 곧 먹구름이 걷히고 환한 햇빛이 비출 것이라는 식의 이야기에 속아 넘어가기 쉬운 상태일 때에는 특히 조심해야 한다. 사람들이 낙담하고 절망한 나머지 최악의 본성을 드러낼 때에는 어느 정도의 의심과 건전한 회의주의가 크게 도움이 된다. 조언이 필요하다면 오래 묵은 지혜를 전해주는 조언을 우선 들어보라. 예를 들어 달라고 하지도 않은 것을 주거나 뭔가를 공짜로 준다면, 또는 어떤 숨겨진 속셈이 있는 것처럼 보이는 사람이 뭔가를 준다면 그것은 거의 아무런 가치도 없는 것이 틀림없다는 말이 있다. 또한 사실이라고 믿기에는 너무 좋아 보인다면 그것은 사실이 아닌 것이 거의 분명하다는 말도 있다.

무엇이든 보이는 모습 그대로 받아들이지 않도록 주의할 필요도 있다. 눈에 보이는 것 가운데 많은 것이 실제로는 겉모습과는 다를 것이기 때문이다. 앞으로 새로이 펼쳐질 위험한 세계에서는 적극적으로 조사하고, 신중하게 분석하고, 부지런하게 최신정보를 수집해야만 비판적인 사고능력을 갖출 수 있다. 이는 곧 모든 종류의 질문을 던지고, 잘못될 수 있거나 필연적으로 잘못될 수밖에 없는 것을 미리 간파하려고 노력해야 한다는 뜻이기도 하다. 역설적이면서도 흥미로운 말로 들리겠지만, 무엇보다 주의 깊게 살펴야 할 것은 금융시장이다. 금융시장의 일상적인 무질서에서 어떤 대단한 통찰을 끌어내기는 어렵겠지만 주식시장, 채권시장, 통화시장, 일차산품시장의 전반적인 추세는 누구에게나 적어도 의미 있는 상황변화는 예고해주는 점괘의 기능을 해줄 것이다.

다면적인 재앙의 파급영향은 혼란스럽게 보이기 때문에 그것을 제대로 파악하려면 한 발 떨어져 멀찍한 시선으로 바라보는 태도와 초점을 맞추어 집중적으로 들여다보는 태도를 동시에 갖출 필요가 있다. 시장의 폐쇄와 기업의 돌발적인 파산에서부터 국유화와 몰수, 제3차 세계대전이 일어날 가능성의 증대와 급속히 확산되는 사회적 혼란에 이르기까지 앞으로 닥칠 수 있는 모든 것이 대비를 제대로 해놓지 못한 사람이나 기업들을 휩쓸어버릴 수 있다. 그러나 대비를 하기 위해 필요한 비판적 사고능력을 갖추는 것이 그렇게 어렵지만은 않으며, 특히 이제는 누구나 인터넷의 힘을 이용할 수 있다는 점을 고려하면 더욱 그렇다고 할 수 있다.

폭 넓고 균형 잡힌 사고를 하기 위해서는 주류 언론매체의 보도기사 외에 산업별, 부문별, 주제별 채널을 통해 수집할 수 있는 정보도 참고해야 하며, 다음과 같은 뉴스레터 사이트, 비관적 관점의 사이트, 대안적인 사이트 등도 살펴볼 필요가 있다.

http://prudentbear.com

http://safehaven.com

http://financialsense.com

http://dailyreckoning.com

www.fiendbear.com

www.bullnotbull.com/bull

www.fallstreet.com/fallstfeed

www.dollarcollapse.com

www.24hgold.com

어떤 블로그들은 시장, 금융, 경제, 국제사회 등의 동향을 늦지 않게 파악하

이제는 급속하게 전개되는 경제환경과 금융환경의 변화가 경제의 위축은 물론이고 걷잡을 수 없는 인플레이션과 달러화 가치의 붕괴까지도 불러올 수 있다는 점을 고려해야만 적절한 투자전략을 세울 수 있다. 그러므로 위협요소들을 활용하는 것은 고사하고 파악하는 것도 쉽지는 않지만, 그렇더라도 위협요소들을 늦지 않게 간파해내기 위해 애써야 한다.

개인마다 사정이 다르기 때문에 모든 사람에게 두루 들어맞는 조언을 하기란 어렵다. 그러나 자신이 처한 상황을 잘 인식하고, 그 개인적인 상황에 맞는 목표를 설정하고, 세심하게 계획을 세우고, 규율 잡힌 태도를 유지하는 것은 대부분의 사람에게 꼭 필요하다는 말은 할 수 있다. 가장 우선적인 원칙은 장기적인 생존에 초점을 맞추는 것이다. 이는 곧 고수익의 가능성보다는 안전성, 유동성, 투명성을 더 중요하게 여겨야 한다는 뜻이다. 복잡한 것보다는 간단한 것에 더 큰 가치를 부여해야 한다. 실행하기도 어렵고 한 문장만으로 설명하기도 어려운 투자보다는 간단하고 평범한 투자가 대체로 더 나은 결과를 가져다줄 것이다. 파생상품과 관련되거나 차입금을 이용하는 투자전략은 그것에 내포된 위험에 비해 수익의 잠재력이 압도적으로 더 큰 경우가 아닌 한 피해야 한다.

대부분의 사람에게 올바른 태도는 먼저 자신의 재무상태를 바로잡고 나서 미래의 수익기회에 눈길을 돌리는 것이다. 이는 곧 자신의 개인적 대차대조표를 작성해볼 경우 부채가 기입되는 오른쪽 부분에 우선적으로 관심을 집중해야 한다는 뜻이다. 간단히 말해 부채를 없애는 것, 또는 적어도 앞으로 닥칠 경제적, 금융적 재앙으로부터 타격을 입게 될 가능성을 최소화하는 것이 단기적 목표가 돼야 한다. 많은 사람에게 위협이 되는 것 가운데 하나는 전면적인 신용경색이다. 전면적인 신용경색이 일어나면 정당한 경로나 절차를 통해서는 돈을 빌리거나 대출금의 만기를 연장하는 것이 거의 불가능해진다. 또 하나 위협이 되는 것은 금리와 위험할증, 즉 증대된 불확실성에 대한 보상으로 채권자들이 요구하는 가산금리의 지속적이고도 구조적인 확대다.

어떤 빚을 얼마만큼 줄여야 하는지도 개인마다 사정에 따라 다를 것이고, 특히 빚으로 부동산과 같은 자산을 구입한 사람들의 경우가 그럴 것이다. 그러나 개인적인 사정이 어떻든 간에 가장 먼저 취해야 할 조치는 짊어지고 있는 빚의 부담이 어느 정도이고 그 구성이 어떠한가에 대해 분명하게 평가하고, 빚을 갚는 데 실제로 사용할 수 있는 현재와 미래의 가용재원은 충분한가를 따져보는 것이다. 현재와 미래의 가용재원이 빚을 완전히 갚는 데 충분하지 못하다면 채무상환 조건의 조정이나 대환대출을 통해 금리를 낮추거나, 상환부담을 줄이는 방향으로 대출계약의 내용을 수정하거나, 변동금리 대출을 고정금리 대출로 바꾸어야 한다. 그리고 어떤 경우든 이와 같은 조치를 취하고 난 뒤에는 남아있는 빚을 가능한 한 빨리 갚아버리기 위한 부채상환 계획을 세워야 한다.

주택담보대출을 받아 집을 샀거나 빚을 끼고 자동차나 보트를 산 사람들은 중대한 결정을 내려야 할 것이다. 그러한 자산을 계속 소유해서 얻게 되는 이점이 그러한 자산을 장만하느라 진 빚의 부담에 비해 큰가 작은가를 우선 판단해야 한다. 특히 시장에서 그러한 자산을 매각하기 어려워지거나 그 가격이 떨어지는 상황이 전개될 경우를 가정하고 그러한 판단을 해볼 필요가 있다. 부동산을 보면 부자이지만 보유현금을 보면 가난한 내용의 개인적 대차대조표는 재무적 노예상태에서 벗어나지 못하게 하는 쇠사슬이 될 수 있다. 앞으로 닥칠 경제와해의 시기에는 주택구입이 갖는 투자로서의 성격과 주택소유가 갖는 현금인출기로서의 성격이 그 근거를 잃게 될 것이고, 주택의 구입과 소유에 대한 욕구가 일상생활과 관련된 실제적인 수요에 의해 뒷전으로 밀려날 것이다.

어느 모로 보나 경제와해의 첫 단계에는 주택지분(home equity)이라는 것이 존재하지 않게 될 것 같다. 더 나중에 인플레이션이 걷잡을 수 없는 형태로 번지기 전에는 주택과 같은 유형자산의 소유는 단지 생활양식상의 한 가지 선택에 불과할 것이다. 최근 몇 년에 걸쳐 엄청난 수준으로 일어났던 부동산 거품이 꺼지면서부터는 가장 먼저 서둘러 부동산을 팔아치우는 사람들이 결국 손해를 가장 덜 입게 될 가능성이 높아졌다. 주저하다가 행동이 늦어지면 잠재적 구매자 수가 점점 더 줄어들고 마침내는 시장 자체가 사라져버리는 상황에 직면하게 될 것이다. 그렇게 되기 전에 탈출하려고 하지 않거나 탈출하지 못한 사람들은 자기가 갖고 있던 것에 발이 묶이게 되거나, 아마도 적은 금액이나마 돈이 필요하게 되어 손해를 보면서 헐값으로 갖고 있던 것을 팔아야 하는 처지가 될 것이다. 원리금 상환을 하지 못하는 사람이 크게 늘어나면 주택담보대출을 해준 금융회사들이 차입자와 다시 만나 원리금 상환유예 기간을 설정해주거나 파국적인 상황을 피하기 위해 대출금 가운데 일부를 탕감해주는 등의 조치를 취할 수도 있겠지만, 그렇다 하더라도 주택을 압류당하는 사람이 많을 것이다.

기회의 창이 완전히 닫히기 전에 생활의 규모를 줄이고, 갖고 있는 것을 팔아치우거나 임대를 하고, 두 번째 자동차를 비롯해 나중에 감당할 수 없는 부담이 될 수도 있는 불요불급한 것은 처분하는 것이 이치에 맞는다. 불운하게도 현금수지가 원활하지 못하거나 이미 절박한 처지에 빠진 사람들은 소비자신용 상담기관을 찾아가 조언과 도움을 구하거나 자기에게 대출을 해주었던 금융회사를 찾아가 원리금 상환조건에 대해 다시 협상을 하는 등의 보다 적극적인 대책을 강구해야 할 것이다. 그러나 마지막 수단으로 빚의 원리금 상환을 중단하거나 파산신청을 통해 남아있는 빚의 부담을 털어내는 방안을 고려해야 할 사람도 많을 것이다. 미국에서는 파산신청에 관한 법률이 개정돼 그 절차가 복잡해지긴 했지만 여전히 파산신청은 빚이 많은 사람이 장기적으로 안전한 삶을 도모하기 위해 선택할 수 있는 마지막 수단으로 남아있다.

개인적 대차대조표의 왼쪽 부분과 관련해서는 신축적이면서도 스스로 엄격하게 규율을 지키는 자세가 매우 중요할 것이다. 각종의 자산은 일찌감치 신용거품의 붕괴에 따른 피해를 입어서 안전한 상태로 남아있는 것이 거의 없을 것이다. 앞에서도 말했지만 특히 부동산은 어떠한 종류든 거의 다 그렇게 됐을 것이다. 상업용 부동산이든 주거용 부동산이든 부동산은 모두 다 상황이 좋은 시기에도 대표적으로 유동성이 낮은 자산인데다가 저렴한 비용으로 쉽게 빌릴 수 있는 돈, 무모한 투기, 더 어리석은 사람의 구매 등에 의해 결코 유지될 수 없는 높은 수준까지 그 가격이 오른 상태였기에 신용거품이 붕괴되면 부동산시장은 심각한 재앙의 현장이 될 것이다. 귀금속과 일차산품의 가격은 물론이고 아마도 에너지의 가격까지도 타격을 입을 것이 거의 틀림없다. 초조해진 금융회사들이 대출금 회수에 나서면서 위험에 대한 가산금리가 급속히 확대되고 달러화에 대한 수요가 단기적으로 급증하게 될 것이며, 이런 현상도 적어도 처음에는 전반적인 수요위축을 더욱 촉진하는 요인이 될 것이다.

그러한 상황에서는 현금 또는 현금과 다름없는 것을 손에 쥐고 있는 것이 대부분의 개인에게 가장 좋은 단기전략이 될 것이다. 전통적으로 이런 단기전략에 따라 보유할 수 있는 것으로는 현금, 미국 재무부채권, 단기채권, 머니마켓 뮤추얼펀드, 연방예금보험공사가 보증하는 당좌예금이나 저축계좌, 양도성 예금증서 등이 꼽혀왔다. 그러나 시간이 흐르면서 금융시스템에 가해지는 압박이 점점 더 커지는 상황에서는 이보다 더 범위를 좁혀 보유해야 할 것을 보다 더 선별해야 할 필요가 있을 것이다. 다양한 머니마켓 펀드, 그 가운데서도 특히 미국 정부의 직접적인 채무에 해당하는 것이 아닌 증권, 예를 들어 패니메이나 프레디맥과 같은 정부지원회사에서 발행한 증권과 같은 것에 투자를 한 머니마켓 펀드는 엄청난 매도압력에 부닥칠 수 있다. 또한 펀드를 후원하거나 운영하는 금융회사에 문제가 생겨서 펀드가 위기에 몰리는 경우도 있을 것이다. 연방예금보험공사의 보호를 받는 은행예금은 단기적으로는 가장 안전한 금융상품으로서의 지위를 유지하겠지만 은행의 연쇄도산과 시스템위기가 닥치면 이것 역시 지급준비상의 애로에 부닥칠 수 있다. 그럴 경우에는 정부당국이 어쩔 수 없이 은행예금에 대한 연방예금보험공사의 보증을 축소하거나 아예 폐지하게 될 것이다.

과거를 돌이켜보면 경제가 하강하는 국면에서는 고정수익형 장기증권이 매력적인 대안의 투자대상으로 간주되곤 했다. 그러나 심각한 신용경색이 일어나면 이러한 견해가 타당하지 않을 수도 있다. 왜냐하면 심각한 신용경색의 상황에서는 차입비율이 높은 은행 등 금융회사들이 그동안 보유해오던 채권 포지션을 일제히 청산하려고 하고, 조세수입 하락에 직면한 각급 정부들이 일시적으로 채권발행을 늘리고, 오랜 기간 이어져온 구조적인 금리하락 추세가 상승세로 돌아설 수 있기 때문이다. 이러한 요인들은 채권의 가격을 억누르는 압력으로 작용함으로써 채권 보유자들에게 원금손실의 위험을 안겨줄 수 있다. 게다가 초인플레이션이 시작되면 상황은 더욱 악화될 것이다. 과거를 돌이켜보면 재화와 서비스의 가격이 급속히 상승하고 통화의 가치가 하락하게 되면 채권과 같은 고정수익증권에 투자하기에는 가장 좋지 않은 상황이 펼쳐진다. 게다가 해외에서 미국의 채권을 팔아치우는 움직임이 일어나고 트리플 에이였던 미국채권의 신용등급이 결국은 그 아래로 강등될 것이라는 전망이 힘을 얻게 되는 일까지 겹치면 미국의 고정수익형 장기증권을 보유하는 데 따르는 위험이 그 잠재적 수익성을 훨씬 능가하게 될 것이다.

미국 재무부가 발행한 물가연동 증권인 팁스(TIPS; Treasury Inflation-Protected Securities)는 투자원금의 가치가 전반적인 물가상승률만큼 오르게 돼 있는 투자대상으로 알려져 있지만, 초인플레이션의 상황에서는 이것조차도 진정한 보호막이 돼주기 어려울 것이다. 왜냐하면 초인플레이션의 상황에서는 정부당국에서 인플레이션 통계를 작성하고 발표하는 방식이 바뀌거나 아예 인플레이션 통계가 왜곡되는 일이 일어날 수 있기 때문이다. 예를 들어 1990년대에는 미국의 노동통계국이 매달 집계해 발표하는 소비자물가지수 통계에 품질조정(hedonic adjustment)을 적용하기 시작했다. 품질조정이란 특정한 일부 품목에 대해서는 품질이 개선됐다는 것을 이유로 물가지수에 반영하는 그 가격의 상승률을 실제보다 임의적으로 낮춰 잡는 것을 말한다. 이런 조정은 인플레이션의 실제 수준을 보이지 않게 가리는 역할을 한다.

기업이나 각급 정부가 발행하는 고정수익증권도 이름 그대로 고정수익을 보장해주기 어려울 것이다. 민간부문과 공공부문 모두 재무적 압박을 받는데다가 기업이나 각급 정부의 신용도가 전반적으로 급속히 떨어지면서 시장에서 그들이 발행한 고정수익증권에 대한 매도압력이 커지게 될 것이기 때문이다. 그러나 대규모 파산이 줄지어 발생할 것 같고 시스템위기가 닥칠 조짐이 보이는 상황에서 특정 증권과 관련해 채무불이행 위험을 제대로 평가하기란 어려울 것이다. 이 때문에 가장 능숙하고 민첩한 투자자들을 제외하고는 누구라도 고정수익증권을 보유하고 있다가 피해를 입을 수 있다.

주식시장은 부동산시장만을 제외하고는 잠재적인 하강위험이 가장 큰 시장이다. 이에는 여러 가지 이유가 있으며, 주가가 오래전부터 '평균으로 회귀'하는 경향을 보여 왔다는 사실도 그 같은 이유 가운데 하나다. 공개적으로 거래되는 주식의 가격이 늘 그래왔듯이 개별 기업의 수익성과 개별 주식에 대한 투자자들의 선호도도 비관과 낙관, 공포와 과열이 교대하는 과정에서 오르락내리락한다. 2007년에는 이윤율이 몇십 년 만의 최고치를 기록한 반면에 배당률은 사상최저치에 가까운 낮은 수준에 머물렀고, 주가를 1주당 수익으로 나눈 값인 주가수익배율(P/E ratio)은 오래전부터 주가의 과대평가를 말해주고 있었다. 다시 말해 2007년에는 주가가 아찔할 정도로 높은 수준에 있는 가운데 이미 언제든 무너질 수 있는 취약한 상태였다.

그런 가운데 경제가 뒤집히고, 전 세계의 통화금융 환경과 유동성, 위험선호 등의 추세가 역전되고, 새로운 법규가 제정되면서 기업별로 수십억 달러 규모의 연금채무와 그 밖의 부외부채가 노출되고, 주식옵션과 관련된 기업스캔들이 잇달아 터져 나오게 되자 주가가 장기적인 하락세로 접어들 조짐을 보이기 시작했다. 앞으로 거대한 경제와해가 전개되면 주식시장에서 매도압력이 강해지면서 종종 투매의 양상도 나타날 것이다. 공매도자의 주식환매(short-covering)에 따른 단기간의 반등이나 폭풍 전야의 평온함과 같은 횡보가 간간이 나타나기는 하겠지만 장기적인 주가하락 추세는 계속될 것이다.

너도나도 주식시장에 주식을 내다팔 것이다. 헤지펀드, 증권회사, 은행 등은 차입비율이 높은 포지션을 청산하고 이미 문제를 일으키기 시작한 파생상품 투자의 위험도를 낮추려고 하는 과정에서 주식을 대규모로 내다팔 것이다. 개인투자자나 기관투자가들은 그렇지 않아도 점점 더 불안해지는데 좋지 않은 뉴스만 갈수록 더 많이 들려오면 갖고 있던 주식을 서둘러 내다팔 것이다. 거액의 차입금을 가지고 공개기업이나 비공개기업을 사들였다가 나중에 매각하거나 기업공개를 시키면서 차익을 올리는 활동을 하는 기업매수 전문회사들도 사들인 기업들의 주식을 내다팔 것이다. 상장기업들도 주식시장을 통해 저렴한 비용으로 자본을 쉽게 조달할 수 있는 시절은 이제 끝나가고 있음을 갑자기 알아차리게 되면서 자사 주식을 내다팔 것이다.

이미 재무상태가 나빠진 기업들의 주식이 특히 취약할 것이다. 부동산, 소비자들의 지출, 금융시장과 밀접하게 연관된 부문의 기업들과 연금이나 의료비 관련 채무와 그 밖의 유산비용 부담을 많이 짊어지고 있는 기업들도 위험할 것이다. 중소기업의 주식보다는 대기업의 주식이 아마도 더 나은 실적을 보여주기는 하겠지만 어느 기업이든 잠시라도 숨어있을 곳을 찾기 어려울 것이다. 식

음료 부문과 같이 오래전부터 안정적이라고 알려진 부문의 기업들과 배당률이 높은 기업들의 주식이 상대적으로 더 나은 실적을 보여주겠지만, 이는 말 그대로 상대적으로 그럴 것이라는 이야기일 뿐이다.

앞으로 닥칠 위험에 대한 대비를 충분히 해놓은 사람들이라면 약세장을 겨냥한 투자전략을 실행하거나 주식과 채권의 가격이 하락할 경우에 이익을 올릴 수 있는 전문화된 투자상품을 거래하는 것을 고려해볼 수 있을 것이다. 예를 들어 지수가 하락할 경우에 이익을 올릴 수 있도록 구성된 상장지수펀드(ETF; Exchange—traded Fund)를 구매할 수도 있고, 선물이나 주식, 채권과 같은 증권을 공매도할 수도 있으며, 풋옵션을 구매할 수도 있을 것이다. 그러나 가격의 변동성이 커지면서 시장이 비선형적으로 급변하는 상황에서 그와 같은 거래를 했다가 자칫 잘못될 경우에는 감당해야 할 비용이 엄청나게 클 것이다. 게다가 거래상대방이 파산할 위험, 경영이 위기에 처할 위험, 기술적 위험, 시스템 전체와 관련된 위험 등으로 인해 달아날 구멍이 없는 궁지에 몰리게 될 위험이 커지면서 기회의 창이 급속하게 좁아지다가 결국은 닫히게 될 것이 틀림없다. 그러니 미국인들은 어떤 태도를 취하든 간에 현실의 상황이 현재 어떠하며 어디로 향하고 있는지를 늘 예의주시해야 할 것이다.

어느 시점이 되면 경제환경과 외환시장이 투자전략을 크게 바꿔야 할 필요성이 있다는 신호를 보낼 것이다. 달러화가 결국 더 버틸 힘을 잃으면서 다른 주요 통화들에 대한 달러화의 상대적 가치가 큰 폭으로 하락할 것이다. 그럴 때 미국의 언론은 달러화에 대해 긍정적인 관점을 가져야 하는 이유들을 부각시키고, 달러화의 가치가 하락할 것이라고 예상하고 베팅을 했던 트레이더들이 대규모의 손실을 보았다는 이야기를 보도할 것이다. 하지만 그러한 언론의 보도태도는 오히려 달러화의 가치가 정점을 이미 지났음을 확인시켜줄 뿐일 것이다. 이

보다 더 결정적인 신호는 물론 달러화의 가치가 아주 오랫동안 계속될 것 같은 구조적인 하락세를 재개해서 스위스의 프랑화, 유럽의 유로화, 영국의 파운드화, 일본의 엔화 등에 대해 기록적으로 낮은 수준에서 거래되는 상황이 전개되는 것이다.

그때에는 더 이상 지체하지 말고 곧바로 달러화를 다른 통화로 바꾸고 귀금속에 투자하는 것이 좋다. 세계 각국의 정부가 발행한 '약속의 종지쪽지'들은 모두 다 의심스럽기는 하지만, 그래도 달러화를 다른 통화로 바꾸는 것은 '상대적 가치에 근거한 거래' 또는 '차악의 선택'으로 간주할 수 있을 것이다. 현실적으로 말해 사람들은 교환의 수단으로 편리하게 사용할 수 있는 것을 계속 필요로 할 것이고, 그러한 것으로는 주요 통화들 가운데 무엇보다 수요와 공급의 여건이 지금의 달러화처럼 가치가 하락하는 방향으로 치우치지 않은 통화를 꼽을 수 있다.

그렇다면 최선의 선택은 실물 화폐를 갖고 있는 것이겠지만, 이것은 안전이라는 측면에서 가장 위험한 방법이기도 할 것이다. 그 다음 순위로 선호될 수 있는 방법은 다음 장에서 설명되는 종류의 조사에 근거해 가장 높게 평가되는 해외의 금융회사에 외국통화로 표시되는 계좌를 개설하거나 재정구조가 비교적 건전한 나라의 정부가 발행한 단기채권에 투자를 하는 것이다. 또 그 다음으로는 외국통화로 표시되는 상장지수펀드나 뮤추얼펀드, 해외의 머니마켓펀드나 단기채권, 외국통화로 표시되고 연방정부가 보장하는 저축계좌나 미국에 본부를 둔 은행의 양도성 예금증서 등을 꼽을 수 있지만, 거래상대방위험을 비롯한 각종의 위험이 점점 더 커지는 시기에는 이런 방법들의 유용성은 차츰 떨어질 것이다.

달러화의 가치가 하락세로 돌아선다면 그것은 일시적인 자산청산의 압력이 경감됐음을 알려주는 신호이기도 하겠지만, 이와 동시에 2007년의 고점에서부터 상당히 많이 떨어지면서 조정의 단계를 거쳤다고 볼 수 있는 금과 은의 가격이 장기적인 상승추세의 궤도로 복귀할 것임을 말해주는 신호이기도 할 것이다. 귀금속에 대한 투자를 옹호하는 주장의 근거는 물론 귀금속 자체가 희소가치를 지니고 있다는 사실과 역사적으로 볼 때 금과 은을 생산하는 인류의 능력은 전반적인 경제발전과 어느 정도 보조를 맞추어왔다는 사실에 있다. 그렇기에 금과 은은 달러화와 같은 법정통화와 달리 그 자체의 구매력이 보존되는 경향을 가진 자산의 한 형태로 간주된다.

금과 은을 쌓는 가장 순수한 방법은 실물 금과 실물 은을 쌓는 것이다. 그러나 이 방법은 수송의 문제가 있을 뿐만 아니라 보관, 관리, 순도시험을 필요로 하며 따라서 비용을 발생시킨다. 또한 금괴나 은괴는 부피가 크다는 점이 특히 많은 양을 쌓아두어야 할 때 문제가 될 수 있다. 동전 모양의 금화와 은화를 갖고 있으면 이러한 여러 가지 문제점 가운데 일부는 해결될 수 있다. 남아프리카공화국의 금화인 크루거란드(Krugerrand)는 전통적으로 함유된 금의 가치보다 조금 더 비싼 가격에 거래돼왔고, 아메리칸 이글(American Eagle, 1986년부터 금화, 은화, 백금화 등 세 가지로 발행된 미국의 금속화폐―옮긴이)과 커네이디언 메이플 리프(Canadian Maple Leaf, 1979년에 처음 발행된 캐나다의 금화―옮긴이)도 함유된 금속의 가치에 비해 상당히 더 높은 가치를 인정받아온 데다가 쉽게 다른 통화로 교환될 수 있고, 교환하거나 사용할 때 일일이 순도시험을 거쳐야 할 필요도 없다.

또 다른 방법은 금이나 은과 관련된 창고증권, 미국 등의 금과 은 관련 상장지수펀드, 금이나 은을 채굴해 공급하는 기업들의 주식과 그들의 실적에 따라 성과가 좌우되는 각종 펀드를 이용하는 것이다. 또한 이슬람권의 디나르화와 같이 금이나 은의 뒷받침을 받는 통화도 있고, 골드머니(GoldMoney, 2001년부터 거래되기 시작한 온라인 금화—옮긴이)나 이불리언(e-bullion, 2000년부터 거래되기 시작한 온라인 금화—옮긴이)과 같은 디지털 금화도 있다. 달러화의 가치가 구조적인 하락을 시작한 초기의 단계에서는 금이나 은을 간접적으로 소유하는 것이 편리성과 안전성의 측면에서 고려해봄직한 차선책이라고 말할 수 있다. 그러나 상황이 더욱 악화되면 거래상대방의 사기행위와 파산을 비롯한 각종의 거래상대방위험이 커지기 때문에 그러한 차선책만으로는 안심하기 어려울 것이다.

귀금속을 채굴해 공급하는 기업들의 주식도 역시 주식임에는 틀림없으므로 주식시장에서 거래되는 주식들에 전반적으로 영향을 미치는 유동성 압박에는 물론이고 대부분의 기업과 부문들에 영향을 미치는 금리의 상승과 같은 기본적인 경영여건의 변화에도 취약할 수밖에 없다. 금광이나 은광의 국유화는 참으로 역설적이게도 금이나 은의 가격을 급등시키는 작용을 할 수 있긴 하지만, 어쨌든 그러한 국유화나 테러활동과 같은 국제정치적 사건이나 상황도 위협요소가 될 수 있다. 따라서 결국은 금광이나 은광과 관계가 있는 주식에 대한 사람들의 태도가 달라질 것이다. 그러한 주식은 그저 주식이기만 한 것이 아니게 되어, 해당 기업의 사업내용은 물론이고 해당 기업이 소유하고 있거나 통제하는 금광이나 은광 등의 자산도 그 주식의 가격에 반영될 것이다.

이와 같은 변화는 통화량 증가의 속도가 매우 빨라지면서 초인플레이션에 시동이 걸릴 때 일어날 가능성이 높다. 그때에는 또 다시, 그리고 훨씬 더 극적으로 사고방식을 바꿔야 할 필요가 있을 것이다. 중앙은행이 지폐인쇄기를 초고속으로 돌리기 시작하면 이른바 신중함의 원칙을 전면적으로 다시 생각해봐야 할 것이다. 그러한 환경에서는 주의를 기울이고 자제를 하는 것으로부터는 얻을 수 있는 것이 전혀 없을 것이다. 오히려 갖고 있는 현금과 저축을 가능한 한 신속히 써버리는 것이 나을 것이다. 내일이면 틀림없이 더 비싸질 생활필수품을 오늘 당장 사야 할 것이고, 전반적으로 물가가 상승하는 만큼 가격이 오를 유형자산도 가능한 한 빨리 사야 할 것이다. 과거의 역사를 돌이켜보면 걷잡을 수 없는 인플레이션이 닥치면 금과 은은 물론이고 부동산에 대한 매수열풍이 불었고, 그 밖에 다이아몬드, 골동품, 미술품, 기계도구를 비롯해 그 자체가 어느 정도의 가치를 갖고 있는 각종 유형의 재화에도 매수열기가 몰렸다.

걷잡을 수 없는 인플레이션의 시기에는 각종의 '경성 일차산품(hard commodities, 석유, 석탄, 금속과 같이 채굴된 일차산품―옮긴이)'과 '연성 일차산품(soft commodities, 곡물, 커피, 과일과 같이 재배된 일차산품―옮긴이)'에 대한 수요도 급증하게 된다. 미국에서 초인플레이션에 의해 시동된 이와 같은 일차산품 수요의 급증은 짐 로저스(Jim Rogers)와 마크 파버(Marc Faber)가 오래전부터 이야기해온 장기적인 일차산품 사이클 상의 다음 국면, 다시 말해 일차산품의 가격이 20년 이상 추세적으로 오르는 상승국면의 개막으로 이어질 가능성이 매우 높다. 시간이 더 흐르면 미국에서 정치체제의 변화가 일어나거나 미국정부가 재정운영의 측면에서 갑자기 제정신을 차리는 것을 계기로 해서 초인플레이션이 진정될 것이다. 그러나 그때에는 이미 세계 전체가 모든 희망이 사라진 듯한, 그리고 매우 황폐한 곳이 돼있을 것이다. 그렇다고 하더라도, 역사를 교훈으로 삼는다면 그런 상황에서도 비록 뒤죽박죽으로 뒤얽힌 상태로나마 수많은 새로운 기회가 여기저기 널려있을 것이라는 점을 잊지 말아야 한다.

15 │ 관계

믿어라. 그러나 검증하라. — 로널드 레이건

10여 년 전에 공인재무설계사이자 시카고 주택청의 위험관리 및 퇴직후급여 담당 이사인 존 라우어에게 제안이 하나 들어왔다. 시카고 주택청의 연금계획이 보유하고 있는 자산을 맡겨주면 그것을 가지고 우량은행이 발행한 증권을 사고파는 일을 되풀이하는 방식으로 높은 투자수익을 올려주겠다는 것이었다. 얼핏 보기에 괜찮은 제안으로 여겨졌다. 시카고 주택청은 직원의 조기퇴직이 늘어나면서 연금계획이 적자를 내는 문제에 부닥친 상태였다. 제안대로 자산을 운영해서 두 자릿수의 수익률을 달성할 수 있다면 적자문제를 해결하는 데 큰 도움이 될 터였다. 게다가 그 제안은 군침이 돌 정도의 높은 수익률을 약속한 것 말고도 수용하기를 재촉하는 여러 가지 유인을 갖고 있었다. 우량은행의 증권을 사고파는 저위험 차익거래를 통해 고수익을 창출하겠다는 것, 유럽의 상위 25개 은행이 발행한 '우량은행 지급보증 증서'에만 투자하겠다는 것, 투자자인 시카고 주택청에 투자펀드를 통제할 수 있는 권한을 주고 투자자 쪽에서 원하면 언제든지 투자펀드에서 돈을 인출할 수 있게 해주겠다는 것, 이미 다른 여러 기관이 그 투자펀드에 가입했다는 것이 그러한 유인이었다.

그러나 시카고 주택청으로서는 불운한 일이었지만 '롤 프로그램(roll program)'으로 알려진 그 제안은 완전한 사기였다. '우량은행 지급보증 증서'라는 것 자체가 그 당시에 존재하지 않았고, 지금도 존재하지 않는다. 증권을 사고파는 일을 되풀이해서 높은 수익률을 달성한다는 이야기도 교묘한 속임수일 뿐이었다. 그 제안에 따라 투자펀드에 위탁된 시카고 주택청 연금계획의 자금은 1250만 달러를 넘었다. 투자펀드가 존 라우어에게 지급한 '수수료'라는 것은 위탁된 연금계획의 자금에서 지급된 것이었다. 이런 '수수료' 수입 때문에 존 라우어가 그 투자펀드에 연금계획의 자금을 위탁하는 것이 괜찮은 투자방법이라고 생각하게 됐는지도 모른다. 위탁된 연금계획의 자금은 존 라우어 외에 다른 여러 관계자에게도 부당수입의 원천이 됐다. 그리고 시카고 주택청의 연금계획은 그 뒤에도 좀처럼 적자상태에서 벗어나지 못했다.

역사가 되풀이된다고 한다면 앞으로 닥칠 경제붕괴와 금융붕괴의 과정은 사기, 기만, 속임수가 기승을 부리기에 적합한 환경을 조성할 것이다. 고수익, 두 자릿수 수익률, 보증, 저위험과 같은 낱말들을 서로 연접시킨 표현이 구두로나 문서로나 자주 거론될 것이다. 지급하지 못한 대금청구서를 수북이 쌓아놓고 있거나 메워야 할 재무적 구멍이 크게 나 있어 취약한 처지에 놓인 사람들에게는 그러한 표현이 마치 하늘의 은총인 듯이 여겨질 것이다. 그러나 '사실이라고 믿기에 너무 좋은 것은 사실이 아니다'라는 경계의 격언을 무시하지 말고 되새겨야 할 것이다.

경제, 금융시스템, 사회조직이 동시에 와해될 때에는 충족되지 못한 탐욕이 작용하게 되기 때문이든, 절망에 빠진 사람들은 쉽게 속아 넘어가기 때문이든 사람들 사이의 개인적 관계나 직업상의 관계가 시련을 겪게 되는 경우가 많아질 것이다. 가족이든 친구든, 경영자든 동업자든, 동료든 종업원이든, 종교조직과 친목단체, 사교모임의 지도자든 회원이든 누구에 대해서도 그러한 상황에서 그가 어떤 행동을 보일지를 예측하기가 어려워진다. 게다가 그런 상황에서는 궁지에 몰린 사람이 공금을 횡령하거나 값어치가 꽤 나가는 물건을 훔쳐서 팔거나 하는 행동을 하는 경우가 적지 않음을 과거의 역사는 말해준다.

그런 상황에서는 부패가 만연하게 될 가능성이 높으며, 경제가 위축되다가 갑자기 초인플레이션이 닥치게 되면 더욱 그렇다. 게다가 미국인들이 걱정해야 할 것이 갚아야 할 빚과 우발적인 충동범죄만이 아닐 것이다. 사기, 협잡, 신분위장 범죄를 비롯한 각종의 본격적인 범죄로 이어질 불법활동도 크게 늘어날 것이다. 고통스러운 경제상황은 사람들 개개인의 삶을 직접적으로 위태롭게 만들 뿐만 아니라 치안과 사법을 비롯한 정부의 공적 기능을 위축시키는 것을 통해 간접적으로 모든 사람의 삶을 불안하게 만들기도 한다. 생활환경을 보다 안전하게 만들어주는 주차장의 경비시설이나 건물 안의 비상조명등과 같은 민간부문의 안전시설도 축소될 것이다. 이에 따라 못된 자들이 하고 싶은 대로 할 수 있는 여건이 점점 더 갖춰지게 되는 것이다.

수요의 붕괴와 시스템위기의 확산에 연타당한 기업들 사이에 파산이 급증하는 가운데 소송이 봇물을 이루고 정부의 정책이 급변할 가능성까지 제기되면서 각 개인의 재무상태도 위태로워질 것이다.

그러한 시기에는 오래전부터 다른 사람들에 대한 신뢰를 중시해온 미국인들의 사고방식과 태도가 다른 사람들을 경계하는 방향으로 바뀌어야 할 것이고, 실제로 그렇게 바뀔 것이다. 자기가 살아남으려면 다른 사람들을 쉽게 받아들이는 개방적인 태도보다는 다른 사람들을 주의하고 경계하는 태도가 더 필요할 것이다. 새로 생겨난 기업보다는 오래된 기업, 생존의 기반이 취약한 기업보다는 자금력이 있는 기업, 근사한 제안보다는 견고한 평판, 전문적인 용어보다는 평이한 일상어를 믿는 것이 더 나을 것이다. 또한 그러한 시기에는 어른이 어린 아이에게 흔히 하는 훈계대로 낯선 사람을 조심해야 하고, 어떤 것이 육감적으로 이상하다는 느낌을 주면 그것을 받아들이기 전에 일단 물러서서 그것을 이리저리 살펴봐야 한다.

경제가 붕괴하고 안전망이 허술해지면 사회적 지원망보다는 가족과 친구만 가득한 개인적 지원망에 의존하는 분위기가 확산될 것이다. 틀림없이 사람들은 친근한 사람과만 일을 하려고 할 것이고, 이로 인해 현실적인 이유에서만이 아니라 정서적인 이유를 비롯한 여러 가지 이유에서 개인적으로 친근한 사람들끼리의 관계가 강화될 것이다. 그러나 자신의 안전을 위해서는 친근한 관계에 속하는 누군가가 궤도를 벗어나 잘못된 행동을 하게 될 가능성에 대해서도 경계해야 할 것이다. 지나친 걱정의 말로 들릴지는 모르겠지만, 자기가 희생양이 되면서 입을 수 있는 피해를 최소화하려면 자기가 의존하는 다른 사람에 대해서는 그가 아무리 친근한 사람이라도 그에 관한 정보를 충분히 챙겨봐야 할 필요가 있을 것이다. 이런 말을 하는 것은 상호불신 위에 구축된 스탈린주의적 세계를 실현해야 한다고 주장하려는 것이 아니다. 그보다는 말 그대로 친근한 사람에 대해서도 신중하게 주의를 기울여야 한다는 뜻이다. 왜냐하면 경제가 와해되는 시기에는 다른 사람에 대한 판단을 잘못 해서 범하게 되는 오류가 용납될 여지가 과거에 비해 훨씬 좁아지기 때문이다.

앞에서 지적했듯이 혼란과 불안이 팽배한 세계에서는 인식해야 할 것을 인식하고 있고, 의식해야 할 것을 의식하고 있다는 것이 중요한 강점이 된다. 점검해야 할 것을 신중하게 점검하고, 일관성이 없는 것이 발견되면 왜 그런지를 자세히 살펴보고, 새로 알게 된 사람이나 일과 관련해 새로 맺어진 관계에 대해서는 점진적으로만 익숙해지려고 하는 것이 자기 자신을 보호하는 최소한의 방책이 될 것이다. 사람들이 인적 관계망의 확대와 의식적 자기 이미지 구축을 공격적으로 추구하던 시기에서 그리 오래 지나지 않은 때에 그러한 노력을 해봐야 그 효과는 제한적일 것이라고 말하는 사람들도 있을지 모르겠다. 그러나 과거에 사적인 정보에 속했던 것 가운데 많은 것이 공개적인 정보가 되고 누구나 인터넷을 통해 그러한 정보에 접근할 수 있게 되면서 이제는 일과 관련된 문제나 재무적인 문제뿐만 아니라 모든 종류의 인적, 사회적 관계와 관련된 문제에 대해서도 충분한 사전점검을 하는 것이 가능해졌다.

인터넷을 통한 정보수집에는 여러 가지 함정이 있다. 인터넷을 통해 많이 유포되는 무가치하거나, 부정확하거나, 판단을 그르치게 하는 정보에 현혹될 수 있다는 점은 특히 주의해야 할 함정이다. 게다가 인터넷을 떠돌아다니는 엄청난 양의 정보 속에서 필요한 정보를 골라내는 것 자체가 어렵다는 문제가 있다. 그러나 이러한 단점에도 불구하고 인터넷을 이용한 기초적인 사전조사는 관계를 맺게 될 개인, 고용주, 조언자 등에 대해 일단 판단을 해보기에 충분한 정보를 얻게 해줄 것이다. 이렇게 해서 얻게 된 정보는 위험할 수 있는 질주를 막아주는 일차 저지선으로서 유용한 역할을 해줄 것이다. 예를 들어 모든 종류의 공적인 기록, 언론의 기사, 갖가지 의견, 소문, 사회적 관계망, 공적인 관계의 내용을 비롯한 온갖 정보가 인터넷이라는 디지털의 바다에 떠돌아다니고 있다.

인터넷을 통해 정보수집을 하는 방법 가운데 가장 쉽고 널리 알려진 것은 아마도 www.google.com, www.yahoo.com, www.msn.com, www.ask.com과 같은 인터넷 검색사이트를 이용하는 방법일 것이다. 각각의 검색사이트가 찾아주는 링크들은 중복되지 않는 경우가 많다. 또한 이들 검색사이트는 최신의 뉴스와 축적된 과거의 뉴스, 블로그, 디지털 이미지, 언론매체 등을 찾아 볼 수 있게 해준다. 더 나아가 일부 검색사이트는 다양한 목적에 맞춰진 검색서비스도 제공하며, 이런 검색사이트를 이용하면 특히 사람과 관련된 여러 가지 종류의 검색을 할 수 있다. 예를 들어 전화번호나 주소에 관한 정보를 찾으려면 종이책으로 된 전화번호부의 온라인 판인 www.superpages.com이나 인터넷으로만 정보를 제공하는 http://anywho.com, www.411.com, http://infospace.com 등을 이용하면 된다. 구글(Google)과 같은 기존 검색엔진의 변종으로서 개인들에 관한 공적이거나 공개된 정보를 찾아내서 알기 쉽게 비교해볼 수 있게 해주는 사이트도 여러 개 있다. 이런 사이트 가운데 가장 유용한 것으로는 www.zoominfo.com과 http://zabasearch.com을 들 수 있다. 이 밖에도 인터넷을 통해 접근할 수 있는 정보저장소 가운데 사람들의 생일에 관한 정보를 모아놓은 http://birthdatabase.com과 1962년 이후 미국 사회보장청에 신고된 사망에 관한 정보와 자료를 모아놓은 데이터베이스인 사회보장사망지수(SSDI; Social Security Death Index)에 접근할 수 있게 해주는 http://ssdi.rootsweb.com도 유용하다.

http://nytimes.com, www.washingtonpost.com, http://online.wsj.com과 같은 신문사 사이트는 신문과 잡지의 최신 기사와 과거 기사들을 담고 있어 유용한 정보를 찾는 데 크게 도움이 된다. 신문과 잡지를 비롯한 각종 정기간행물에 실린 글이나 기사 등을 모아놓은 포괄적인 데이터베이스를 검색하고자 한다면 http://factiva.com, www.lexisnexis.com과 같은 유료 사이트를 이용할 수도 있다.

또한 부동산, 민사법원과 형사법원, 인허가, 조세와 관련된 정보를 비롯한 각종의 공공부문 정보 가운데 인터넷을 통해 접근할 수 있는 것도 점점 더 많아지고 있고, 이런 공공부문 정보는 비용을 전혀 들이지 않고도 접근할 수 있는 경우가 많다. 이런 정보를 어디에서 찾아 볼 수 있는지를 자세히 알려주는 사이트도 있다. 예를 들어 http://publicrecordfinder.com, http://publicrecordcenter.com, http://brbpub.com/pubrecsites.asp가 바로 그런 사이트다. 소액의 요금을 내야 하긴 하지만 http://pacer.psc.uscourts.gov의 페이서(PACER; Public Access to Court Electronic Records, 법원 전자기록 공개) 시스템을 이용하면 연방법원의 각종 기록을 찾아 볼 수 있다. 그리고 지방법원의 각종 기록과 지방정부에서 생산한 정보 등은 주정부를 비롯한 각급 정부의 웹사이트를 통해 찾아 볼 수 있으며, 이런 지방정부의 웹사이트에 관한 정보는 http://statelocalgov.net에서 얻을 수 있다.

이러한 정보수집 방법들은 거의 모두가 고용주, 동업자, 거래처, 판매처, 지주, 고객과의 관계를 비롯한 각종의 관계에 문제가 생길 경우에 자기의 재무적 미래를 손상시킬 수 있는 상대방에 대한 가장 최신의 정보를 챙겨 보는 데 유용하다. 의사, 돌봄이, 교사, 건축업자와의 관계에는 단지 돈 문제만 걸린 게 아닐 것이다. 이런 사람들과의 관계에서는 상대방이 인허가를 받고 그런 일을 하는 사람인지, 인터넷을 통해 그에 관한 정보를 얻을 수 있는지 등을 점검해보는 일을 당연히 해야 할 것이다.

경제가 어려워지고, 자금사정이 빡빡해지고, 시스템위기가 본격화되면서 파장을 일으키게 되면 기업들은 피해를 최소화하기 위해 공격적이고 극적인 조치를 취하게 된다. 공장의 문을 닫거나, 고용을 축소하거나, 파산신청을 하게 될 것이다. 그러한 상황에서는 멍하니 있다가 허점을 찔릴 위험을 감수하기보다는 어떤 일이 일어나고 있고, 앞으로 어떤 일이 일어날 수 있는지를 예민하게 살필 필요가 있다. 이런 노력에는 적어도 개인적인 관계를 점검하는 데 필요한 정도 이상의 세심한 주의가 필요하며, 더 나아가 보다 끈기 있게 최신의 정보를 살펴볼 필요도 있다. 상황이 나빠지면 노사관계의 주도권이 경영진 쪽으로 옮겨가기 마련이다. 기업이 먼저 살아야 한다는 경영진의 주장이 노동조건의 개선과 보수의 인상에 대한 종업원들의 요구를 물리치는 무기로 힘을 발휘하게 되기 때문이다. 그러한 상황에서는 회사에 대한 충성이라는 것이 그다지 높게 평가되지 않으며, 종업원의 장기적 복지에 대한 회사의 도덕적 의무로 간주되는 것은 점점 더 허물어지게 된다.

자기가 다니는 회사가 이미 곤경에 처했거나 소속된 산업분야 또는 연관관계가 있는 산업분야가 위태로운 상황에 있다면 회사의 상태를 자세히 살펴볼 필요가 있다. 특히 자기가 그 회사에 다니면서 일해 버는 돈이 가족의 주된 수입원인 경우에는 더욱 그렇다. 구체적으로 말하면, 자기가 다니는 회사에 관한 언론 보도뿐만 아니라 그 회사에 대해 발표되는 의견과 들려오는 소문에도 예민하게 귀를 기울여야 한다. 특히 놓치지 말아야 한 것은 회사의 신용도와 재무상태에 관한 정보다. 자기가 다니는 회사, 같은 업종에 속하는 다른 큰 기업, 주요 납품업체 등의 신용등급이 강등됐거나 강등될 가능성이 있는 기업으로 지정됐다는 뉴스는 "즉각적인 대비태세를 갖추고 상황을 예의주시해야 한다"고 말해주는 적신호로 받아들여야 할 것이다.

물론 전례 없이 요동치는 시기에는 어느 기업이 살아남을 수 있고 어느 기업이 그렇지 못한가를 알아맞히기가 다른 어느 때보다 어려워 어느 정도는 주사위 굴리기의 수준에서 벗어날 수 없다. 정상적인 시기에도 어떤 기업들은 예고도 없이 갑자기 쓰러진다. 예를 들어 엔론(Enron)이라는 기업은 미국에서 일곱 번째로 덩치가 큰 대기업이었지만 대규모 사기사건이 드러나면서 파산했고, 주식시장에서 이 기업의 주식은 1년도 안 되는 사이에 투자자들이 선호하는 우량

주에서 아무도 돌아보지 않는 천덕꾸러기가 됐다. 또한 9.11 테러사건이 발생한 지 13개월 동안에 2개의 항공사가 파산신청을 했고, 항공산업 전체가 수십억 달러의 손실을 냈다. 이러한 점을 염두에 둔다면 대부분의 미국인은 세상이 돌아가는 상황을 늘 주의 깊게 살피는 수밖에 다른 도리가 거의 없을 것이다.

이런저런 조사를 하는 데 인터넷을 이용하는 방법만 있는 것은 아니다. 공공도서관도 이용하는 사람이 많지 않지만 모든 종류의 유용한 참고자료, 자료목록, 전문적인 데이터베이스 등을 공짜로 살펴볼 수 있는 곳이다. 다만 시간이 흐르면서 다른 공공서비스 기관들에 가해질 예산의 압박이 공공도서관에도 가해질 수 있다. 실제로 이런 일이 벌어진다면 필요한 정보는 빠른 속도로 확대되고 있는 디지털의 바다에서 점점 더 많이 구하지 않을 수 없게 될 것이다.

앞에서 소개한 바 있는 http://online.wsj.com을 비롯해 www.ft.com, http://bloomberg.com과 같은 경제신문의 웹사이트와 http://finance.yahoo.com, http://money.cnn.com, http://marketwatch.com, www.thestreet.com과 같은 금융포털도 유용할 것이다. 이런 사이트 가운데 다수와 구글이나 야후가 지원하는 그 밖의 다른 사이트들은 긴급알림(Alert) 서비스를 제공한다. 이 서비스에 가입한 뒤 예를 들어 자기가 다니는 회사의 이름이나 어떤 단어를 키워드로 지정해놓으면 그 키워드를 포함하고 있는 언론기사나 그 밖의 콘텐츠가 자동으로 수집되고, 그 결과를 이메일로 받아 볼 수 있다. 인터넷을 검색한 결과 가운데 중요한 것은 나중에 다시 이용할 수 있도록 여러 가지 방법으로 보관해둘 수 있다. 예를 들어 검색의 결과로 얻게 된 유용한 링크를 인터넷 익스플로러의 즐겨찾기 또는 그 밖의 다른 웹브라우저의 유사한 기능을 이용해 저장해 놓을 수도 있고, 검색의 조건과 키워드를 기억시켜 놓고 언제든 클릭 한 번으로 검색결과를 다시 볼 수 있도록 프로그램화된 검색서비스를 이용할 수도 있다.

특정한 기업, 업종, 산업에 관한 콘텐츠를 갖고 있는 웹사이트들도 필요한 정보를 검색하는 데 유용하다. 각종 업계단체의 웹사이트들도 반드시 이해관계가 없는 공정한 콘텐츠만 갖고 있다고 볼 수는 없지만, 그래도 필요한 정보를 검색하기 위한 출발점으로 삼을 수는 있다. http://hoovers.com과 같은 기업정보 포털도 마찬가지다. 미국 증권거래위원회의 전자정보수집분석검색(EDGAR; Electronic Data Gathering, Analysis, Retrieval) 시스템도 매우 유용하며, 이 시스템은 www.sec.gov/edgar/searchedgar/webusers.htm에서 이용할 수 있다.

연방거래위원회(http://ftc.gov), 각 주정부의 법무부, 각급 정부의 소비자 보호 당국과 같은 감독기관들의 웹사이트는 법률을 위반한 개인, 기업, 산업 등에 관한 정보를 종종 제공해준다. 또한 http://consumeraction.gov, www.lookstoogoodtobetrue.com, www.nclnet.org, http://bbb.org 등 소비자 보호와 관계가 있는 웹사이트들도 여기서 언급해두고 싶다. 이 밖에 www.epls.gov에 가면 미국정부와의 거래에서 문제가 있었기 때문에 미국정부의 조달 프로그램에 더 이상 참여할 수 없게 된 개인과 기업들의 명단을 볼 수 있다.

철저하게 정보를 챙기고 최신의 정보를 놓치지 않는 태도가 반드시 필요할 것이다. 기존의 관계가 급속히 와해되는 세계에서는 빛나던 과거에 대한 기억은 내일 무슨 일이 일어날지를 아는 데 그다지 도움이 되지 못한다. 다시 말해 이런저런 관계가 별 문제 없이 예전대로 유지될 것이라고 무사안일하게 가정한다면 나중에 심각한 문제에 불필요하게 부닥치게 될 수 있다.

은행, 증권회사, 보험회사, 투자자문회사, 회계사무소와 같이 자기가 자산관리를 맡긴 회사들과 그런 곳에서 일하는 사람들은 물론이고 자기의 개인적 재무상태에 직접적으로 영향을 미칠 수 있는 모든 거래상대방에 대해서는 위에서 설명한 것과 같은 예방적 주의를 기울이는 것이 절대적으로 필요하다. 미국인

들은 전자거래를 할 때 늘 신용상태를 점검받던 것과 마찬가지 방식으로 자기가
거래관계를 맺고 있는 금융회사들의 재무적 건전성을 늘 점검해야 할 것이다.
어떤 보험회사의 신용등급이 낮거나 강등된다면 그 보험회사는 보험료를 꼬박
꼬박 다 받아놓고는 보험금 청구에 대해서는 응하려고 하지 않거나 응할 능력이
없을 수 있다. 그런가 하면 레프코(Refco)의 경우처럼 증권회사가 파산하면 그
증권회사에 맡겨두었던 돈이 여러 달 동안 인출하지도 못하는 상태로 묶임으로
써 개인적으로 유동성의 위기를 맞게 될 수 있다.

경계의 끈을 늦추지 말아야 할 필요성은 아무리 강조해도 지나치지 않다.
전통적인 거래상대방위험과 관련해서만 문제가 생기는 것은 아닐 것이다. 주인
의 행동영역과 대리인의 행동영역 사이의 구분이 흐려지는 것, 기업과 경영자들
이 수탁자산에 대한 관리자로서의 책임은 소홀히 하면서 생산과 매출의 확대만
을 점점 더 많이 강조하는 것, 401(k) 계획의 관리자에게 투자자문을 할 수 있도
록 허용한 2006년의 연금개혁법과 같이 이익의 충돌을 초래할 수 있는 내용으로
법규가 개정되는 것 등도 사람들의 재무적 안전성을 파괴할 수 있다.

위와 같은 요소들을 모두 고려하면 자기의 재무적 상태에 영향을 미칠 수
있는 관계는 다각화하는 것이 바람직하다는 주장이 그럴듯하게 들린다. 그러나
이 주장에는 모순이 들어있다. 이 주장에 따르면 자기의 돈을 맡기거나 자기의
재무적 상태에 영향을 미칠 수 있는 개인이나 기업의 수를 가능한 한 줄이는 것
이 개인적 자기보호 전략에서 중요하다. 그러나 그러한 개인이나 기업과의 여
러 가지 관계 가운데 과연 어느 관계가 문제를 일으킬 수 있을지를 미리 알기란
불가능하다. 적지 않은 수의 은행이나 증권회사가 사기사건, 잘못된 경영, 금융
위기의 파급영향 등으로 인해 문을 닫게 될 것이다. 뿐만 아니라 개인의 귀중품
이나 귀금속을 안전하게 보관해주는 일을 하는 회사도 갑자기 파산하거나 정부

의 몰수조치로 인해 고객과의 약속을 지킬 수 없게 될 수 있다.

어떤 한 조직과의 관계에서는 대체로 접촉점이 많은 것이 적은 것보다 나을 것이다. 서로 동시에 온라인 상태에 있어야만 연락이 되거나 이메일을 통해서만 메시지를 주고받을 수 있는 사람과 사업상의 거래를 하는 것은 위험도가 높을 수 있다. 예기치 못한 정전이나 기술적 장애와 같은 사고로 인해 연락이 두절될 수도 있기 때문이다. 오늘날의 금융상품, 금융관행, 금융시장에 얼마나 많은 거래상대방위험이 내재돼있는지를 안다면 놀랄 사람이 많을 것이다. 사실 신용도와 유동성이라는 측면에서 보면 수많은 머니마켓펀드, 상장지수펀드, 주택저당증권담보부채권, 지방정부채권이 지원, 보증, 보관, 대리 등의 역할을 하는 기업이나 기관의 재무적 상태와 이런저런 방식으로 밀접하게 관련돼 있다.

이런 점들을 고려한다면 자기의 재무적 상태에 영향을 미칠 수 있는 관계에 대해서는 가능한 한 많이 아는 것이 앞으로 닥칠 초강력 태풍으로부터 자기의 투자나 자산을 보호하는 데 가장 중요한 관건이 된다고 말할 수 있다. 돈과 관련된 문제로 자기와 이런저런 방식으로 얽힌 다른 개인이나 기업들을 감시하려고 할 때에 이용할 수 있는 정보원 가운데 인터넷을 통해 접근할 수 있는 것들을 추가로 소개하면 다음과 같다.

연준, 저축기관감독청, 연방예금보험공사, 통화감사관실의 웹사이트도 점검해봐야 할 곳들이며, 그 웹사이트 주소는 차례로 http://federalreserve.gov, www.ots.treas.gov, www.fdic.gov, www.occ.treas.gov다. 투자은행, 증권회사, 거래소, 증권시장 등에 대한 감독이나 관찰은 증권거래위원회, 일차산품선물거래위원회, 전미증권업협회에서 담당하고 있고, 이들의 웹사이트인 http://sec.gov, http://cftc.gov, www.nasd.com을 찾아가 보면 많은 정보를 얻을 수 있다. 이 밖에 각 주정부에도 관할지역 증권시장에서 이루어지는 각종의 활동을 별도로 감시하는 기관들이 있다. 이런 기관들의 웹사이트 주소 명단과 그 링크는 www.nasaa.org에 게시돼있다.

증권거래위원회와 전미증권업협회는 증권중개와 투자자문을 비롯한 증권업에 종사할 수 있도록 인가받은 개인과 기업들에 대해 그 연락처, 이력 또는 연혁, 관계회사 명단, 감독을 받은 내역 등의 정보를 모아놓은 데이터베이스를 갖고 있다. 이런 데이터베이스는 해당 기관의 웹사이트에 게시돼 있는 링크를 통해 찾아 갈 수 있다. 은행부문과 증권부문은 연방정부 차원의 감독당국과 주정부 차원의 감독당국으로부터 이중의 감시를 받지만, 보험부문은 주로 주정부 차원의 감독당국으로부터 감시를 받는다. 보험부문의 기업들이 운영하는 웹사이트의 명단은 http://naic.org에서 찾아 볼 수 있다.

금융회사는 이처럼 정부의 감독당국으로부터 감시를 받는 외에 민간 신용평가회사의 평가도 받으며, 금융회사가 발행하는 각종의 증권도 마찬가지로 민간 신용평가회사의 평가를 받는다. 민간 신용평가회사 가운데 비교적 잘 알려진 곳으로는 스탠더드 앤드 푸어스, 무디스, 피치, 에이엠 베스트가 있으며, 이 가운데 에이엠 베스트는 보험부문에 대한 신용평가에 전문화하고 있다. 그러나 이들 신용평가회사는 종종 평가대상 기업으로부터 평가를 의뢰받곤 하고, 평가를 해준 대가로 돈을 받기도 한다는 점에 유념할 필요가 있다. 이런 관행은 이익의 충돌로 이어질 가능성이 있다. 실제로 2007년에 신용시장이 혼란에 휩싸였을 때 바로 이와 같은 이익의 충돌 문제에 대해 언론이 보도한 바 있었고, 당국에서 조사를 벌인 바도 있다.

신용등급에 관한 자료를 무료로 제공하면서 가입회원에게는 신용등급 변경에 관한 소식을 알려주는 웹사이트도 여러 개 있다. 그런가 하면 와이스 레이팅스(www.weissratings.com, 1988년에 와이스그룹에 의해 설립된 이 신용평가회사는 2006년에 금융정보 서비스 회사인 더스트리트닷컴(TheStreet.com)에 매각된 뒤에 '더스트리트닷컴 레이팅스'로 이름이 바뀌었다—옮긴이)와 같이 독립적인 성격을 가진 신용평가회사들은 은행과 보험회사를 비롯한 수많은 기업이나 기관의 재무상태를 평가하지만, 평가대상 기업이나 기관으로부터 평가의뢰나 대가를 받지 않는다. 이 밖에도 독립적인 성격을 가진 신용평가회사가 여럿 있는데 그 명단은 연방예금보험공사와 증권거래위원회의 웹사이트에서 볼 수 있다.

변호사와 회계사를 비롯한 조언자들에 대한 최선의 정보원은 각 주의 인허가 당국이다. 다만 각 주의 인허가 당국이 모두 갖고 있는 정보를 인터넷을 통해 공개하고 있지는 않으며, 정보제공 요구에 대해 늦지 않게 신속히 응답을 해준다는 보장도 없다. 변호사협회를 비롯한 전문직 분야의 직종별 또는 업종별 단체도 필요한 정보를 얻는 데 도움이 될 수 있다. 다만 이런 단체는 현업에 종사하는 회원들에 대한 책임에 묶여 있고, 그러한 책임은 회원들이 상대하는 고객이 요구하는 바와 어긋날 수도 있다는 점에 유의해야 한다.

위와 같은 노력을 통해 갖가지 사회적, 경제적, 금융적, 재무적 관계와 관련된 위험을 줄이는 것은 당연히 해야 할 일이지만, 이와 동시에 규모가 큰 단체에 가입하는 것도 도움이 될 수 있다. 앞에서도 말했지만, 앞으로 상황이 악화되면 기존의 노사관계에 변화가 일어나면서 노조의 힘이 세지고 그 영향력이 확대될 것이 거의 틀림없다. 노조 외에도 회원들이 공통의 특징, 철학, 목표를 갖고 있는 단체는 많이 있으며, 그런 단체에 가입하는 것도 도움이 될 수 있다. 미국은퇴자협회(AARP; American Association of Retired Persons)는 노인들의 관심사에 관한 정보를 제공하고, 노인문제에 관한 사회적 논의를 불러일으키고, 노인들을 위한 입법을 주장하고 있다. 물론 어떠한 종류든 조직은 극단주의자들이 침입

할 위험을 안고 있고, 그 정책이나 프로그램이 대다수 회원들이 필요로 하는 바에서 벗어날 수 있다는 점에 유의해야 한다.

이 밖에 이런저런 관계의 악화로 인해 자기가 입게 될 피해를 최소화하기 위해서는 몇 가지 조치가 더 필요할 것 같다. 예를 들어 부동산에 자물쇠를 채워두고, 자기가 신분위장 범죄의 표적이 될 우려가 있을 때에는 갖고 있는 금융계좌에 동결조치를 취해두는 동시에 신용조사회사에 '사기경보(Fraud Alert)'를 발동해줄 것을 요청하고, 인수증을 주고받거나 소유자명부에 이름을 올리는 등의 간접적인 방식으로 자산을 소유하기보다는 자산에 대한 물리적인 통제력을 확보해두어야 한다. 자기의 이익을 지키기 위해 자산을 소송, 채권자, 파손 등으로부터 안전한 곳에 보관할 필요가 있을 수도 있다. 그러려면 개인적인 일을 사업과 관련된 위험과 분리시키고, 자기 재산이 범죄의 표적이 되는 것을 막기 위해 신탁제도나 역외계좌와 같은 합법적인 수단을 이용해야 할지도 모른다. 물론 그 과정에서 경험이 많고 신뢰할 만한 조언자의 도움을 받는 것이 좋을 것이다.

마지막으로 자금을 해외로 옮기는 방법이 있다. 미국의 통화금융시스템과 사회구조가 붕괴하기 시작하면 자금을 해외로 옮기는 움직임이 본격화할 것이다. 그러나 자금을 해외로 옮기는 것도 나름대로 위험요소를 안고 있다. 예를 들어 정치적 혼란, 전쟁, 금융 관련 법규의 변경, 국경을 넘나드는 통화와 자본의 이동에 대한 통제의 도입, 부패행위를 비롯한 범죄활동 등이 위험요소가 될 수 있다. 이런 위험요소들을 피하기 위해서는 대단히 신중하게 주의를 기울여야 할 것이다. 그러나 경제와해가 어느 국면까지 진행된 시점이든 간에 중요한 것은 언제나 그때의 상황을 올바로 판단하는 데 필요한 정보를 놓치지 말고 챙기고, 위험에 대해 경계하는 태도를 취하는 것이다. 너무 늦기 전에 그래야 한다.

16 | 삶의 태도

1990년대 초에 블로그가 나타나기 시작했을 때 그것은 개인이 자기를 표현하는 독특한 디지털 매체였다. 처음에는 '웹로그(web log)'라는 이름으로 불린 블로그는 누구나 읽을 수 있도록 공개된다는 점만 제외하면 온라인 일기라고 할 수 있었다. 블로그가 인기를 끌게 되고 그 형식과 내용이 보다 풍부해지면서 사람들은 넓은 범위에 걸쳐 다양한 주제에 대해 서로 생각을 교환하는 수단으로 블로그를 이용하기에 이르렀다. 사람들은 블로그를 통해 테크놀로지와 금융에서부터 문화와 정치에 이르기까지 온갖 주제에 대한 생각을 서로 교환했고, 전 세계에 걸쳐 다양한 목적을 위한 협력을 시도했다. 어떤 경우에는 블로그가 긴급한 속보와 실시각 논평을 전파하는 데서 전통적인 언론매체에 못지않은 역할을 하기도 했다. 이런 점에서 블로깅(blogging, 블로그를 통해 의사소통을 하는 활동─옮긴이)은 종종 '시민 저널리즘'으로 불려왔다.

블로그는 최근 몇 년간 인터넷에서 가장 빠르게 확산된 현상 가운데 하나다. 블로그는 소비자금융이나 개인투자를 비롯해 사실상 모든 주제에 대한 다양한 시각과 정보에 접할 수 있게 해준다. 그러나 그 콘텐츠가 폭발적으로 늘어남에 따라 정말로 유용하거나 적절한 정보를 추적하고 가려내기가 어려워졌다. 그런데 다행스럽게도 주제별로 적극적인 관심, 더 나아가서는 열정적인 관심을 가진 개인들이 참여해 디지털 정보를 점검해주는 웹사이트가 많이 생겨났고, 엄청나게 많은 디지털 정보를 기술적인 방법을 통해 거르고 분류하고 취합해주는 온라인 서비스도 많이 생겨났다.

경제와 금융이 뒤흔들리는 시기에는 뉴스와 정보를 전달하는 전통적 매체들이 앞날에 대비하기 위한 계획에 대해 이야기하기보다 이미 벌어진 경제적 파괴와 그로 인한 사람들의 정서적 불안에 초점을 맞추는 경우가 많다. 또한 전통적 매체들은 검열을 받게 될 수도 있고, 현실에서 실제로 일어나고 있는 것들을 바라보지 않거나 바라보고 싶어 하지 않는 사람들의 선전과 희망사항으로 뒤덮이기 일쑤다.

전통적 매체들이 일으키는 그러한 정보의 역류는 견디기 힘들고 급속히 변화하는 상황에 대처하는 데는 아마도 거의 가치가 없을 뿐만 아니라 오히려 생각의 집중을 방해하는 '소음'을 많이 발생시킬 것이다. 가장 최신의 비판적인 정보에 신속하게 접근할 수 있는 통로를 갖는 것은 중요하며 앞으로 닥칠 경제 붕괴의 시기에 살아남지 못할 것인가, 가까스로 살아남기만 할 것인가, 아니면 빠른 속도로 가라앉는 다른 사람들을 뒤로 하고 상류 쪽으로 성공적으로 헤엄쳐 갈 수 있을 것인가를 가르는 관건이 될 수 있다. 불안감과 의심, 근심과 두려움을 극복하기 위해서는 매일매일 전개되는 현실이 아무리 감당하기 어려워 보이더라도 그 현실을 냉정하게 직시하면서 경계의 끈을 늦추지 말고, 스스로 객관적인 관점과 태도를 유지하려고 노력해야 할 것이다.

필요한 정보에 접근할 수 있는 통로를 갖는 것 못지않게 중요한 것은 필요한 정보가 어디에 있는지를 아는 것임을 다시 한 번 강조하고 싶다. 다행스럽게도 기술의 발전 덕분에 이제 우리는 정보고속도로가 생겨나기 전에는 존재하지 않았던 '정보로의 진입점'들을 이용할 수 있게 됐다. 인터넷은 정보를 가진 자들과 정보를 갖지 못한 자들 사이의 격차를 좁히고 중요한 정보를 신속하게 전파해주며, 이에 따라 이제는 보통사람들도 현실에서 일어나는 변화를 늦지 않게 알아차릴 수 있다. 어떤 웹사이트를 살펴볼 것인지는 물론 개인별로 무엇을 필요로 하고 무엇에 관심을 갖고 있는가에 따라 다를 것이다. 그러나 많은 사람에게 두루 유용한 웹사이트도 많다.

이미 앞에서 소개한 웹사이트들 말고도 눈여겨봐야 할 웹사이트가 넓은 범위에 걸쳐 많이 있다. http://consumerist.com과 www.consumerismcommentary.com은 모든 소비자에게 도움이 될 만하고, www.survivalblog.com은 위험한 시기를 잘 견뎌내는 데 유용한 정보를 제공해준다. http://uncommonbusiness.blogspot.com은 성공을 거둔 특이한 사업의 사례들을 소개해주고 있는데, 그 가운데는 궁지에 몰린 사람이 어쩔 수 없이 시작한 사업도 적지 않다. 정보를 얻는 또 다른 방법은 예산짜기, 저축, 투자를 비롯한 주요 재무적 주제에 대한 유용한 정보와 통찰을 제공해주는 다양한 블로그와 웹사이트의 목록과 그 링크를 게시해놓고 그것을 지속적으로 업데이트하고 있는 모니터 사이트를 이용하는 것이다. 그 대표적인 예는 스스로 '광고를 싣지 않고 블로거와 이용자들을 위해서만 운영되는 개인재무 블로그 수집 사이트'를 표방하고 있는 http://pfblogs.org다.

현실에서 일어나는 일을 놓치지 않고 챙길 수 있게 해주는 또 다른 방법은 '피드(feed, 공급기)'라는 것을 이용해 콘텐츠를 '배급(syndicate)'하는 블로그나 웹 기반의 콘텐츠 제공 사이트로 연결되는 링크들을 확보하는 것이다. 아르에스에스(RSS)와 아톰(Atom)을 비롯해 여러 가지 이름으로 불리는 피드라는 것은 공급되는 콘텐츠가 인터넷을 통해 쉽게 배포될 수 있도록 그 데이터 포맷을 바꿔주는 방법을 가리킨다. 그리고 이렇게 공급되는 콘텐츠는 '피드 리더(feed reader, 표시기)' 프로그램이나 www.bloglines.com 등에서 제공하는 '애그리게이터(Aggregator, 수집기)' 서비스를 이용하면 찾아서 볼 수 있다. 이러한 것들을 이용하면 수많은 사람이 제공하는 콘텐츠를 신속하게 점검하고 효율적으로 살펴볼 수 있다. 또한 이러한 것들 가운데 다수는 새로운 콘텐츠가 게시되면 곧바로 이메일이나 별도의 컴퓨터 프로그램을 통해 이용자에게 그러한 사실을 알려주기도 한다.

'블로고스피어(blogosphere)'라고 불리는 블로그의 세계를 효율적으로 검색하고 이용할 수 있게 해주는 서비스도 있다. 구글이나 야후와 같은 검색사이트도 블로그에 특화된 검색기능을 이용할 수 있게 돼있지만, www.feedster.com이나 http://technorati.com과 같은 웹사이트는 특히 아주 최근의 게시물을 비롯해 수많은 블로그에 게시된 정보를 분야별로 찾아 볼 수 있게 해주는 전문화된 표적형 검색기능을 갖추고 있다.

정보에 대한 접근통로를 확보하기만 하면 되는 것은 아닐 것이다. 태도와 접근방식도 바꿔야 한다. 앞으로 닥칠 시기에는 대다수의 미국인이 근검절약을 실천하지 않으면 안 될 것이다. 또한 내일은 오늘보다 나을 것이라고 생각하도록 꼬드기는 낙관주의적 본능을 억눌러야 할 것이다. 누구에게 도움을 요청하기도, 어디에서 돈을 빌리기도 점점 더 어려워질 것이다. 그러므로 자기가 필요로 하는 것을 충족시키기 위해서는 점점 더 자기 자신의 창의적 발상에 의존하지 않으면 안 될 것이다. 돈을 쓰기보다는 돈을 쓰지 않고도 돈을 쓰는 경우나 다름없는 효과를 거둘 수 있는 방법을 찾아내야 할 것이고, 물론 그것은 귀중한 시간과 에너지를 너무 많이 소모하지 않아도 되는 방법이어야 할 것이다.

앞에서도 말한 바 있지만, 가능한 한 빚을 줄이고 돈을 더 빌리지 않는 데 초점을 맞추어야 할 것이다. 경제가 계속 하강하고 가족의 재무상태가 점점 더 압박을 받는 상황에서는 예기치 못한 결손을 메우거나 가용재원을 늘리기 위해 돈을 더 빌려 차입금에 대한 의존도를 높이는 것은 그것이 어떤 형태이든 결국은 무책임한 방법일 것이고, 더 나아가서는 치명적인 결과를 초래하는 방법일 수 있다. 궁극적으로는 지탱될 수 없는 낭비와 방탕의 삶을 오랜 기간 누리던 미국인들이 자기에게는 소비능력이 있으며 매달 지출해야 하는 금액은 충분히 감당할 수 있다는 망상에 빠져 있었기에 유지할 수 있었던 소비습관을 마침내 버리지 않으면 안 되는 처지가 될 것이다. 앞으로 미국인들은 "아니야!", "나중에!", "먼저 생각 좀 해보고!"라고 말하는 법을 익히고 그동안보다 훨씬 더 절제하는 태도를 갖춰야 할 것이고, 그렇게 함으로써 자기와 가장 가까운 사람들이나 자기가 가장 사랑하는 사람들에게 확고한 모범을 보여주어야 할 것이다.

소비를 위해 소비를 하는 오래된 습관이나 쇼핑은 여가생활로 즐기는 것이라는 현대적 사고방식을 억제해야 할 사람들도 있을 것이다. 쇼핑몰의 유혹을 뿌리칠 때 겪게 되는 고통은 다른 나쁜 습관을 갑자기 끊을 때 나타나는 금단증상의 고통과 비슷할 것이 틀림없다. 어려운 나날이 끝없이 계속될 것으로 보이는 상황에서 가용재원을 조금씩이라도 꾸준히 늘려나가는 노력을 하기란 지루하게 느껴질 수도 있겠지만, 그렇게라도 하지 않으면 더 나쁜 결과를 맞게 될 것이다. 저축이란 쓰고 남은 것을 쌓아두는 것만을 의미하는 것이 아니다. 돈이 생기면 그 가운데 일부를 먼저 떼어내어 저축해야 하며, 그렇게 하는 것을 그 자체로 하나의 불가피한 지출이라고 여겨야 할 것이다.

검소하게 살기, 아껴 쓰고 재활용하기, 필수적이지 않은 지출은 하지 않기와 같이 한동안 버려진 탓에 생소하게 느껴지는 과거의 개념들 가운데 다수를 21세기의 관점에서 되살려야 할 것이다. 이는 곧 케이블 텔레비전 채널 가운데 보지 않는 것들은 끊기, 스타벅스의 매장에 가기보다는 집에서 커피를 끓여 마시기, DVD를 빌려 보기보다는 도서관에 가서 책을 읽기 등을 의미하는 것이며, 아마도 이보다 더 많은 것을 되살려야 할 것이다. 새로운 현실은 미국인들로 하여금 경제적인 의미에서, 그리고 어쩌면 정신적인 의미에서도 자기에게 필요한 것이 무엇이며 정말로 중요한 것이 무엇인지를 자세히 재점검하게 만들 것이다. 돈 문제에 대한 걱정은 신체적, 정신적으로 여러 가지 다른 문제를 불러온다. 예를 들어 스트레스, 갈등, 고통, 슬픔, 좌절감 등이 밀려올 것이고, 신체적으로 병에 걸리게 될 수도 있다.

누구든 그러한 상태에 빠지게 되면, 한때 돈이나 불필요한 소비로 메웠던 텅 빈 마음을 가족관계나 그 밖의 영적, 정신적 인간관계로 메우지 않으면 안 될 것이다. 아마도 앞으로 닥칠 경제와해는 과거에 미국인들이 소중하게 여겼던 가치들을 재발견하는 기회가 될 것이다.

경제라는 마차에서 바퀴가 떨어져나가는 상황에서는 두말할 필요도 없이 누구나 자기의 재무상태를 다시 살펴보고 적절한 대응을 하는 것이 무엇보다 중요할 것이다. 소득, 지출, 저축, 대출과 관련된 모든 것을 하나도 빠짐없이 다시 살펴보고 그 내용을 조정하는 노력을 부단히 기울여야 한다. 개인적으로나 가족 단위로나 다음과 같은 질문을 던지고 그에 대한 현실적이고 합리적인 정답을 찾아볼 필요가 있다. "우리에게 정말로 두 대의 자동차가 필요한가? 아니, 두 대 다 필요 없는 것 아닌가?" "우리가 지금 살고 있는 집은 너무 큰 것 아닌가?" "낡은 가전제품이나 그 밖의 다른 가재도구도 지금 새것으로 바꾸기보다는 좀 더 오래 사용할 수 있지 않은가?" "최신 제품을 꼭 사야 하는가?"

집 안의 중요한 시설이나 장비 같은 것의 유지보수에 필요한 지출을 줄이는 것은 득보다 실이 클 것이다. 그렇게 하면 예상보다 일찍 시설이나 장비를 새 것으로 바꿔야 하게 되거나 불필요한 고장이나 사고가 일어나게 되기 때문에 장기적으로 보면 오히려 돈이 더 많이 든다. 경험적으로 보면 예를 들어 자동차의 엔진오일을 정기적으로 바꿔주면 자동차를 더 오래 사용할 수 있게 되고, 냉난방 시설에 대한 점검서비스를 정기적으로 받는 데 돈이 좀 많이 들더라도 그렇게 하는 것이 냉난방 시설의 수명을 늘리는 데 도움이 된다.

먹을 것을 비롯한 생활필수품에 대한 지출도 현미경으로 들여다보듯 자세히 살펴보고 그 내용을 분석해볼 필요가 있다. 제조업체가 엄청난 돈을 들여 홍보하는 브랜드 제품이나 그저 습관상 익숙한 제품을 사기보다는 상표가 널리 알려진 것이 아니더라도 좀더 저렴한 제품을 사는 것이 합리적인 행동일 것이다. 또한 테이크아웃용으로 만들어졌거나 많이 가공됐거나 포장이 화려한 음식을 사 먹는 것은 집에서 그런 것과 비슷한 음식을 직접 만들어 먹는 것보다 돈이 더 많이 들게 마련이다. 그러니 앞으로 미국인들은 신선한 재료를 사다가 옛날식으로 집에서 요리를 해 먹는 방법을 고려해야 할 것이다. 가정에서 필요한 먹을거리는 자기가 사는 곳과 가까운 지역에서 생산되기 때문에 쉽게 구매할 수 있거나 주문할 수 있는 것으로 선택하는 것이 장기적으로 보아 가장 낫다. 왜냐하면 경제상황이 악화되고 세계적으로 무역전쟁이 벌어지게 되면 일부 농산물의 경우에는 품귀현상이 빚어지면서 가격이 급등할 것이고, 사람들은 그것을 사기 위해 가게 앞에 긴 줄을 만들며 늘어서게 될 것이기 때문이다.

보다 신선하고 자연적인 재료를 사다가 집에서 직접 음식을 만들어 먹는 것이 건강관리에도 도움이 된다. 그렇지 않아도 누구나 건강관리를 위한 조치를 취하는 것이 반드시 필요할 것이다. 왜냐하면 의료보험을 비롯해 건강관리와 관련된 제도와 서비스는 공공부문과 민간부문을 가릴 것 없이 모두 그 질이 떨어질 것이고, 관련 시설이 확충되지 않아서 사람들이 이용하기가 점점 더 어려워질 것이며, 그런 제도와 서비스를 이용하는 데 드는 비용도 점점 더 커질 것이기 때문이다. 게다가 은퇴할 연령이 지나고도 먹고살기 위해 일을 계속해야 하는 노후가 불가피한 현실이 돼가고 있다. 흡연과 같은 나쁜 습관은 버리는 것이 여러 모로 좋다는 것은 두말할 나위도 없다. 살기가 어려운 시기에는 적어도 일부 사람들에게는 스트레스를 줄이는 데 도움이 되거나 일종의 탈출구의 역할을 해주는 습관이나 활동을 중단하기가 쉽지 않을 것이다. 그러나 실용적으로 말하면, 육체에 부담이 덜 가고 돈도 덜 드는 대안의 습관이나 활동, 예를 들어 규칙적인 운동이나 명상 같은 것을 고려해야 할 것이다.

경제와해가 본격화되면 에너지 공급이 부족해지면서 전력의 공급이 중단되거나 에너지의 가격이 급등하는 사태가 주기적으로 되풀이될 것으로 예상되므로 모든 종류의 에너지 소비를 줄이는 조치도 취해야 할 것이다. 개인적으로 또는 가정에서 에너지 소비를 줄이는 방법으로는 자동차를 몰고 다니기보다는 대중교통수단을 이용하면서 가급적 걸어 다니는 것, 히터와 에어컨을 비롯한 가전제품을 쓰지 않을 때에는 언제나 전원스위치를 꺼두는 것, 자동온도조절 장치의 목표온도를 낮추고 옷을 두 겹 이상 껴입는 것, 장기적인 관점에서 경제적 검토를 해본 뒤에 대체에너지를 이용해보는 것 등이 있을 것이다.

줄이거나 중단할 수 없는 지출항목도 일부 있을 것이다. 이런 지출항목에 대해서는 경제적 재앙이 어느 단계에 이르렀는가에 따라 다소 다른 대응을 해야 할 것이다. 경제활동이 급속히 위축되고 물가가 급락하는 상황에서는 어떠한 구매계획에 대해서도 그것을 실행하기에 앞서 최대한 마지막 순간까지 기다려보는 것이 최선의 전략일 것이다. 그러한 상황에서는 일반적으로 말해 무엇이든 오늘보다 내일에 비용이 덜 들 것이고, 따라서 쇼핑에 대해 일종의 강박증과 같은 거부자세를 갖는 것이 합당하다. 이는 곧 어떤 구매를 하기 전에 관련된 정보를 충분히 수집해서 검토해보고, 가격에 대해 흥정이나 재협상을 할 여지가 있는지를 알아보고, 비슷한 제품들을 서로 비교해보는 태도를 가져야 한다는 말이다. 의료와 같은 서비스의 가격에 대해 심하게 흥정을 하는 것은 많은 미국인에게 익숙하지 않은 행동이겠지만, 앞으로는 그러한 서비스의 가격에 대해서도 흥정을 해야 할 것이다.

또한 가격을 비롯한 구매의 조건이 만족스럽지 않을 때에는 다른 제품이나 서비스로 구매계획을 바꾸거나 아예 구매계획을 포기하겠다는 태도를 가져야 할 것이다. 이 밖에도 기업이 고객을 끌기 위해 염가로 내놓은 할인특매품과 같은 것만 골라서 사는 것, 할인쿠폰이나 비공개 할인행사를 놓치지 않고 챙기는 것, 재고회전율이 높아 가격인하의 여력이 큰 가게에서 물건을 사는 것, 월별이나 분기별 판매량 할당으로 인해 생겨나는 유통부문의 판매 사이클을 비롯한 소매점별 판매 사이클이나 계절별 판매 사이클을 이용해 적절한 시점에 싼 값에 물건을 사는 것도 유용한 전략이 될 수 있다. 이발이나 세탁과 같이 주기적으로 구입해야 하는 서비스의 경우에는 구입빈도를 줄이면 상당한 절약을 할 수 있다.

시중 통화량 부족의 압박이 소진되고 초인플레이션이 닥치면 이야기가 완전히 달라질 것이다. 그러한 상황에서는 여기저기 가게들을 돌아다니면서 제품을 비교해보는 것이나 구매를 미루고 기다리는 것은 절대적으로 해서는 안 되는 행동일 것이다. 사실 그러한 상황에서 그러한 전략에 따라 행동을 하는 것은 곧바로 궁핍화를 자초하게 된다. 그 대신 수중에 갖고 있는 현금은 가능한 한 신속하게 지출해 생활필수품이나 유형의 자산을 구입해야 할 것이다. 생활필수품은 내일이면 값이 더 오르거나 아예 구할 수 없게 될 수도 있고, 유형의 자산은 전반적인 물가상승에 따라 그 가격이 갈수록 더 오를 것이기 때문이다. 절박해진 상황에서 어쩔 수 없이 어떤 행동을 해야만 하는 처지가 되지 않기 위해서는 앞으로 자기에게 필요하게 될 것이 무엇인지를 미리 살펴두어야 한다. 물가가 떨어지는 상황에서보다는 초인플레이션의 상황에서 그렇게 해야 할 필요성이 훨씬 더 클 것이다. 걷잡을 수 없는 인플레이션이 진행되는 시기에 가장 이익이 되는 전략은 오늘 당장 구매계약을 체결하되 대금은 고정된 금액을 나중에 지급하기로 하는 것이다. 현재의 가격으로 선도구매 계약을 체결하는 것도 역시 유용한 전략이다. 그러나 이런 선도구매의 경우에는 계약의 상대방이 서로간의 합의에 따라 지정된 날에 물건을 인도하기로 한 약속을 지키지 않을 위험이 있음을 고려해야 한다.

앞으로 닥칠 어려운 시기 가운데 특히 그 초기의 국면에서는 추가적인 소득을 창출하기 위한 전략도 배제하지 말고 검토해야 할 것이다. 그 한 가지 방법은 가지고는 있으나 불필요하거나 사용하지 않는 물건을 www.ebay.com과 같은 온라인 경매 사이트나 http://craigslist.org와 같은 전자시장 사이트를 통해 파는 것이다. 어느 사이트를 이용하려고 하든 중요한 것은 다른 사람들이 똑같은 행동을 하고 나서기 전에 가능한 한 빨리 그렇게 하는 것이다. 추가적인 소득을 창출하는 또 다른 방법으로 야간에 다닐 수 있는 제2의 일터를 찾거나 초기비용이 그다지 들지 않는 종류의 가내부업을 찾아 시작하는 방법도 진지하게 고려해봐야 할 것이다.

결론적으로 말해 지출을 줄이고 소득을 늘리는 것이야말로 앞으로 겪게 될 수도 있는 개인적인 재무적 재앙을 피할 수 있는 주된 방법이라고 할 수 있다.

물론 이 밖에도 여러 가지 다른 위험들로부터 자기가 보호될 수 있는지를 미리 다각도로 확인해봐야 할 것이다. 다시 말해 시간을 내어 자기의 취약점이 무엇인지를 점검해보고, 미래에 잘못될 수 있거나 잘못될 것이 분명한 것이 무엇인지와 그로 인한 비용이 어느 정도나 될지를 예측해보고, 무엇이든 미래에 실제로 잘못될 경우에 입게 될 손실을 최소화하기 위한 자기보호 조치를 미리 취해 놓아야 한다.

경제붕괴의 파급영향은 틀림없이 온갖 종류의 인위적 위험을 만들어내고 증폭시킬 것이다. 사람과 재산에 대한 범죄행위, 소홀하거나 부주의한 태도, 공공부문에서도 민간부문에서도 일어날 수 있는 각종 서비스 체제와 안전망의 붕괴 등이 그러한 인위적 위험의 원인이 될 수 있다. 특히 어떤 특정한 장소, 활동, 구조가 다른 장소, 활동, 구조들에 비해 상대적으로 훨씬 더 위험해질 수 있음을 잊지 말아야 한다. 도시의 빈민가와 그 주변지역은 최근 몇 년간 비교적 평온했지만, 경제붕괴가 시작되면 그러한 지역에서 범죄발생률이 치솟을 것이 거의 틀림없다. 불법 마약거래도 사회의 구석구석에 그 촉수를 뻗칠 것이다.

그러한 상황에서는 폭력을 휘두르거나 그 밖의 위협적인 행동을 할 가능성이 있는 사람들을 경계하는 것이 그 어느 때보다 중요해진다. 어린이를 상대로, 또는 성인 가운데 노약자를 비롯한 취약한 개인을 상대로 그러한 행동을 할 수 있는 사람들을 특히 경계해야 할 것이다. 개인적인 안전에 신경을 쓰고, 대문이나 창문을 꼭 잠그고, 나와 가족의 생명과 재산을 보호해줄 수 있는 안전장치를 설치하는 것도 필요하다. 집에서 가까운 곳에 걸어서 가는 경우에도, 익숙하지 않은 이웃동네를 지나가는 경우에도 눈과 귀를 긴장시켜 자기에게 험한 일이 닥칠 조짐은 없는지를 잘 살펴야 할 것이다. 또한 경제붕괴가 시작된 상황에서는 남의 이목을 끄는 과시적 소비나 재산자랑은 하지 않는 것이 상식적인 행동일 것이다.

아울러 파괴적인 손실을 입게 될 위험에 대비해 자동차보험, 생명보험, 건강보험을 가장 적절한 수준과 내용으로 가입하거나 조정해놓고 집과 집 안의 중요한 물건들도 보험에 들어놓는 것이 필요하다. 보험의 보장내용을 어느 수준으로 할 것인지를 정할 때에는 나중에 실제로 보험사고가 발생해 보험금을 청구할 때 마침 보험회사의 재무상태가 악화된 상황이라면 그 보험회사가 지급액을 줄이려고 하거나 아예 지급을 거절할 가능성도 고려해야 한다. 그러나 여하튼 보험에 든 부동산의 사진을 찍어놓고, 집 안의 각종 시설물과 가재도구의 목록을 작성해두고, 보험증서와 영수증, 감정평가서를 비롯한 각종의 중요한 서류를 안전한 곳에 보관해두면 나중에 보험회사로부터 보험금을 제대로 지급받지 못하게 될 위험을 어느 정도 줄일 수 있다.

경제적 상황이 악화되고 사회적 분위기가 험악해지는 가운데 국경분쟁, 정치적 소요, 평화를 위협하는 국가간 동맹, 국유화나 몰수 등으로 인해 국제적 위협이 고조되면 테러활동이 늘어날 것이다. 그러므로 재앙적인 사태에 대비한 개인적인 계획이 필요하다. 도로, 터널, 다리를 비롯한 사회간접자본 시설은 유지관리가 미흡해지는 탓에 붕괴할 위험이 커진다. 게다가 시스템위기로 인해 금융시장, 현금자동지급기, 지급결제제도, 다양한 금융네트워크 등이 심각하게 교란될 수 있다. 지역적인 기근, 환경오염 사고, 세계적인 유행병의 발생과 같은 그 밖의 사태도 일어날 수 있지만, 예산이 삭감되고 가용재원이 바닥날 지경에 이른 상태에서는 공공부문이든 민간부문이든 그와 같은 사태에 대처하기가 쉽지 않을 것이다. 자연재해의 경우도 마찬가지다. 그러한 상황에서 커다란 자연재해가 발생하면 허리케인 카트리나가 휩쓸고 지나간 뒤에 우리가 보았던 부적절한 대응보다 더 나은 수준의 대응이 이루어지기 어려울 것이다.

사회적, 국제적 상황이 악화될 대로 악화되고 나면 또 다른, 훨씬 더 파괴적이고 해로울 수 있는 위협요소가 고개를 들 것이라는 점을 마지막으로 지적해두고 싶다. 아마도 미국인들은 법률, 금융, 치안 등의 분야에서 낯설고 두려움을 불러일으킬 만한 일련의 규제를 받게 될 것이다. 미국인들은 예를 들어 감금, 야간통행 금지, 억류, 자본통제, 외환거래 규제를 경험하게 될 수 있고, 심지어는 계엄령을 경험하게 될 수도 있다. 앞으로 닥칠 금융 아마겟돈을 극복하고 살아남기를 원하는 사람이라면 이미 지나간 과거의 세계와는 완전히 다른 모습으로 새롭게 펼쳐지게 될 세계에 가능한 한 신속하게 적응하는 것 말고는 다른 도리가 별로 없을 것이다.

지은이 후기

글을 쓴다는 것은 역설적인 일이다. 그것은 고독한 열정의 과정이지만, 그 성공은 예외 없이 다른 사람들의 통찰, 지원, 노력, 열의에 의존한다. 이런 점에서 나는 특별히 다음과 같은 분들에게 감사를 드리고 싶다.

빌 시겔에게는 변함없는 우정을 보여준 점, 편집의 과정에서 소중한 도움을 준 점, 그리고 지난 몇 년간 나의 작업을 확고하게 지지해준 점에 대해 감사한다. 나의 형제인 맥스에게는 창의적인 에너지, 앞서나가는 관점, 그리고 언제나 나로 하여금 생각을 더 많이 하게 하는 질문을 통해 도움을 준 점에 대해 감사한다. 나의 여자형제인 페이지는 이 책이 성공을 거둘 것이라는 낙관적인 전망과 전염성이 강한 열의로 나에게 자극을 주었다. 출판대리인인 존 윌리그는 이 책을 써서 출판하겠다는 나의 계획과 나에 대해 끈기 있게 믿어주었다. 신시아 지그문트는 이 책을 왜 써야 하고 이 책을 통해 무엇을 말해야 하는지를 가장 먼저 나한테 말해준 사람들 가운데 하나다. 카플란 출판사의 모린 맥마헌, 제니

퍼 파싱, 섀넌 버닝, 이베트 로메로, 조슈아 마티노, 카리나 쿠에토, 캐런 굿프렌드는 거칠게 수립된 나의 계획이 이처럼 근사한 책으로 실현되도록 애써주었다.

나의 아이들인 소피, 에밀리, 몰리, 넬리와 나의 아내인 캐서린의 사랑과 뒷받침과 이해가 없었다면 이 책은 세상에 나오지 못했을 것이다. 그들은 이 책을 쓰는 일을 더욱 가치가 있는 것으로 만들어주었다.

옮긴이 후기

"몇 년 전만 해도 마이클 팬츠너는 '괜한 걱정으로 세상을 소란스럽게 하는 사람'으로 간주됐다. 그러나 이제 우리는 그가 '예언자'였다는 사실을 알게 됐다."

"팬츠너는 파생상품, 재정적자, 연금문제처럼 딱딱하고 이해하기 어려워 보이는 주제들에 대해 전문성이 전혀 없는 보통사람도 이해하기 쉬운 말로 설명해준다."

"이 책에 담겨 있는 팬츠너의 미래예측 가운데 일부라도 현실화된다면, 역시 이 책에 담겨 있는 그의 충고를 받아들인 사람들은 그에게 고마워하게 될 것이다."

이 책 《금융 아마겟돈(Financial Armageddon)》에 대한 인터넷서점 아마존의 독자서평 코너에 독자들이 써놓은 촌평이다. 아닌 게 아니라 마이클 팬츠너는 이 책에서 금융과 경제가 돌아가는 논리에 대한 통찰력을 유감없이 보여주고 있고, 더 나아가 투자에 관한 전문가로서의 생각과 판단을 솔직하고 과감하게 털어놓는 용기도 보여주고 있다.

사실 이 책이 처음 출간된 것은 2007년 3월이었고(이 책 원서의 개정판은

2008년 5월에 출간됐다), 출판에 소요됐을 시간을 감안하면 팬츠너가 원고를 집필한 시기는 아마도 2005~2006년이었을 것이다. 그렇다면 2007~2008년에 미국을 비롯해 전 세계에 걸쳐 확산된 금융위기와 경제불황은 물론이고 그 시발점이 된 서브프라임 모기지의 부실화가 미국에서 본격적으로 주목받기 전에 팬츠너는 이 책의 원고를 썼다는 얘기가 된다.

이와 같은 시간적 선후관계를 염두에 두고 이 책을 읽어보면 저자인 팬츠너의 선견지명에 깊은 인상을 받지 않을 수 없다. 그는 이 책의 1부와 2부에서 서브프라임 모기지의 급증을 비롯한 미국인들의 빚내기 잔치와 갈수록 늘어나는 미국의 대외채무가 왜 지탱불가능한지, 연금을 비롯한 각종의 퇴직후급여 제도가 얼마나 위태로운 상태에 있는지, 파생상품이 금융과 경제 전체를 어떻게 위기로 몰아넣을 수 있는지 등을 설명하고, 미국에 시스템위기와 심각한 불황이 머지않아 닥칠 것이라고 경고하고 있다. 이러한 그의 경고는 이 책의 초판이 출간된 뒤에 그대로 현실화됐다.

그러나 그에게서 그런 선견지명보다 더 돋보이는 것은 전문가로서 갖게 된 그런 선견지명을 이 책을 통해, 그리고 그가 그동안 각종의 온/오프라인 매체에 기고한 글을 통해서도 적극적로, 그것도 금융과 경제에 대한 전문적인 지식이 없는 보통의 일반인들도 쉽게 이해할 수 있는 말로 밝혀왔다는 점이다. 사실 월스트리트의 내막과 추세를 그만큼 또는 그 이상으로 많이 아는 사람이 없지는 않을 것이다. 하지만 그런 이들 대부분은 자기 자신 또는 자기가 소속된 조직의 이익을 도모하거나 적어도 해치지는 않으려고, 또는 괜히 나서서 발언을 했다가 여론의 뭇매를 맞게 되지나 않을까 겁이 나서 사실을 사실대로 말하지 않거나 침묵했다.

이 책이 한번 읽어볼 만한 것이 저자가 이 책을 통해 2007년 이후에 전개된 금융위기와 경제불황을 미리 알아맞혔기 때문만은 아니다. 어쩌면 이보다는 과다한 빚의 부담을 비롯해 1990년대 이래 오랜 기간에 걸쳐 미국경제에 누적돼온 구조적인 문제점을 낱낱이 지적하고, 그러한 문제점이 단기적으로든 장기적으로든 어떤 결과를 빚어낼 수밖에 없는지를 논리적으로 설명하고 있다는 점, 그리고 그 결과로 인해 타격을 입지 않으려면 각자가 개인적으로 어떤 대비를 해야 하는지를 조언해주고 있다는 점이 이 책의 더 큰 강점인지도 모른다. 이 책의 3부와 4부는 저자가 바로 이와 같은 설명과 조언을 해주는 부분이다.

저자인 마이클 팬츠너는 대학을 졸업한 뒤 20년 이상 뉴욕과 런던에 거주하면서 HSBC, 소로스 펀드, ABN 암로, 드레스트너 방크, 제이피모건 체이스 등 주요 금융회사 여러 곳에서 펀드매니저와 경영자로 일한 바 있고, 2008년 현재는 뉴욕금융연구소(New York Institute of Finance)의 강연자 등으로 활동하고 있는 금융전문가다. 이런 그의 실무적 경력이 녹아있기에 이 책은 이론에만 밝은 학자들이 쓴 책에서는 맛볼 수 없는 생생한 현실감을 맛볼 수 있게 해준다.

이 책은 미국인인 저자가 금융과 경제에 대한 전문적인 지식이 없는 보통의 미국인들을 주된 독자집단으로 생각하고 그들에게 앞으로 닥칠 수 있는 경제붕괴에 대비하도록 경고하고 필요한 조치에 대해 조언해주기 위해 쓴 책이다. 그러나 미국발 금융위기가 전 세계를 뒤흔들기 시작한 상황에서는, 게다가 미국경제가 기침을 하면 독감에 걸리는 경제체질을 갖고 있는 나라에서 살아가야 하는 한국의 독자들에게도 이 책은 불안하고 불투명한 미래에 대해 대비를 하는 데 여러 모로 도움이 될 것 같다.

찾아보기

금융 아마겟돈

지은이 | 마이클 팬츠너
옮긴이 | 이주명

1판 1쇄 펴낸날 | 2009년 1월 10일
1판 2쇄 펴낸날 | 2009년 1월 20일

펴낸이 | 이주명
편집 | 문나영
출력 | 문형사
종이 | 화인페이퍼
인쇄 · 제본 | 한영문화사

펴낸곳 | 필맥
출판등록 | 제300-2003-63호
주소 | 서울시 서대문구 충정로2가 184-4 경기빌딩 606호
이메일 | philmac@philmac.co.kr
홈페이지 | www.philmac.co.kr
전화 | 02-392-4491
팩스 | 02-392-4492

ISBN 978-89-91071-64-3 (03320)

* 잘못된 책은 바꾸어 드립니다.
* 값은 뒤표지에 있습니다.

이 도서의 국립중앙도서관 출판시도서목록(CIP)은 e - CIP 홈페이지(http//www.nl.go.kr/cip.php)에서
이용하실 수 있습니다.(CIP제어번호 : CIP2008003745)